増補

天空の玉座

中国古代帝国の朝政と儀礼

渡辺信一郎

法藏館文庫

本書は一九九六年九月に柏書房より刊行された『天空の玉座――中国古代帝国の朝政と儀礼』の増補版です。

はしがき

桓武天皇の延暦二三年（八〇四）七月六日、藤原葛野麻呂を大使とする遣唐使船四隻が肥前国松浦郡の田浦から唐をめざして進発した。しかし翌七日午後八時頃には、はやくも第三・第四船との通信がとだえ、先行きの困難を予想させる。大使や空海が乗船する遣唐第一船は、波濤にもまれて生死の間をさまようこと三四日、八月一〇日に福州長渓県赤岸鎮付近の海口に漂着する。このあと一〇月三日、船で福州に到着した一行は、観察使兼福州刺史閻済美の措置により、二三人のみ長安入城を許される(1)。

一一月三日に福州を出発した日本の朝貢使一行は、七五二〇里（約四二〇〇キロ）の行程を昼夜兼行で踏破し、一二月二一日、長安東郊の長楽駅に到着した。唐王朝が規定する通常の旅程は、最速の馬行で一日七〇里程であり、これでも一〇〇日余りを費やすのが常識である。これを四九日間の驚異的な速度でやってのけたのである。二三日には内使趙忠が長楽駅に一行を出迎え、ともに長安に入城する。ここで大使一行は、すでに到着していた遣唐第二船の判官菅原清公以下二七人と合流した。第二船一行は九月一日に明州を出発し、一一月一五日に長安に到着していたのである。通信がとだえた第三・第四船は、結局暴風に遭って日本に吹き戻されていた。

大使藤原葛野麻呂が驚嘆すべき急行軍で長安入城を敢行したのは、正月元旦に開かれる元会儀礼に参加し、貢献物を貢納するためである。日本側の目的はどうあれ、唐朝が遣唐使を受け入れるのは、日本国朝貢使が元会儀礼に参加して貢献物を貢納し、唐に対する政治的従属を表明するからである。元日に先立つ一二月二四日、大使は、監使劉昂に国信物・別貢物を託して皇帝に進上し、皇帝からのねんごろな挨拶を伝達されている。翌二五日、大明宮の正殿である宣政殿で予定された礼見に皇帝徳宗は出御しなかったが、大使一行は内殿の麟徳殿で目どおりを果たした。徳宗は、はじめに内殿、ついで使院にて大使一行に饗宴を賜った(2)。皇帝からの使者は絶えず往来し、日本国朝貢使に対する唐王朝の待遇はかなりのものであった。

こうして翌貞元二一年(八〇五)正月元日、大使一行は大明宮含元殿で開催された元会儀礼に首尾よく参加した。含元殿は、高さ十数メートルの龍首原上に位置し、数千人の参列者が居並ぶ殿庭へは長さ九五メートルに及ぶ龍尾道が通じていた。「元会の参列者が、玉座を仰ぎ見るに、霄漢(天空の彼方)にあるが如くであった」(『玉海』巻一五九引康駢

『劇談録』）と伝えられるから、大使一行が玉座にある徳宗の姿を確かめ得たかどうか、心もとない。大使一行は、元会に参列したあと、前代未聞の事件に遭遇することになる。この日、六四歳を迎えた徳宗が病に陥り、こえて二三日に大明宮会寧殿で崩御したのである。その間の事情は、つぎのようであった。

徳宗は、在京百官・地方使節団および外国使節団が参加する含元殿での元会儀礼をおえると、別殿に戻って諸王や親族から年賀の挨拶を受けた。しかし、昨年九月以来、風疾（中風）を病んで言語障害に陥っていた皇太子だけは参加することができなかった。このために悲嘆の涙に暮れたあげく、徳宗は病気になり、日増しにその恍惚状態を昂進させていったのである。この間二〇日余り、内外の情報がとだえ、皇帝と皇太子の容体も不明のまま推移し、なすすべもない官僚たちの心配をよそに権力の空白状態がつづいた。唐王朝のみならず古代中国の朝政は、皇帝の最終的な政治的意志決定に基づいて運営された。皇帝の存在なしに国家支配はありえない。しかもこのとき、ことあれば皇帝に代って監国すべき皇太子までが病に臥せっていたのである。

当時、長安の西北五〇〇里（約二八〇キロ）の地にまで吐蕃が国境線を伸ばしており、たびたび兵を興して中国に侵入をくり返していた。一方内地にあっては、半世紀にわたって反抗しつづけてきた河北の三つの藩鎮は言うにおよばず、山東の淄青節度使李師古が五〇万の兵馬を養って唐朝中央に敵対し、淮西の蔡州節度使呉少誠も多くの甲兵を擁してその隙を窺っていた。内憂外患のさなかでの権力の空白状態は、絶対の危機をあらわしている。

内外の憂慮を知った皇太子が、徳宗崩御の二三日、紫衣に麻靴のいでたちで正式の冠もつけず、病をおして九仙門に出御し、北衙禁軍の諸軍使を謁見したため、長安はしだいに静安をとり戻していった。翌二四日には、徳宗の柩が太極宮の正殿である太極殿に移されるとともに遺詔が発表され、皇太子は喪服に身をつつんで百官を謁見し、こえて二六日、太極殿で即位した(3)。順宗である。聴政開始の上奏を二度しりぞけた順宗は、二月三日、大明宮の紫宸殿門で百官を朝見し、ようやく執政を始める。しかし順宗の病は癒えず、この年八月には憲宗に帝位を譲り、自らは太上皇の位に就く。憲宗のもとで、反抗していた諸藩鎮が平定され、一時中興の実があがるようになるのは、のちのことに属する。

正月二六日に喪が発せられると、日本国朝貢使一行は承天門に儀仗を立て、白い衣冠に身をつつんで葬儀に参列した。前帝の葬儀と新帝の即位は同日であった。日本国朝貢使は、三日の間、使院で朝夕に哀悼礼を行なったのち吉服に戻った。諸蕃は三日、それ以外は二七日間の服喪という儀礼に従ったのである。

藤原葛野麻呂を大使とする延暦度の遣唐使は、二月一〇日に帰国の許しが出て、一四日に長安を発つまで、元会儀礼のみならず、皇帝の葬儀と即位に立ち会い、その間二〇余日におよぶ権力中枢の空白状態と緊張を体験した。帰国後になされた藤原葛野麻呂の報告は、緊迫した長安のなりゆきを背景にしてか、往復の行程はもとより、内外情勢をいつになく正確に伝えている。

中国古代国家の政治は、皇帝権力を中心にさまざまな儀礼執行をつうじて運営された。皇帝を中心として展開する朝政は、単に中国内地諸州にかぎらず、周辺諸国・諸種族の動向にも多大な影響をおよぼした。先に長ながと紹介した延暦度遣唐使の体験は、その一例である。しかし、そこに現れた朝政と諸儀礼のありかたは、ほんの表面上のことにすぎない。

たとえば皇帝による国家の最高意志決定は、具体的にどのような手続きをへてなされたのか。聴政や諸儀礼が執行される太極殿・承天門・宣政殿・含元殿・紫宸殿は、それぞれどのような機能を果たし、また相互にどのような関係をもっていたのか。季節風が逆方向に吹く七月に出帆して暴風に侵される危険をもかえりみず、また四〇〇〇キロの行程を猛スピードで踏破してまで遣唐使が参加しなければならなかった元会儀礼とは、そもそものような意味をもつ儀礼であったのか。諸蕃に属する日本国朝貢使が皇帝に対して貢献物を貢納することにはどのような意味があったのか。これらのことどもは、徳宗から順宗への代替わりの危機的状況をこえて、漢代以来の統一帝国の歴史のなかで観察してはじめて、その真相を理解することが可能である。

本書は、皇帝を中心とする中国古代帝国の権力中枢に徹底的にこだわることによって、中心部から見たその構造的特質を明らかにすることを目的としている。具体的にいえば、第一章では中国古代の朝政構造の特質を、さまざまな会議の重層をへてなされる政治的意志決定過程の解明と、朝政や会議の舞台をなした場の分析とをつうじて明らかにし、第二章では元会儀礼の歴史と構造とを分析して、朝政をささえる君臣関係や政治的従属関係のありかたを解明し、第三章ではそれらの総合のうえにたち現れる中国古代国家の帝国的構造の特質を、主として『尚書』禹貢篇と『大唐六典(りくてん)』との分析をつうじて解明することをねらいとしている。

もとより国家権力は与件ではない。その存立基盤と根拠とは、それぞれ具体的な国家に即して説明されなければならない。中国古代専制国家の存立基盤と根拠を見通すことについては、中国古代社会の構造分析と国家イデオロギーの構造分析とをつうじて、これまで不充分ながら模索し、言及してきた(4)。ここでは、国家の権力中枢を直接の対象として、その成り立ちを解明してみたい。具体的な研究史上の問題点や私の問題関心については、各章の「はじめに」で述べておいた。本書にかかわるより広い意味での問題関心については、巻末の附論二をお読みいただければ幸いである。

注

（1） 以下の叙述は、『日本後紀』巻一二延暦二四年六月八日条藤原葛野麻呂上奏、『昌黎先生外集』巻六『順宗実録』一、『旧唐書』巻一二徳宗本紀下、同書巻一四順宗本紀による。

（2） 日本国朝貢使に対する唐王朝の一連の対応は、その欽定儀礼書である『大唐開元礼』のなかに規定された儀礼的手続きを正確に踏んでいる。この唐代の外国使節団に対する一連の応接儀礼・皇帝謁見儀礼・饗宴儀礼については、石見清裕の「唐代外国使の皇帝謁見儀式復元」（初出一九九一年、『唐の北方問題と国際秩序』所収、汲古書院、一九九八年）に具体的な考察がある。なお、『大唐開元礼』では、外国使節を蕃国使・蕃使と呼んでいる。

（3） 皇帝の即位儀礼に関する研究はかなり盛んである。通説的な位置にあるのは、西嶋定生「漢代における即位儀礼」（初出一九七五年、『中国古代国家と東アジア世界』所収、東京大学出版会、一九八三年）、および尾形勇「中国の即位儀礼」（『東アジア世界における日本古代史講座』9所収、学生社、一九八二年）であり、西嶋・尾形は天子即位と皇帝即位の二重の即位儀礼の存在を主張する。これに対して最近、松浦千春が「漢より唐に至る帝位継承と皇太子――謁廟の礼を中心に」（『歴史』第八〇輯、一九九三年）、「唐代後半期の即位儀礼について」（『一関工業高等専門学校研究紀要』第二八号、一九九三年）のなかで、天子即位の事例を否定し、皇帝即位儀礼のみとする新説を提起している。今後具体的な事例に即して検討されるであろうが、順宗の即位は、松浦新説を支持している。

（4）拙著『中国古代社会論』（青木書店、一九八六年）、『中国古代国家の思想構造――専制国家とイデオロギー』（校倉書房、一九九四年）、および「中国古代専制国家と官人階級」（初出一九九三年、のち拙著『中国古代国家論』汲古書院、二〇二三年）参照。

目次

第二章　元会の構造——中国古代国家の儀礼的秩序

図表目次

増補　天空の玉座——中国古代帝国の朝政と儀礼

第一章　中国古代国家の朝政

はじめに

民主主義は、人類の歴史をつうじて近代社会が達成した一つの普遍的原理である。近代国家の多くは、議会制民主主義をその基礎にもっている。議会制民主主義の根幹にあるのは、主権者である国民が選んだ代表によって構成される代表制議会の立法機能である。代表制議会における各種の会議をつうじて集団的に形成される法意志が国民の最高意志の表現になる。私たちは、国家にかぎらず、日常生活のなかでも、民主主義は様ざまな会議をつうじて形成される集団的意志によって達成されると考えているのではないだろうか。しかし、会議のあるところ、必ずしもすべて民主主義があるとはかぎらない。

近代民主主義と対極の位置におかれるのは専制主義である。モンテスキューやヘーゲルをもちだすまでもなく、その代表として前近代中国の専制国家がある。そこでは恐怖が社会を支配し、自由は専制君主ただ一人にのみ存在する、と考えられた。このような見方からすれば、国家的な意志決定は専制君主の恣意によるのであるから、会議の開催などおよそ場違いである、ということになる。ところが、事実はそう簡単ではない。国家の中枢部に限ってみれば、少なくとも漢から唐にいたる中国の古代国家にあっては、頻繁に会議が開催され、会議の積み重ねによって意志決定がおこなわれるのである。これは、少なくとも私にとっては、意外な発見であった。

いうまでもなく、中国古代国家の最高意志決定は、最終的にはすべて皇帝個人の決裁をへて発動した。ただ、この国家最高意志は、皇帝個人の単純な意志や恣意の発動ではなく、国家中枢部における会議の重層構造のなかで形成された。第一章の課題は、中国古代国家中枢部における会議の重層構造とそれを支える政治構造がどのようなものであったのか、を明らかにするところにある。専制主義についてのとらえかたには近代西欧中心主義による偏見が存在するが、すべて間違いとして棄てきれない問題提起を含んでいる。近代民主主義と専制主義とを考える素材として、中国古代国家の中枢部における会議の問題をとりあげてみたい。

古代国家の中枢部における最高意志決定の政治構造は、朝政・朝議として現れる。朝政・朝議は、古代中国をつうじて一律ではない。様ざまな会議の性質や会議がおこなわれる場、会議や場の相互関係のあり様によって、いくつかの時期に区別することができる。それは、大きく分けて①前後漢期、②魏晋南北朝期および③隋唐期の三つの時期に異なった構造をとる。会議がおこなわれる場についてはあとにまわし、まず会議そのものについて、すなわち朝議の構造とその変化について考えてみよう。

第一節　朝議の構造

一　古代国家の会議――議について

「つまり政事は会議に従い、政策は衆人によって決定されるのだ（蓋事以議従、策由衆定）。侃侃諤諤の議論は、礼容にかなったものであり、おし黙って気持を抑えるのは、決して朝廷の幸いではない」（『後漢書』袁安列伝第三五）。これは、朝堂における公卿会議が紛糾した時、後漢の第三代皇帝章帝がくだした詔勅の言葉である。皇帝自身が認めるように、中国古代国家においては、様ざまな会議が開催され、官僚の集団的意志形成を基礎に政治がおこなわれた。時代はくだって南朝梁の武帝もつぎのような詔勅を発している。

朕は、政治がゆきとどくよう、日が傾くまで政務にはげんだ（周の文王のように）労をおしんだことはない。しかし、諸官司の政務は一通りでなく、事柄によって適用される事宜もそれぞれである。衆人の議論を総合しなければ、余の政治の参考とすることはできぬ。今後、台閣省府や州郡鎮戍など中央・地方のあらゆる官庁において時どきに集議し、それぞれ政務の得失を検討し、書き上げて奏聞せよ（『梁書』巻二武帝本紀中、天監九年（五一〇）五月己亥詔　意訳、以下同じ）。

このように皇帝政治の実現のためには、中央と地方とを問わず、様ざまな官庁での官僚会議の開催とその内容の皇帝への上申とが期待された。皇帝権力には会議がつきものであり、様ざまな次元での官僚による集団的意志の形成が皇帝権力の基礎にあったことをまず認識しなければならない。

古代中国の会議については、これまで時代ごとに研究がおこなわれてきた。漢代の集議については永田英正が、六朝の議、礼官博議については中村圭爾、金子修一が、唐代の政策決定過程については謝元魯が、それぞれ基本的な事実を明らかにしている(1)。それらを基礎にしながら、私自身の見解をもくわえて、最初に中国古代の議についての通時的な特色を、いくつかの事例に即してみておこう。

議は、あらためて言うまでもなく会議のことである。したがって、口頭での弁論が意志形成の過程で基礎的な役割をはたす。ただ、古代中国の朝議において注目すべきは、弁論を基礎としながらも、要所において弁論内容が文書化され、文書の集積として会議が進行することである。後漢の陳球の例をまず覗いてみよう。

霊帝の熹平元年（一七二）のことである。先代桓帝の后であった竇太后が死んだ。当時は宦官の専横はなはだしい時期であった。外戚竇氏一派に積年の怨みをいだいていた宦官たちは、竇太后を一ランク下の貴人の礼によって葬礼をおこない、桓帝とは別に埋葬し、宗廟でも配食を異にしようと画策した。そこで、

皇帝は、公卿に詔勅をくだして朝堂で会議させ、中常侍の宦官趙忠にその監督を命じた。……会議がはじまると、参加者数百人は、それぞれ宦官に気兼ねして、ながらく先に発言しようとする者がない。趙忠が「議はただちに定まるはずだ」とは言ったが、不思議にも公卿以下各おの互いに見あわすばかり。陳球が「皇太后は、盛徳をもって母として天下に臨まれた。先帝とともに祀るべきこと、疑念なきところでござる」と言うや、「陳廷尉どの、筆をおとりなさるがよい」、と趙忠が笑って応じる。陳球は、ただちに議文を作って「……（議文内容省略）」と述べる。趙忠は陳球の議文を読むと、色をなして動揺したが、「陳廷尉どの、お作りなされた議文はいかにもご殊勝なこと」とうす笑いをむける。陳球が「陳・竇両氏が冤罪をうけたあと、皇太后も故なく幽閉されました。それがし常に心を痛め、天下も憤慨しております。今日この事を述べたからには、退いて罪を受けましても、宿願を果したまでのこと」と言うと、公卿以

下、皆な陳球の議に従ったのである(『後漢書』本伝第四六)。

朝堂での会議は陳球の意見で統一されたものの、このあと宦官一派がまきかえしを図る。これに対して遅ればせながら陳球に加担する太尉李咸の上疏があり、これを見たあとの霊帝の「竇氏が不道をなしたとはいえ、太后には朕を帝位につけてくれた恩がある。ランクを下げるのはよろしくない」との決裁によって、一件落着となる。

皇帝一族の葬礼や宗廟の祀りは、朝政の最高案件に属する。宦官の提起した案件は、皇帝の命令によって数百名からなる公卿会議にかけられ、朝議をふまえて、最終的には皇帝の決裁により決定されたのである。この場合朝議は、皇帝の参加しない朝堂でおこなわれ、議文を作成しながら賛同者によって集団的に意志形成された。議文の作成者は議主と呼ばれ[2]、賛同者は議主の議文のあとに署名を連ねていったと考えられる[3]。朝議は、公卿―高級官僚層の意志形成であり、かなり重視されるが、すでに見たように形成後も宦官など近従勢力によって左右されることがあり、また皇帝が無視したり、やりなおしを要求することもある。

南朝にも例がある。宋の後廃帝の元徽二年(四七四)五月、大尉・江州刺史・桂陽王劉休範が尋陽で挙兵し、長江を下って建康にせまった。内外に戒厳令がしかれるなか、右衛将軍蕭道成(南斉の太祖)は、護軍将軍褚淵・征北将軍張永・領軍将軍劉勔・尚書僕射劉秉・游撃将軍戴明宝・驍騎将軍阮佃夫・右軍将軍王道隆・中書舎人孫千齢・員外郎楊運長を中書省に集めて対策を会議したが、誰も発言しない。そこで蕭道成が言う、「むかし長江上流で反乱をおこした者たちは、皆な緩慢に行軍したために敗退してしまった。桂陽王休範は、きっと前代の失敗にかんがみ、軽装備で急遽長江を下り、われらの無防備を突いてくる。このたびの事変に対処するには、遠方での防御を考えるのは宜しからず。一部隊でも規律を失えば、全軍の士気が崩壊することになろう。新亭と白下に布陣して宮城を堅守し、東府城と石頭城にて待機するのが得策。反乱軍は、遠距離を単独行軍し、後方に糧道の備えをもたず、戦いを挑んで相手にされなければ、自然と瓦解することになろう。それがしは新亭に布陣してその先鋒と対峙する所存、征北将軍どのは手元の部隊を率いて白下を守備されたい。中堂は旧来より軍を駐屯する所なれば、領軍将軍どのには宣陽門（および中堂）に駐屯して諸軍の統括をお願い申し上げる。貴族の方がたは殿中にて安座めされよ。右軍将軍どの以下、他の面面もわざわざのお手出しは無用。それがし自ら先駆して事にあたれば、賊軍の破れるは必定でござる」と。そこで筆を取り寄せて議文を認めると、皆なも賛同の署名を連ねた（因索筆下議、並注同）……（『南斉書』巻一高帝本紀上）。

この反乱の鎮圧は、蕭道成が権力を掌握し、南斉王朝を創業するにいたる重要な転機をなした事件である。ここには後廃帝への議文の上奏と決裁の過程は記述されていないが、当然行われたはずである。反乱の勃発という国家存亡の危機に際し、その対策は諸将軍の会議によって策定されたが、その会議にあっても議文と賛同署名とによって意志形成がなされたのである。

つぎに北斉の例をあげよう。孝昭皇帝の皇建元年（五六〇）八月に、二王・三恪（かく）を議定せよとの詔勅が下った。朝議の結果、王粛・杜預（どよ）の学説にしたがって北魏の元氏と晋の司馬氏とを二王、これに三国魏の曹氏をあわせて三恪とする魏収の議と、鄭玄の学説にしたがって北魏以前の五代の王朝を二王・三恪とする礼官・学官の議が対立した。結局、孝昭皇后の決裁により魏収の議を是としたのであるが（『北史』巻七斉本紀中、『北史』巻五六魏収伝）、この会議の過程を示すエピソードが残っている。

斉主が三恪を立てることを命じ、朝士に会議させた。太子少傅の魏収が議文を作成し、衆人皆なこれに賛同した。吏部侍郎の崔瞻（さいせん）は、父が魏収と仲たがいしていたこともあって、別に議文を作成した。魏収は、崔瞻の議文を読んだが、終わってもニタニタするばかりで応答しない。「それがしの議が正しければ、その長所に賛同すべきであり、まちがっていれば、欠点を詰問されるべきである。国士の議文を読んでおいて、ただかように冷笑ばかりされるのはいかがなものか」、と崔瞻。魏収は、恥じいって、ついに一言もなかったのである（『太平御覧』巻五九五「議」所引『三国典略』）。話であるから、正史の記述とは異なっている。二王・三恪の定立は、王朝権力の来歴と正統性を明らかにする事柄であり、国家にとっては存立のための一大事である。それはかなり大規模な会議であったはずであり、魏収の議と礼官・学官の議との対立以外にも崔瞻の議のような数多くの議が立てられたと考えられる。ともあれこのエピソードは、弁論だけでなく、要所に議文の作成と回覧とをつうじて会議が進行することを如実に示している。

議文には書式があった。蔡邕の『独断』巻上に、つぎのごとくある。

疑事あれば、公卿百官が会議する。もし台閣（尚書）が是認した議であっても、一人だけ異見を主張するものがあれば、駁議（駁議）を作る。駁議の冒頭には、「某官某甲議以為……」、末尾には「臣愚戇議異」と書く。駁議でない（議文である）ときは、「議異」を書かない。議文が皇帝の御意に合致したならば、「某官某甲議可」と文書で報ずる。

この書式のうち、冒頭に用いる「某官某甲議以為……」は、「某官某甲議曰……」などとともに史乗に散見する。歴代正史のなかには、数人の官僚があたかも堂堂の弁論を展開したかのごとく叙述するものがある。それらの多くは、残された議文、もしくはいくつかの議文を綴って一件の文書とした上奏文をもとに編纂した記録であろう。叙述にさいして冒頭と末尾の常套句は省かれることが多く、議文の原形をとどめないことが多くある[4]。

『独断』の解説が示すように、政治上の疑義があれば、公卿百官会議が開催される。会議は、一定の書式をもつ議文や駁議の文書によって進行し、一連の議文と賛同署名が綴られて一件の奏案となり、皇帝に上奏される。皇帝は、その意志に合致することがあれば、たとえ少数意見でも「某官某甲議可」「某甲議是」などの決裁をくだして意志決定する。皇帝が最善の意志決定をするには、議は多い方がよく、多様な意見が期待されるのである。

辺境の最前線に駐屯する兵士たちが様ざまな文書・帳簿を作成して日常業務をこなしていたことは、すでに『居延漢簡』などの研究をつうじて明らかにされている[5]。中国古代の国家は、最末端の機構から最上層の国家最高意志形成機構である公卿百官会議にいたるまで、文書主義によって貫かれていた。会議の場には、漢代であれば簡牘と刀筆がもちこまれ、時には弁論のすぐあとでその主旨が明晰な文章に書きなおされたのである。中国で弁論術が発達せず、文章技法・文体論が発達したのは、少なくともその一半は中国古代における会議のかかる特質に由来する。

魏の文帝・曹丕(そうひ)は、奏議・書論・銘誄(めいるい)・詩賦を文体の四科とし、「奏議は雅なのがよい」と論じ、あげくに「蓋し文章は経国（国家統治）の大業にして、不朽の盛事」なのだと道破している（『文選』巻五二魏文帝「典論」論文）。議文は、漢末には一つの文体として確立していたのである。南朝梁の劉勰も、『文心雕龍』議対篇第二四で「議」を一つの文体としてあつかい、「漢が始めて駁議を作った。駁とは雑であり、様ざまな議文がまじって不純であるが故に駁というのである」、と述べている。唐の開元二六年（七三八）に成った『大唐六典』巻八侍中条には、「およそ下から上に奉呈する文書は、六種類ある。一は奏抄、二は奏弾、三は露布、四は議、五は表、六は状である」と述べ、議に注釈して「朝廷の疑事は、これを公卿の議に下し、理に異同があれば、上奏して決裁を仰ぐことを謂う」と解説し、また「章表の制度は、漢代以後、おおむね踏襲してきたもので、隋令には奏抄・奏弾・露布などがあり、唐朝もこれに従った。駁議・表・状なども、現在にいたるまで常におこなわれている」とその沿革を述べている。

官僚には、会議における弁論の才能よりも、会議の要所をまとめる文才が不可欠であった。しかも「雅」なることが要求されたのであり、文才は法制・典故や古典的教養に支えられなければならなかった。東晋草創期の熊遠の上奏は、この点をつぎのように伝えている。

およそ駁議を作成するのに、律令と異なる場合は、経伝や前代の決事比・故事をふまえさせ、情にまかせて成法を破ることができぬようにすべきであります。それがし、録事にお命じになって、あらためて規定を定められ、およそ議文を作成する者には、皆な律令・経伝を引用させるべきで、ただ情にまかせてあげつらい、準拠するものもないままに旧典を無視するようなことができぬようにするのがよい、と存じます（『通典』巻一六四刑法二「刑制」中）。

この上奏は実行されなかったが、駁議・議文が法制・典故や古典的教養に支えられるべきであるという姿勢を明らかに伝えている。さきに北斉の三恪定立の会議に見たように、議文を作るには古典とそれについての学説を理解している必要があった。国家中枢の会議のありかたは、こうして法制・典故や古典的教養をみにつけた文官優位の朝政を決定的なものにする。教養のない武官・武将がたとえ軍事的権力を掌握しても、国家的意志決定の場に加わることを困難にする構造ができあがっていた。まことに「文章は経国の大業にして、不朽の盛事」なのである。

中国古代の国家中枢における政治意志は、議文・駁議を必須の要素として展開する公卿会議をはじめとする様ざまな会議をつうじて決定された。つぎに、この諸会議の構造と特質について考えてみることにしよう。

二　朝議の種類と構造

会議による国家意志の形成は、いつから始まったのであろうか。『文心雕龍』『大唐六典』は、駁議・議文による公卿会議の開始を漢代のこととみなしている。これは、正しいと言えるであろうか。『独断』に載せる文書式から、後漢時代には駁議・議文による公卿会議の確立していたことが分かる。前漢の例としては、桓寛の『塩鉄論』がある。それは、前漢昭帝の始元六年（前八一）二月に開催された塩鉄会議の討論を叙述したものであるが、「当時あい難詰しあった議文がかなり残っていた」（『漢書』巻六六論賛）のを増広して編纂したのである。(6)『史記』『漢書』には公卿会議の例が散見するから、『文心雕龍』『大唐六典』の指摘は正しいかにみえる。しかし、公卿会議の例は、統一秦にまで遡ることができる。

その端的な例として始皇帝二六年（前二二一）の皇帝号制定の会議がある。それは、六国平定の過程を述べたあと、「其れ帝号を議せよ」との始皇帝の命令によって開かれた。丞相王綰（おうわん）・御史大夫馮劫（ふうきょう）・廷尉李斯等が「博士と議し」た結果、泰皇号を上奏した。これをうけた始皇帝が、「泰を除いて皇をのこし、上古の帝号を採って、『皇帝』と号せ。その他は議のごとくせよ」と決裁したのである。この経緯は、さきにあげた後漢の陳球・北斉の魏収がかかわった会議とまったく同じである。「泰皇」号の上奏案は、公卿・博士会議でかわされた議文にもとづいて作成されたはずである。駁議・議文による公卿会議は、遅くとも秦の天下統一期、皇帝権力とともに形成されたのである。[7] ただ、秦の統一期は短く、会議の具体的な構造が分かるのは、漢代にはいってからである。

(1)両漢期の朝議

漢代の集議については、すでに述べたように永田英正の研究が意を尽くしている。これを基礎にしながら、ここでは会議の種類と重層関係とに着目しつつ、筆者なりに再構成してみたい。

『独断』『大唐六典』など、すでに見てきたように漢代から唐代にいたるまで、朝議の基本形態は公卿議とよばれる会議であった。しかし、古代国家の朝議は、いくつかの階層性をもつ会議によって構成されていた。両漢期の会議についていえば、それは①大議（大会）、②公卿議、③有司議、④三府議（両府・四府）の四種の会議とその組み合わせによって構成されていた。

①大議とは、「総会議なり」（『漢書』巻八九黄覇伝顔師古注）とあるように、重要な案件

について、公卿のみならず、百官・群臣をも招集する会議である。漢代の中央機構は、丞相府・御史府・太尉府（後漢は司徒・司空・司馬）と九つの主要官府を中心に構成されていた。その長官・次官などを総称して三公九卿もしくは公卿と呼んだ。この公卿を中心に百官・群臣を招集して会議するのが大議である。

たとえば前漢の宣帝が即位し、武帝を顕章しようとして、丞相・御史大夫に詔をくだして「列侯・二千石（各官府の長官クラス）・博士と議せよ」と命じたとき、「群臣、廷中に大議し」たが、そこには丞相・御史大夫はもとより長信少府、公卿、丞相長史などが参加している（『漢書』巻七五夏侯勝伝）。また、貢禹の問題提起（上奏）によって始まった郡国廟廃止と皇帝廟統合（七廟合祀）問題がある。地方各郡国に設置された宗廟の廃止については、永光四年（前四〇）に開催された丞相・御史大夫以下、「将軍・列侯・中二千石・諸大夫・博士・議郎」等の会議で、参加者七〇人による全員一致の廃止案がまとまり、これを皇帝が裁可した。

皇帝廟統合（七廟合祀）問題も、一箇月余りのちに同じ構成で会議が開催されたが、参加者九二人の意見が四つに分かれたため、皇帝が決定を一年間のばし、翌永光五年（前三九）の詔勅によって、一旦決着をみた（『漢書』巻七三韋玄成伝）。しかし、これ以後も前漢末から後漢末にいたるまで廟制問題は断続的に生起し、献帝の初平二年（一九一）にあらためて問題化された時にも、「元帝の時、丞相の匡衡、御史大夫の貢禹が始めて大議を建てて典礼に準拠するよう上請した」ことから、この問題がはじまったと蔡邕は回顧している（『続漢書』祭祀志下・劉昭注補所引『袁山松書』、袁宏『後漢紀』巻二六は「始建大議」を「始建斯議」に作る）。

さらに、平帝の元始五年（後五）、王莽に対する九錫の法（皇帝が大臣を特別に尊崇するときに与える九種の器物）を議せしめたとき、「公卿・大夫・博士・議郎・列侯張純等九百二人」（『漢書』巻九九王莽伝上）が参加している。案件の重大さや参加した官僚からみて、大議であるとみなしてよい。皇帝から任命される後漢の中央官僚（命官）の定数は、一〇五五人であった（『通典』巻三六職官一八「後漢官秩差次」）。前漢末期もさほど変化はないとみてよい。九〇二人の参加は、中央官僚（命官）のすべてが出席した会議ということになる。まことに大議と呼ぶにふさわしい。前漢期の大議の規模は、先にみたように百名前後であるが、これ以後、後漢にかけて会議全般にわたって規模が大きくなってゆく。九〇二人もの参加は特別であるが、後漢期にはいると公卿議でも数百人を越えるのであり、大議は百名前後から数百名を越す規模の会議であったことが分かる。

大議の議題は、つぎに見る公卿議の議題とほぼかわりないが、おおむね皇帝の廃立・祭祀・辺事（外交）・軍事・三公人事・高級裁判など、皇帝主権の中枢にかかわるものが多い[8]。したがって、「国に大議あるごとに、天子は、車に乗って自ら司徒府の朝会殿に行幸」（『通典』巻二〇職官二「司徒」条原注所引応劭『漢官儀』）した[9]。すべての大議について言えるわけではないが、漢代の皇帝が会議に参加し、時には会議を指揮したことは注目すべきことである。六朝期との対比もあるので、この点については後にあらためて問題にしたい。

②公卿議は、三公九卿など官府の長官・次官を中心とする会議である。大議をひとまわり小さくした会議で、先に陳球の例に見たような数百人にのぼるものは、その最大規模の会議であろう。議題の内容も、大議とほぼ同じであるが、災害対策・貨幣制度・常平倉などの経済政策、封爵・考課・将帥選任などの人事問題、明堂設立・楽制などの礼制問題の検討など、より具体的なものが多い[10]。

前漢期には、武帝が公卿と貨幣制度改革を議論し（『漢書』巻二四食貨志下）、成帝の建始三年（前三〇）に洪水が起こるとの流言によって長安が大混乱におちいったとき、皇帝みずから未央宮前殿に臨御し、公卿をまねいて会議したことなどから分かるように（『漢書』巻八二王商伝）、公卿議には皇帝が直接参加することもあった。しかし後漢にはいると、公卿議は基本的には朝堂で開催されるようになり、皇帝の参加はしだいに見られなくなってゆく。

③有司議は、前漢期に散見する。それは事案に関係する官僚を集めて開く会議であった。

議案の内容は、したがって具体的な案件が多い[11]。ただ直接の担当官府だけでなく、丞相・御史大夫などの閣僚やその他の官僚が参加することも多い。公卿議をひとまわり小さくした会議である。初元元年（前四八）の珠崖（海南島北部）の反乱にさいして、元帝が有司と大軍派遣を議したように、皇帝が有司議を直接指揮することもあった（『漢書』巻六四下賈捐之伝）。前漢期には、大議のみならず、公卿議や有司議にも皇帝が直接参加することがあった。しかし後漢にはいると、有司議そのものとともに、皇帝が公卿議や有司議に参加することはなくなってゆく。

④三府議（両府・四府）は、前漢であれば丞相府・御史府の両府、後漢前期であれば司徒・司空・司馬の三府、後漢後期であれば三府に大将軍府もしくは太傅府をくわえた四府など、宰相府の会議である。「三府掾属（えんぞく）会議」（『三国志』巻一〇荀攸伝裴松之註引「漢末名士録」）とも称されるように、属寮をふくめた宰相府の全体会議であり、事案によっては、博士（祭祀）・廷尉（司法）・太常（祭祀）などの担当官僚・学官が参加することもある。三公府の総掾属定数は八四名（『続漢書』百官志一）であるから、三府議の参加者は、通常一〇〇名前後とみてよい。

これら四層の次元の会議でえられた意志形成は、皇帝の裁可をへて始めて国家中枢部の意志決定となる。しかし、一つの会議で結論がえられない場合は、二種類の会議の組み合わせによって意志決定された。その場合、最終審議の会議は一定していない。たとえば、①大議のあと公卿議が開かれる場合（『後漢書』杜林列伝第一七、郊祀制度）、②公卿議のあと四府議が開かれる場合（『後漢書』虞詡列伝第四八、辺事）、③有司議のあと公卿議が開かれる場合（『漢書』巻八三薛宣伝、裁判）、④有司議のあと両府議が開かれる場合（『漢書』巻七八蕭望之伝、納穀贖罪）、⑤四府議のあと大議（大会）が開かれる場合（『後漢書』応劭列伝第三八、辺事）などがある。提出される案件（疑事）をどの層の会議にかけるか、どのような会議の組み合わせによるか、どの会議のどの議文によって裁可するのか、直接参加するか否かにかかわらず、意志形成のより決定的な場面での選択はすべて皇帝が独自におこなった。官僚集団の各層会議の意志形成と皇帝の裁可とは、二つの独自なモメントであり、その相互関係をつうじて国家中枢部の意志決定がおこなわれるのであるが、決定的な局面は皇帝の側にある。会議の本質は皇帝の諮問会議であり、意志決定は究極的には皇帝の独裁である。

(2) 六朝期の朝議

六朝期以後の朝議は、基本的には漢代の制度をうけついでいるが、漢代に潜在的であったことがより明確になった部分もある。これを端的に語るのは、唐の武宗の会昌五年（八四五）六月丙子勅である。それは、つぎのごとく述べる。

漢魏以来、朝廷の大政は、必ず公卿に下して詳議させ、ひろく治道を求め、衆人の考えを汲み尽くした。それゆえ政治は必ず筋が通っており、人びとは皆な治道に心をかたむけたのである。そののち礼法に関する事案で、人びとの間に疑義の生じたことについては、本司から尚書都省に上申し、礼官にくだして参議させることになった。刑獄に関する場合にも、また先に法官に詳議させ、しかるのちに刑部に上申して再度参議させることになった。もし郎官や御史のなかに駁難をよくし、経史や故事に依拠して詳細正確な議論をなしうる者があれば、ただちに抜擢人事をおこなって奨励せよ。みためは華やかだが、まったく論拠のない議論をする者については、上申の限りではない（『旧唐書』巻一八上武宗本紀）。

この詔勅は、漢代より唐代にいたるまで、①公卿議が朝議の中心をしめるとともに、晋以後、礼法に関する②礼官議と司法に関する③法官議が専門会議として位置づけられるようになったことを示している。ただ、尚書都省・刑部などの官職や郎官・御史に対する奨励人事への言及があることから、詔勅に記載する沿革は、唐の制度を基盤としてその淵源にまで遡及するかたちで述べたものであることが分かる。そこで以下、この記述がどの程度実態を反映しているのか検証しながら、六朝期の朝議を明らかにしてゆきたい。

①公卿議が朝議の中心として唐代まで存在したことは、前掲『大唐六典』の記述によって明らかである。しかも晋代にはいると、公卿議は定例化されるようになる。このことは、北魏の孝文帝が鋭く指摘している。

その後、高宗孝文帝が朝堂に臨御し、穆亮に言った。「夏・殷・周三代の御世には、日の出とともに政務をとるのが礼であった。漢魏より以後、礼儀はしだいにすたれ、晋令には、『朔望（一日・一五日）に公卿を朝堂に集めて議政せしめる』とはあるが、天子自ら朝堂に臨御するという文言はまったくない。今より、そなた等の日中の集議につき、正午以前はそなた等独自に政事を議し、正午以後は余がそなた等とともにその可否を論ずることとする」と。かくて奏案を読みあげるよう命じ、孝文帝が自らそれを決裁したのであった（『魏書』巻二七穆亮伝）。

この記述全体がもつ重大な歴史的意義については、のちにあらためて述べることにする。ここで重視したいのは、晋令に「朔望（一日・一五日）に公卿を朝堂に集めて議政せしめる」とあって、晋代以後、朝堂での定期的な公卿議の開催が制度化されており、さらに北魏にも継承されていたことである。後漢時代から公卿議は朝堂でおこなわれるようになるが、以後この趨勢が進行し、少なくとも晋以後、定例化されたのである。

いま一つ注目したいのは、皇帝自身が朝堂に臨御するという規定が晋令には見えないと孝文帝が指摘していることである。漢代の朝議にあっては、すべての会議ではないにしても、皇帝が臨御して会議の直接指揮をとることがあった。晋代にはこのことがなくなったのである。「晋代の諸帝は、おおむね内房に居住し、臨御する朝政・饗宴は、太極殿の東西二堂で挙行されるものだけであった」(『宋書』巻九二良吏伝序)と指摘されるように、政治への積極的な関与をおこなわなかった。この姿勢が会議への直接参加にも反映しているのである。六朝期にあっては、公卿議は定例化されるとともに、皇帝権力との関係においてその独自性を強化している。この点は貴族制の形成とも関連するが、さきに挙げた孝文帝の朝議改革の意義とともに次節で言及する。

②礼官議に移ろう。南朝の礼官議については、先にも述べたように金子修一が『宋書』礼志に記載する尚書の案奏を文書学的に明らかにし、ついで中村圭爾がよりひろく意志決定過程における会議の一種として、その実態を解明した。金子の理解に少しく修正を加えた私見を示せば、礼官議は、通常⑴尚書による問題の提示と礼官への諮問→⑵礼官の議論→⑶礼官議に複数意見がある場合、尚書総体による調停意見(参議)の提示→⑷尚書による⑴⑵⑶を一括した案奏の上奏と皇帝による裁可、という手続きをへる。したがって、⑴本司(礼部四司等)からの尚書都省への上申→⑵礼官参議(→⑶皇帝による裁可)、という手続きをへる会昌五年六月丙子勅とは若干のちがいがある。会昌五年勅は、唐の礼

官議を下敷きにした理解だとみてよい。

金子・中村が対象にしたのは宋・斉両朝であるが、晋以後、礼官議は南北朝をつうじて広くおこなわれた。北魏の例を示しておこう。『魏書』礼志四巻のなかには多くの礼官議が残されている。たとえば、宣武帝の延昌三年（五一四）七月に、清河王懌の第七叔母北海王妃劉氏と平原郡開国公高肇の兄の子が死んだとき、両家から「葬送の行列に鼓吹楽を演奏してよいかどうか、礼官議でご決定くださるよう」上言された。この礼官議には、まず太学博士封祖胄の議文、四門博士蔣雅哲の議文、国子助教韓神固の議文が提出され、ついで三人の議に対する兼儀曹郎中房景先の駁議が提出され、これをうけて祕書監・国子祭酒孫恵蔚や太学博士封祖胄等の重ねての議文が提出され、最後に「国子祭酒等の後の議文に従うべし」との皇帝の詔勅によって一件落着となる（『魏書』巻一〇八礼志四）。北魏の礼官議に南朝のような手続きがあったかどうか、いまのところ分からない。ただ、礼官議のみならず、朝議のすべてがおよそこのような経緯をたどることは、すでにみたとおりである。

礼官議は、祭祀や儀礼にかかわる問題が生じたとき、太学・国子学の博士や助教などの学官、太常卿・丞、尚書祠部・儀曹、太祝令などの礼官を中心に、その他の官僚も参加して決定する専門会議である。このように礼官議については、手続きに少しく違いはあるものの、会昌五年勅がほぼ正しい記述をおこなっていることが分かる。
③法官議については、やや問題がある。管見の限りでは、六朝期をつうじて礼官議のように制度化された法官議をみいだすことができない。しかし、漢代以来、司法にかかわる疑義が生じたときには、廷尉・御史中丞を中心とする有司議が開かれたり、三府議に廷尉が加わったりしている[12]。また、『魏書』巻一一一刑罰志あたりから法官の語が散見するようになる。会昌五年勅にみえる(1)法官詳議→(2)刑部参覆という唐代のような手続きはみいだせないものの、礼官議のように、これに近い実態はあったのではないかと推測される。
②礼官議と③法官議とをつうじて注意しなければならないのは、どちらの場合も会議およびその手続き過程に有司として尚書が介在し、その中枢機能を担っていることである。すでにみたように、漢代にあっては三公九卿を中心とする中央政府が国家を指導していた。しかし、前漢末期の成帝建始四年（前二九）に五尚書が設置されて以来、漢代当初以来の秘書・文案処理機能が肥大化し、後漢にはいるとさらに機構を整備して中央政府の中心をなすようになる。晋六朝期には、宰相府であった三公府は名誉職化し、尚書台が宰相府と行政府とをかねるようになる。尚書台は、尚書八座（令・左右僕射・五尚書）・丞・郎の三〇数名からなる執行部と二五〇名の令吏・書令吏やその他の下級吏員によって構成された（『宋書』巻三九百官志）。この尚書が日常の朝議を運営していたことを、梁の武帝大同六年

（五四〇）八月辛未詔はつぎのごとく伝えている。

国家統治には、必ず政事を朝議に諮るという体例がある。それゆえ尚書に令・左右僕射・丞・郎を置き、毎日朝堂に参内して時事を朝議し（日旦上朝、以議時事）、前もって共同の政策意志をつくって皇帝に上奏させるのである。ところがこの頃はさにあらず、疑事が生ずるたびに、そのまま決裁を求めにくるというありさまである。……今後は、尚書内部に疑事が生ずれば、前もって朝堂で参議し、しかるのち上奏し、なれあうことあいならぬ。……（『梁書』巻三武帝本紀下）。

この記事は、尚書八座丞郎が毎日朝堂におもむいて会議し、日常の政務をこなしていたことを伝える。これは、今日の閣議にあたり、行政府の最高政務会議といってよいだろう。この時期には尚書八座丞郎の最高政務会議が形骸化していたのであるが、この会議の成立は、尚書が国政の中心になる後漢以後、遅くとも晋以後のこととみてよい[13]。

かくして、六朝期の朝議・朝政は、①毎日朝堂で開かれる尚書八座丞郎の最高政務会議、②毎月一日・一五日に朝堂で開かれる公卿議を基軸に、③時どきに開かれる礼官議と「法官議」の専門会議によって運営されていたことが分かる。尚書八座を中心とする尚書台は、日常の行政府最高政務会議をつうじて、礼官議と「法官議」のみならず、公卿議その他のあらゆる会議の中枢機能を担っていたと考えてよい。

会昌五年勅に言及する三層の朝議や尚書八座丞郎参議のほかにも、漢代の大議に相当する大規模な会議が存在した。中村圭爾が明らかにした内外博議、あるいは通議と呼ばれる会議である。中村によれば、内とは近従の侍中・黄門郎以下の門下諸官や散騎常侍・侍郎を指し、外とは尚書省諸官に三公九卿をふくめたものである。

一例を挙げておこう。宋の孝武帝孝建二年（四五五）九月のことである。前殿中曹郎荀万秋が「郊廟の祀りには楽を設けるべきである」との議文を提出したので、内外博議が開催された。会議では、驃騎将軍竟陵王誕等五一人が荀万秋の議に賛同する。これに対し、尚書左僕射建平王宏の議文、散騎常侍・丹陽尹顔竣の議文があり、さらに建平王宏の議文が提出され、結局「衆議並びに建平王宏の議に賛同し」、皇帝の裁可をえることとなった（『宋書』巻一九楽志一）。建平王宏と丹陽尹顔竣の議文は、「議以為」で始まっており、議文の書式にかなっている。

内外博議について、留意しておきたい点がある。内外博議は、中村圭爾が指摘するように多くの人びとによる会議である。ただ中村は、博議という文言に多くの人びとの参加を読みとり、そこにこの時代の会議の特質があると考えているかのごとくである。しかし博議は、漢代から唐代にいたるまでの様ざまな会議にも用いられており、通時的な用語である。博議は駁議と同じで、『文心雕龍』が言うように様ざまに異なる議文からなる会議のことである。中村のように博議自体になにか特別の会議を想定すると、公卿博議や礼官博議など、外に属する人びとによる様ざまな博議が理解しえなくなる。内外博議は、博議にではなく、むしろ「内外」と参加官僚の範囲を指定したところに重心があるとみるべきである。定例化された公卿議や礼官議では充分に意志形成できない重要課題が生起したときに招集されるのが内外博議・通議であろう。重ねていえば、それは漢代の大議を受け継いでいる。

北魏にも群官に集議させることがままあった。たとえば、太和六年（四八二）一一月には、七廟親祭の儀式を群官に集議させている（『魏書』巻一〇八礼志一）。また、同一四年（四九〇）八月には、魏を五徳のうちどの徳にあてるかを「群官百辟」に議定させている。第一回目の群官議では、土徳説に立つ中書監高閭の議文と水徳説に立つ秘書丞李彪・著作郎崔光等の議文とが対立した。そのため、一五年正月にあらためて群官に議定させた結果、侍中・司空・長楽王穆亮等一二名の参論（参議）によって水徳説が提案され、皇帝が裁可したのである（『魏書』巻一〇八礼志）。このように国家の枢要にかかわる問題については、博議の名をもたずに内外百官の会議することがあった。これも漢代の大議を継承する。

このようにみてくれば、晋六朝期の朝議は、①三十数名からなる尚書八座丞郎の日常的な行政府最高政務会議、②毎月朔望に開かれる定例の公卿議、③礼官・法官を中心とする専門会議、④重要案件を審議する内外博議・通議の重層からなり、基本的には漢代の朝議の構造を継承していることが分かる。ただ、朝議の中枢は毎日朝堂で開かれる尚書八座丞郎の参議によって運営されるようになり、中核となる公卿議が定例化するとともに皇帝権に対する独自化を強めていたこと、礼官議や実態としての法官議など専門会議の特殊化などが特徴となっているといえる。

(3) 隋唐期の朝議

隋唐期の朝議の構造は、基本的に六朝期のそれをひきつぎ、重層的な会議をつうじて国政が運営された。それらは、①群臣百官による会議、②公卿議、③礼官議、④法官議である。これら諸会議については、上来の叙述のなかでしばしば言及してきたので、ここではいくつか例をあげて確認するにとどめておきたい[14]。

①群臣百官による会議は、漢代の大議、六朝期の内外博議・通議などの系譜をひきつぎ、重要な政治課題について中央官僚が討論する会議である。例えば、開元二二年（七三四）に中書侍郎張九齢が提案した貨幣の私鋳解禁をめぐって開かれた会議は、玄宗の命によって百官に詳議させたのであるが、「時に公卿・群官が皆な『不便』だとの議文（唐代には議状と呼ばれることが多い）を提出したため、実行されなかった」（『旧唐書』巻四八食貨志上）。

このような百官詳議（百僚詳議）は史乗に散見するが、明確な律令の規定のもとに開かれる会議としては、尚書都座集議がある。これは、罪人が「八議」に相当する高級官僚・貴人である場合、七品以上の中央官僚が尚書都堂（都座）で集議し、刑罰の軽減を検討する会議である。[15]参加人数が分かる百官詳議としては、継母が他家に再嫁したのち死亡した司文正卿蕭嗣業について、服喪のあり方とそのために官職を解くべきかどうかを議題として開かれた龍朔二年（六六二）八月の会議がある。会議には文武官九品以上が招集され、その結果、官職を解くに当たらずとする司衛正卿房仁裕等七三六人の議文と、官職を解くべしとする右金吾衛将軍薛孤・呉仁等二六人の議文が提出された。対立する意見は、結局、房仁裕等の議によるべしとする司礼太常伯李博乂等の上奏が提出され、これが詔勅によって裁可されて一件落着となった（『旧唐書』巻二七礼儀志七）。この会議は七六二人をゆうに越えており、百官詳議とは述べられてはいないが、実態はまさに百官会議である。百官詳議の規模がこれによって推察できる。

②公卿議は、百官詳議よりは参加官僚の範囲がせまい高級官僚会議である。例えば、貞観一五年（六四一）には「公卿・諸儒に命じて封禅の儀注を詳定」させている（『旧唐書』巻二三礼儀志三）。また代宗は、即位の恩恵として、乾元年間（七五八・七五九）以来の戦乱によって目減りが起きていた中央官僚の俸銭の改善を、公卿会議に諮問している。この

結果、天下青苗税銭が賦課されるようになった（『旧唐書』巻四八食貨志上）。さらに具体的には、兄弟であった敬宗・文宗・武宗の廟制問題について開かれた会昌六年（八四六）五月の会議には、「尚書省・中書門下両省・御史台の四品以上の官、大理卿・京兆尹等に命じて集議させ、結果を上聞せしめよ」との詔勅が発せられている（『旧唐書』巻二五礼儀志五）。招集範囲がややせまく限定されており、公卿議とは呼ばれていないが、その実態は公卿議そのものである。百官詳議と公卿議との間には、参加範囲の違いを除けば、議題や結果のとりあつかいについて、とくに区別はなかった。

③礼官議と④法官議については、先に紹介した会昌五年（八四五）丙子勅（四二頁）が会議の手続きまで含めて述べており、とりわけ礼官詳議については『旧唐書』礼儀志七巻の中に膨大な例があるので、ここには贅言しない。これら専門会議とも言うべき礼官議と法官議は、百官詳議や公卿議と組み合わされ、それらの下級会議の役割を果たすことが多かった。

上記四種類の会議は、基本的には六朝期以来のものである。これらに加えて唐代の会議には、隋の文帝が着手し、唐初にいたって確立した国制改革によって、新しい会議といくつかの特徴が生じている。第一は宰相会議が成立し、尚書八座丞郎の参議にかわって日常の宰相府最高政務会議を構成するようになったことであり、第二は会議における朝堂の重要性が低下したことである。

まず宰相会議の成立についてみておこう。隋初の国制改革のあとをうけて、唐代の国政運営は、中書省・門下省・尚書省および尚書六部によって進められるようになり、三省の長官（中書令二名、侍中二名、左右僕射）および同中書門下三品、同中書門下平章事などの肩書をもつ諸官からなる宰相制度が成立した。三省の長官は、門下省の政事堂で政務を議したが、高宗の弘道元年（六八三）一二月甲戌、裴炎が門下省長官の侍中から中書令に異動したさい、政事堂を中書省に移した。開元一一年（七二三）、張説（ちょうえつ）が宰相（中書令）になると、さらに政事堂の名を改めて中書門下と号し、印も「中書門下之印」と改め、中書門下（政事堂）の後部に、吏房・枢機房・兵房・戸房・礼刑房の五房を設置し、衆務を司らせた」（『唐書』巻四六百官志、『資治通鑑』巻二〇三弘道元年）。

唐代長安城の宮城は、『周礼』の外朝・中朝・内朝からなる三朝制によって建造された。太極宮には、その中朝にあたる太極殿（大明宮では宣政殿）の両廊の東に門下省、西に中書省がおかれた（図1参照）。さきの経緯から分かるように、唐初には門下省の政事堂で、弘道元年（六八三）以後は中書省の政事堂（中書門下）で、すなわち中朝で宰相会議が開かれた。また『通典』によると、「開元年間以前、諸司の官僚で宰相を兼ねる者（兼知政事者）は、午前中は政務を朝堂で議し、午後は本司で政務を処理した」と伝えられる（巻

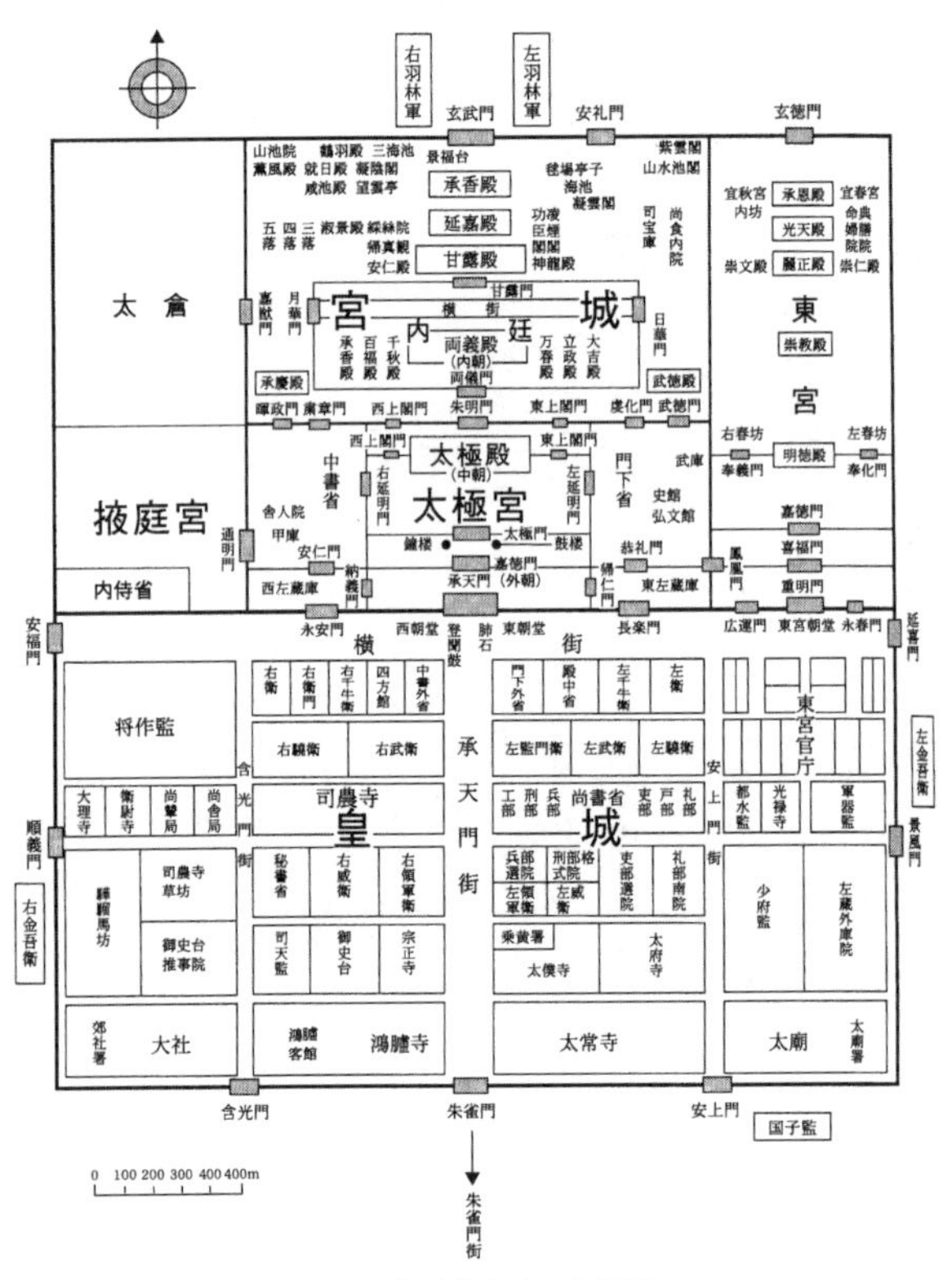

図1　唐長安宮城・皇城図
（妹尾達彦『長安の都市計画』講談社、2001年）

二三職官五吏部尚書)。漢六朝期の朝堂は尚書台とともに宮城内(内朝・中朝に相当)に置かれたが、隋唐期には外朝にあたる承天門(含元殿)の外側に設置された(図1参照)。これは、朝堂の外朝化であり、その政治的重要性の低下をものがたっている。中朝の政事堂と外朝の朝堂とにおける宰相の会議がどのような相互関係をもっているのか、いまのところよく分からない。ともかくも、唐代前半期までは、中朝の政事堂と外朝の朝堂において宰相の会議が開かれ、日常の最高政務会議が開かれるようになったことが分かる。朝堂での会議は、管見の限り、宰相の会議以外には確認されず、その外朝化とともに朝議全体にしめる重要性を低下させていることが分かる。この点についてはあらためて次節で検討する。

唐代にあっては、朝堂にかわって、皇城内の尚書都堂が会議場として使用されるようになる。さきに言及した七品以上の中央官僚による尚書都座集議はその典型である。これ以外にも多くの例がある。『旧唐書』礼儀志のなかからいくつかあげておこう。たとえば、「尚書省に付し、衆官を集めて詳議させる」(開元一二年(七三四)正月、礼儀志五)、「望むらくは尚書省に付し、衆官吏を集めて詳議せしめんことを」(開元二三年(七三五)、礼儀志七)、「勅して尚書省に下し、百僚に集議させる」(建中二年(七八一)礼儀志六)、「詔して都省に付し、再び百僚を集めて議定し、聞奏させる」(貞元一九年(八〇三)三月、礼儀志六)、「尚書省に命じ、公卿及び礼官・学官をあつめて詳議させる」(会昌五年(八四五)八月、礼儀志六）、「都省に詔して集議させる」（大中三年（八四九）一一月、礼儀志五）、「勅して百僚に下し、都省にて会議させる」（僖宗光啓元年（八八五）四月、礼儀志五）など、唐末にいたるまで尚書省・尚書都省での会議を指示する史料がままある。それは、公卿議や百僚集議などかなりの規模の会議を含んでいる。

これら大規模会議を開催しうる尚書省の議場は、尚書都省の都堂をおいて他にはない。『通典』巻二二職官四尚書省条は、唐代の尚書省について、こう述べている。

都堂が中央にあり、その左右に各部局（司）が分置されている（原注　旧来、尚書省には大きな庁堂（大庁）があり、省の中央に位置した。現在これを都堂と呼んでいる）。都堂の東側には、吏部・戸部・礼部が三列にならび、各列ごとに四部局（四司）ずつあり、これらを左司郎中が統括する。都堂の西側には、兵部・刑部・工部が三列にならび、各列ごとに四部局（四司）ずつあり、これらを右司郎中が統括する。すべて二四部局（司）が政務を分掌して共同で統治するので、天下の政治はここに総合されるのである。

大庁のある尚書都堂では、各州から派遣される朝集使と九品以上の京官とが対面する「朝集使礼見」儀礼が挙行された（『大唐開元礼』巻一二六）。このことから分かるように、尚書都堂は、七六〇名をこえる百官詳議をも開催しうる広さをもっていた。尚書省もしくは尚書都省に付して開催される諸会議は、都堂（都座）を場とする会議であったとみてよい。会議場の指定されない場合も、おおむね都堂（都座）で開催されたと思われる。

都堂での会議は外朝の行政機構である尚書省での会議であり、時どきに異なる皇帝の指令によって開催される。六朝期の朝堂での会議が貴族・高級官僚の集団的意志形成の側面をもっていたのに対し、尚書都堂集議の性格は、顕著な行政的色彩をはなっている。かくして唐代の朝議は、政事堂と朝堂で開かれる日常の宰相府最高政務会議と尚書都堂で開かれる各種諸会議の重層として現れるのである。

唐代の三省にかかわってふれておかなければならない問題がある。それは、封駁の制度である。封駁は、皇帝の詔勅発布にかかわって、中書省の起草した案文を、門下省が審議して覆奏し、異議あるときはこれを中書省に封還する制度である。これは、皇帝による意志決定に対し貴族の同意をあたえる制度として、通常理解されている[16]。しかし、これまでの叙述のなかでしばしば言及したように、漢代以来、皇帝の意志決定にかかわる会議にはすべて駁議が認められていた。唐代も例外ではなく、多くの事例がある。門下省の封駁もその一環にすぎないのである。これだけをとりだして、重大な任務をおわせるのは不当である。

三省のみならず、諸官司の上層部には貴族が就任するのであって、そもそも門下省にだけ貴族がその牙城として独占的に就任するわけではない。また、朝堂の外朝化により、六朝期にみられた数百名におよぶ朝堂の公卿議は姿を消し、総貴族としての集団的意志形成も唐代には後景にしりぞく。たとえ門下省の封駁が皇帝の意志をチェックするものであったとしても、それは、時どきに門下省に在任した官僚の個別意見にすぎない。皇帝を国家意志の唯一最終の決定者とする中国古代国家にとって、それぞれの時宜にかなった決定をくだすためには、数多くの異論・異見が存在し、選択のはばの広いほうが理にかなっている。それ故にこそ、漢代以来、駁議の制度が儼存したのである。封駁の制度は、漢代以来の駁議に由来し、中国古代の朝議に構造化された機能であった。

以上、三項の検討によって、漢代から唐代にいたる会議の多様性と重層性とをつうじて朝政が執行されていたことが明らかになった。つぎには、会議がおこなわれる場（空間）に焦点をあてて、古代中国における朝政の構造的特質を明らかにしてゆきたい。

注

（1）永田英正「漢代の集議について」（初出一九七二年、のち『漢代史研究』汲古書院、二〇一八年）、中村圭爾「南朝における議について――宋・斉代を中心に」（初出一九八八年、のち『六朝政治社会史研究』汲古書院、二〇一三年）、金子修一「南朝期上奏文の一形態について――『宋書』礼儀志を史料として」（初出一九八〇年、のち『古代中国と皇帝祭祀』汲古書院、二〇〇〇年）、謝元魯『唐代中央政権決策研究』（台北、文津出版社、一九九二年）。

（2）『三国志』巻一二崔琰伝裴註所引『続漢書』孔融伝に、「建安元年、徴還為将作大匠、遷少府。毎朝会訪対、輒為議主、諸卿大夫寄名而已」とあり、これを『後漢書』孔融伝第六〇は、「毎朝会訪対、融輒引正議定、諸卿大夫皆隷名而已」と記している。これによって、議主とは、議文の主体となって会議を指導する人物であり、「寄名」「隷名」とは議文に連署することをいうことが分かる。

また『南斉書』巻一六百官志の尚書右丞条に、「応須命議相値者、皆郎先立意、応奏黄案及関事、以立意官為議主。凡辞訴有漫命者、曹縁諮如旧。若命有諮、則以立意者為議主」とある。やや分かりにくい文章であるが、尚書の命議をへて上奏案や他官への諮問文書を作成した場合には、それを起案した官吏・官人を議主とするということであろう。南朝期の議文・議主については、すでに前掲注（1）中村圭爾論文にも指摘がある。

（3）注（2）の「寄名」「隷名」参照。また『後漢書』袁安列伝第四五に、「和帝即位、竇太后臨朝、后兄車騎将軍憲北撃匈奴。（司徒袁）安与太尉宋由・司空任隗及九卿詣朝堂上書諫、以為匈奴不犯辺塞、而無故労師遠渉、損費国用、徼功万里、非社稷之計。書連上、輒寝。宋由懼、遂不敢復署議、而諸卿稍自引止。唯安独与任隗守正不移……」とあって、匈奴遠征に対する公卿の反対運動が記されている。ここでは、朝堂の公卿会議の結果が上書となり、その内容すなわち議文が「以為」以下「非社稷之計」としてまとめられている。そして「遂不敢復署議、而諸卿稍自引止」とあることから、上書がくりかえされるたびに、賛同する三公九卿たちが議文に連署したことが分かる。

会議の結果を報告する時、異なる意見（議文）があれば、主たる人名と賛同者の人数を記載することが漢代から唐代にかけて広く見られる。それは議主の名と賛同署名者の数を記したものであろう。漢代の例については、前掲注(1)永田論文参照。六朝・唐代については、たとえば『宋書』巻一七礼志に、「宋孝武帝孝建元年十月戊辰、有司奏、章太后廟毀置之礼、二品官議者六百六十三人。太傅江夏王義恭以為……謂応同七廟、六代乃毀。六百三十六人同義恭不毀。散騎侍郎王法施等二十七人議応毀。領曹郎周景遠重参議、義恭等不毀議為允。詔可」とあり、また『通典』巻一六九刑法七守正に、武周期のこととして、「逆人丘神勣弟神鼎并男晙、被奴羊羔告反。司刑司直劉志素推案、奏称……／……即請申秋官及台、集衆官議。奉敕依。得春官員外郎楊思雅等一百十七人依（徐）有功議、以縁坐為允。又得夏官尚書楊執柔等百二十二人等議、並無反状、更差明使推。准議状、奏請差五品使。……」とある。唐代にあっては、議文は議状と呼ばれた。

(4)『蔡中郎文集』巻六に収める「答丞相可斎議」「難夏育上言鮮卑仍犯諸郡」、とりわけ後者は、冒頭と末尾をそなえた議文の典型を残している。

(5) 古くは藤枝晃『長城のまもり――河西地方出土の漢代木簡の内容の概説』（『遊牧民族研究』「自然と文化」別編Ⅱ、自然史学会、一九五五年）、晩近には永田英正『居延漢簡の研究』（同朋舎、一九八九年）および大庭脩『漢簡研究』（同朋舎出版、一九九二年）などが有益である。

（6）この点については、角谷常子「『塩鉄論』の史料的性格――桓寛のよった資料をもとめて」（『東洋史研究』第四七巻第二号、一九八八年）参照。

（7）前掲注（1）永田論文は、漢代の集議を春秋期の「都市国家」における民会の伝統を受け継ぐものとする。春秋期各国が都市国家と規定できるか、国人会議が民会と言えるかどうか、漢代の集議が国人会議の伝統をうけて民会的要素をもつかどうかは、戦国期における会議のありかたの解明とともに、今後慎重に検討すべき課題である。

（8）それぞれ一例ずつあげておこう。なお、括弧内の数字は中華書局版標点本正史の当該頁である。①皇帝廃立（「乃大会百官於朝堂、議欲廃立」『後漢書』盧植列伝第五四、二一一九）、②宗廟祭祀（「群臣大議廷中」『漢書』巻七五夏侯勝伝、三一五六）、③辺事・軍事（「召公卿将軍大議」『漢書』巻四五息夫躬伝、二一八三）、④三公人事（「有詔公卿・博士・朝臣会議。……於是策免」『後漢書』張酺列伝第三五、一五三三）、⑤裁判（「有司復請誅王。制曰、与列侯・中二千石・二千石・博士議」『漢書』巻五三広川恵王越伝、二四三二）。大議は、参加者の人数よりも議題の内容による名称であり、公卿議と基本的にかわりはない。ただ大議の場合は、いきおい公卿の範囲より多くなるので、人数がふえるのである。

（9）『周礼』地官・犒人条の鄭玄注に「今司徒府中、有百官朝会之殿。云天子与丞相、旧決大事焉」とある。

(10) たとえば、①災害対策(「公卿平議」『後漢書』樊準列伝第二二、一一二八)、②貨幣制度(「於是天子与公卿議、更造銭幣以澹用」『漢書』巻二四食貨志下、一一六三)、③常平倉(「帝曾欲置常平倉、公卿議者多以為便」『後漢書』劉般列伝第二九、一三〇五)、④人事考課(「房奏考功課吏法。上令公卿朝臣与房会議温室」『漢書』巻七五京房伝、三一六一)、⑤礼楽制度(「事下公卿」『漢書』巻二二礼楽志、一〇七二)。

(11) たとえば、①継嗣(「……願下有司議。議皆以為不宜為立嗣、国除」『漢書』巻六三武五子伝昌邑王賀、二七七〇)、②戦後処理(「事下有司。丞相匡衡・御史大夫繁延寿以為……。車騎将軍許嘉・右将軍王商以為……。有詔将軍議是」『漢書』巻七〇陳湯伝、三〇一五)、③昌陵建造(「下有司議。皆曰……。上乃下詔罷昌陵」『漢書』巻七〇陳湯伝、三〇二四)、④軍功(「……願下有司議。上以先帝時事、不復録」『漢書』巻七九馮奉世伝、三三〇一)、⑤辺事(「天子令下有司議。議者皆以為便」『漢書』巻九四匈奴伝下、三八〇三)。

(12) 『漢書』巻八三薛宣伝に、「事下有司。御史中丞衆等奏……(薛)明当以重論、及(薛)況皆棄市。廷尉直以為……況与謀者皆爵減完為城旦。上以問公卿議臣。丞相孔光・大司空師丹以中丞議是。自将軍以下至博士議郎皆是廷尉」とあり、また『後漢書』劉愷列伝第二九に、「是時居延都尉范邠復犯臧罪。詔下三公・廷尉議。……有詔太尉議是」とある。

(13) 北魏にも尚書八座議と呼ばれる会議があった。たとえば、『魏書』巻一九上景穆一二王伝広平王匡伝に、「(任城王)澄因是奏匡罪状三十余条、廷尉処以死刑。詔付八座議、特加原宥、削爵除官」とある。

（14）注（1）謝元魯著書は、唐一代にわたる政策決定過程とその変遷に関する唯一の専著である。謝元魯は、そのなかで①皇帝を中核とする政策決定集団構成の分析、②政策決定の層次とそれらの相互関係、③政策決定の伝達過程の分析、④政策決定と行政運営との関係について優れた考察を展開している。小論と直接にかかわる政策決定の層次について、謝元魯は、①御前会議、②宰相決策会議、③百官決策会議の三層を指摘している。小論は謝元魯の著書を知る前に構想して書きためてきたものであり、問題意識の異なるところもあり、会議の層次のとらえかたをはじめ、いくつかの点で小論と意見を異にする。ここでは、一一について指摘することは控えたい。

（15）『大唐六典』巻六刑部尚書条に「凡獄囚応入議請者、皆申刑部、集諸司七品已上於都座、議之」とある。これは、『唐律疏議』巻二名例二「八議者」条にも見え、仁井田陞『唐令拾遺』獄官令復元第二九条に収録されている。また、『通典』巻一六九刑法七守正に、武周期の徐有功の事績を述べ、いくつかの都座集議の具体例をあげている。なお注（3）参照。

（16）代表例として、内藤乾吉「唐の三省」（『中国法制史考証』有斐閣、一九六三年）、礪波護『唐代政治社会史研究』第Ⅱ部第三章「唐の三省六部」（同朋舎、一九八六年）がある。

第二節　朝政の構造

前節では古代国家の中枢部における朝議の重層構造とその特質について検討した。この節では朝議がおこなわれる場——空間をあらたに導入し、より具体的に最高意志決定の政治構造を検討してみたい。この最高意志決定の政治構造は、皇帝が直接臨御して政治的決裁や指令をおこなう太極殿などの正殿と、官僚が集会して会議し、皇帝に対する上奏案文を作成する朝堂との、二つの政治空間とその相互関係として現れる。この相互関係は一律ではない。それは朝議の場合と同様、大きくわけて①前後漢期、②魏晋南北朝期および③隋唐期の三つの時期に異なった構造をとる。以下、この三期にわけて朝政の構造とその変化について考えてみよう。

一　両漢期の朝政――朝政構造の形成

(1)前漢時代の朝堂

中国古代の朝政構造にとって決定的なのは、朝堂の成立である。朝堂は、前節でおりにふれて言及したように、公卿集議の基本的な場であり、官僚の集団的意志形成にかかせない政治空間であった。まず、この朝堂の成立について考えてみたい。

朝堂の存在を直接に示す前漢期の史料は、現在のところない。もっとも早いのは、後漢初の班固（はんご）の「両都賦」である。班固は、朝堂が百官集会の場であり、前漢の名臣である蕭何・曹参・魏相・邴吉等が朝堂で謀議したことを唱っている（「左右庭中、朝堂百寮之位、蕭曹魏邴、謀謨乎其上」『文選』巻一）。また張衡も、「西京賦」のなかで、前漢の正殿であった未央宮前殿の周辺について、その東に朝堂が続き、北には温調殿（温室）が延び、西には玉台があり、さらに昆徳殿が連なっていた、と叙べている（「朝堂承東、温調延北、西有玉台、聯以昆徳」『文選』巻二）。前漢期の朝堂についての記録は、この二例にすぎない。

班固は、蕭何・曹参等が朝堂で論議したことに言及し、あたかも漢初から朝堂が存在したかのごとく叙述している。張衡も、前殿の東に朝堂が並んでいたことを述べ、あたかも漢初から未央宮前殿と朝堂との朝政構造ができていたかのように叙述している。しかし、この朝政構造に直接言及する前漢期の史料はなく、また前漢一代の歴史を叙述する『漢書』にも朝堂の記述はない。『後漢書』その他には、後漢期の朝堂について一八例の史料が存在する。前漢期に朝堂史料を欠いていることは、史料の偏在を考慮しても、朝堂の成立がかなり遅かったことを示している。

前漢期の史料にあらわれる朝議の場は、「公車門」(『漢書』巻六〇杜周伝)・「未央宮」(『漢書』巻六八霍光伝)・「未央宮前殿」(『漢書』巻八二王商伝)・「温室(温調殿)」(『漢書』巻七五京房伝)・「廷中」(『漢書』巻七五夏侯勝伝)・「殿中」(『漢書』巻八八儒林伝)などである。これらは正殿である未央宮前殿を中心とする未央宮の諸施設であり、朝議が一般に未央宮でおこなわれたことを示している(図2参照)。しかし、朝堂の名は見えないのである。張衡「西京賦」が未央宮前殿の東にあったと伝える朝堂の成立は、前漢末のことと考えざるをえない。では、それは何時ごろのことであろうか。

朝堂の成立は、前漢後期の宣帝以後のことと考えられる。それは、尚書制度・宗廟制度など後漢につながる漢代の諸制度の多くが、宣帝以後、とりわけ元帝・成帝二代にかけて整備されるからである。とくに重要なのは、朝堂とかかわりの深い朝政の基礎が宣帝期に整備されることである。時代は少しくだるが、魏の王粛は、「漢代初期になっても、前代

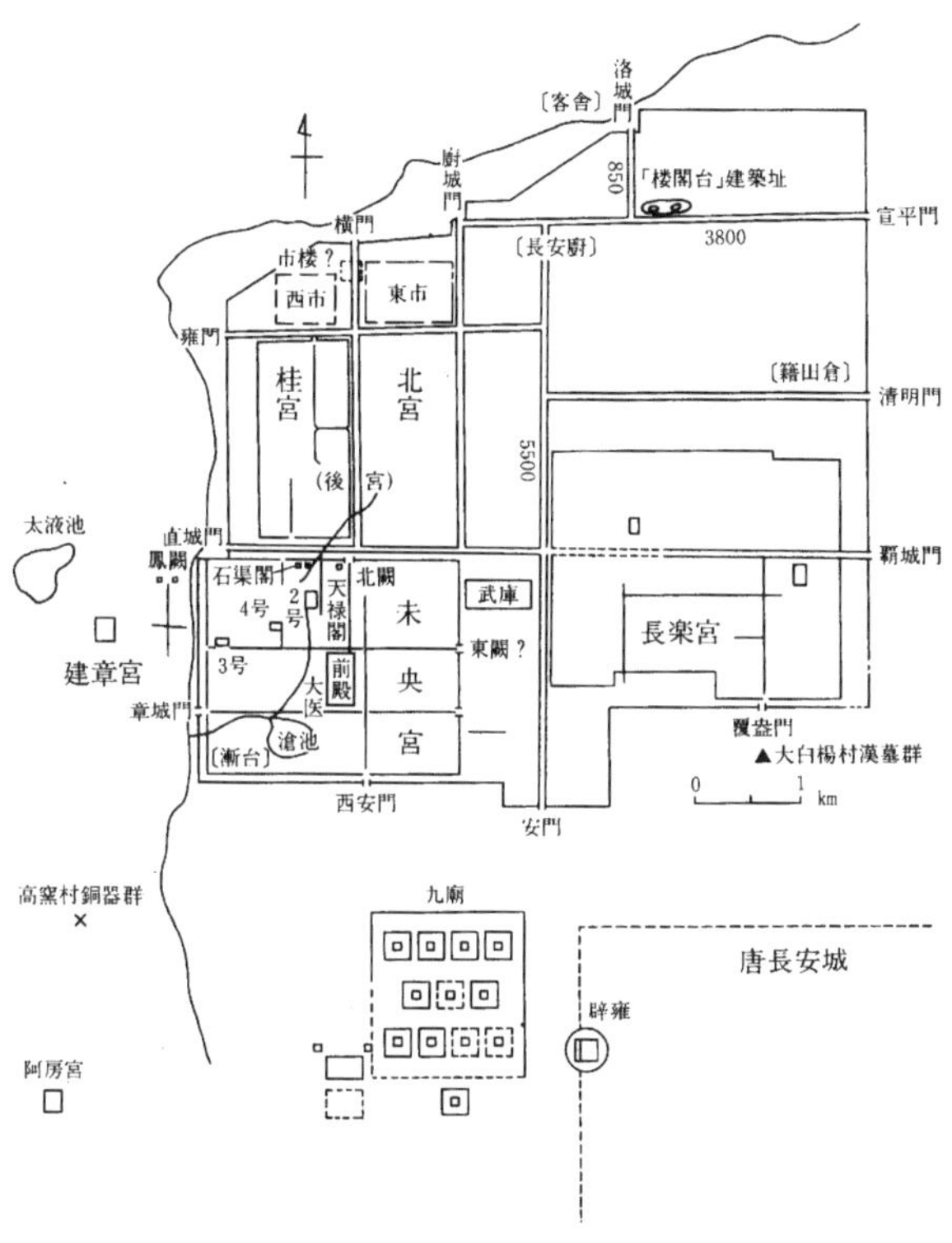

図2　前漢長安城図
（愛宕元訳注『唐両京城坊攷』1994年より転載）

の制度にしたがい、公卿は、事があれば皆な自ら朝参したものである。……宣帝が公卿に五日ごとに一度朝参させ、成帝が始めて尚書五人を設置すると、これ以後しだいに、朝政は不完全になっていった」（『三国志』巻一三本伝）と述べている。

宣帝期には、必要があれば随時入朝していたそれまでの制度をあらため、五日一朝の制度にきりかえたのである。これによって公卿は、あらかじめ皇帝に対する上奏案を作成しておく必要が生じ、共同討議の場を必要とするようになったと考えられる。はっきりしたことは言えないが、正殿と朝堂とによって皇帝と公卿（官僚）とが朝議を決定してゆく構造は、前漢末に萌芽し、後漢期をつうじて形成されていったのである。その後漢期に眼を転じよう。

(2) 後漢時代の朝堂と朝政

後漢期の朝堂については、佐藤武敏の研究がある。(1) 佐藤は一一件の史料をあげて、朝堂が儀礼執行の場であるとともに官僚集議の場であったことを指摘している。以下にいくつかの史料を加えて、いま少し具体的に後漢期の朝堂を朝政構造のなかに位置づけてみよう。

後漢は、洛陽に都を遷した。洛陽には、南宮と北宮の二つの宮殿があった。南宮は、前漢期から存在したが、光武帝は、建武一四年（後三八）正月、まずここに正殿として南宮前殿（崇徳殿）を造った（『後漢書』光武帝紀第一下）。ついで第二代明帝が、永平三年（後六〇）、北宮および諸官府を造成し、これは八年（後六五）一〇月に完成した（『後漢書』明帝紀第二[2]）。北宮の正殿は徳陽殿である。後漢期をつうじて、元旦の大朝賀の儀礼はこの徳陽殿でおこない、また通常の朝会も北宮にあった建始殿でおこなわれたから（『藝文類聚』巻三九朝会条所引摯虞『決疑要注』）、どちらかといえば北宮に政治の重心があったことはいなめない（図3参照）。朝堂は、光武帝の建武年間には、すでに南宮正殿に接して存在していた（後述）。北宮の建設にともなって朝堂がどのようになったのかよく分からないが、両宮正殿に接して二つ存在した可能性もある。

後漢期の朝堂の第一の機能は、公卿を中心とする官僚会議の場であり、皇帝権力とは一応相対的に独自な官僚集団の意志形成がおこなわれる政治空間であった。これは、前節で言及した陳球の例によって明らかであり、そこには数百人の官僚が参加していた（『後漢書』本伝第四六、前掲二七頁参照）。また奉朝請であった鄧隲（とうしつ）が、「大議あるごとに朝堂におもむき、公卿と参謀した」とも伝えられるように、大議・公卿議が開催される場であった（『後漢書』本伝第六[3]）。すでにみたように、会議は議文によって進行した。議文を書く際には、使用してはならない字があった。すなわち、皇帝の名前をはじめとする諱（国諱）である。その一覧表が、漢代以来、六朝期にいたるまで朝堂に掲げられていた（『南斉書』巻

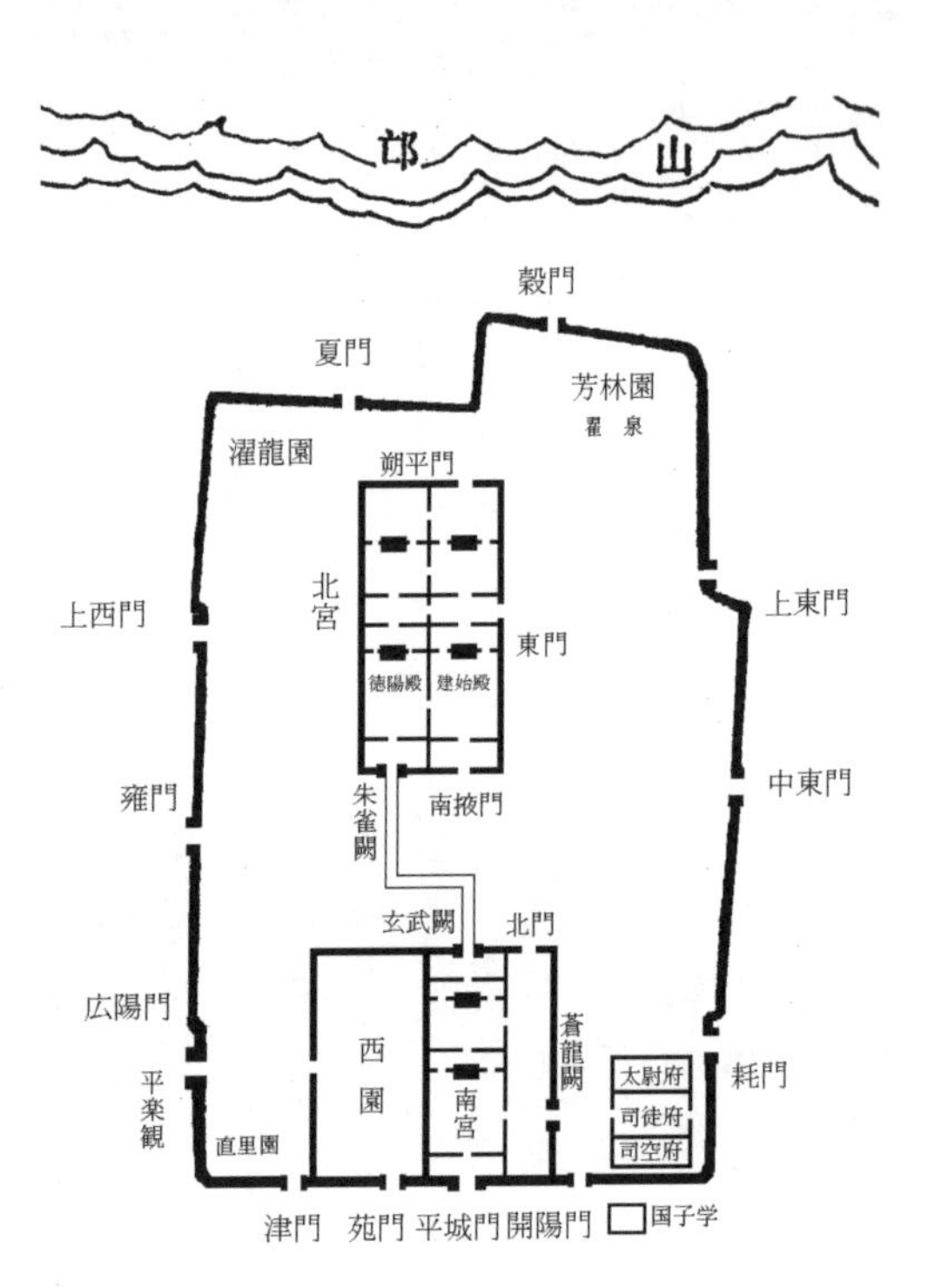

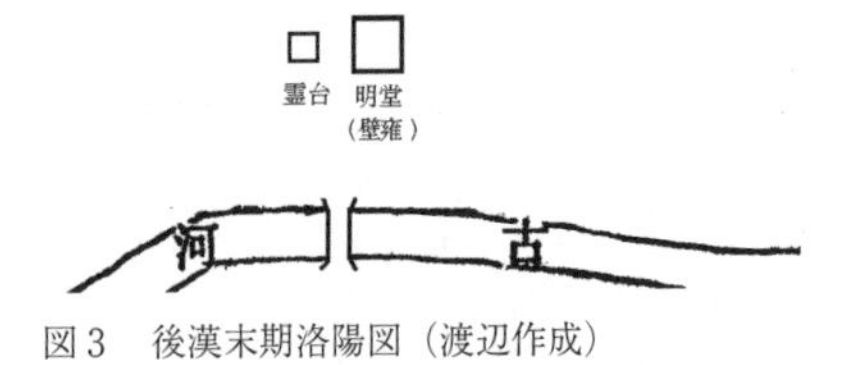

図３　後漢末期洛陽図（渡辺作成）

四六王慈伝）。

しかし、単に官僚集議の場であっただけではない。朝堂では、当然のことながら会議にかかわる日常的な業務がこなされた。『周礼』冬官・匠人にみえる三朝制度のなかの応門外九室について、鄭玄は、「九室とは、今日の朝堂で諸部局が事務を処理する場所のごとし（九室如今朝堂諸曹治事処）」と述べている。後漢期の朝堂には、いくつかの事務室の存在したことが分かる。

おもしろいエピソードがある。後漢初期の建武二〇年（後四四）、大司徒戴渉が誅死したあと、光武帝は、すでに引退していた張湛（ちょうたん）を強いてそのあとがまにすえた。張湛は、朝堂で失禁するほどであり、「もはや朝事にはたえられない」との願い出により、罷免された（『後漢書』本伝第一七）。これは、後漢初期より朝堂が存在し、三公が日常的に「朝事」を執行していたことを明らかにする。朝堂の諸曹は、その事務機構であったとみてよい。朝堂には、数百人が集会しうる会議場と日常の事務処理機構が存在したのである。

第二の機能は、皇帝の政令が伝達される政治空間である。蔡邕の『独断』巻上によると、通常の制書は、皇帝の御璽を押印して封をし、さらに尚書令が重ねて封印したのち、遠近に伝達されたが、「ただ赦令と贖令のみは、三公を朝堂によびよせて制書を授与し、司徒が封印をおこなったのち、地方州郡に伝達された(4)」。また晋の摯虞（しぐ）は、「漢魏の故事では、将帥を出征させるとき、符節郎をつうじて朝堂で節鉞（せつえつ）を授与させた」（『藝文類聚』巻五九戦伐所引『新礼議』）と述べている。公私にわたる犯罪を放免する赦令・贖令（しょくれい）の発布は皇帝にのみ許された最高命令権であり、節鉞の授与は皇帝のもつ軍事大権の全権委任を象徴する。このような皇帝権力の伝達が朝堂の場をつうじておこなわれるのである。

第三は、儀礼空間としての機能である。ただし、のちの時代ほどその役割は大きくない。たとえば永平一七年（後七四）、甘露・芝草・神雀が出現し、西南夷や西域諸国から貢納・服属があいついだことから、「公卿百官は、明帝の威徳が遠夷をなつけ、瑞祥が現れたのだと考え、朝堂に集合して、皇帝に觴酒をささげて長寿を祝った」（『後漢書』明帝紀第二）。また、驃騎将軍東平王の劉蒼が元旦の大朝賀の儀礼に参加しようとして朝堂で待機している（『後漢書』朱暉列伝第三三）。朝堂は儀礼がおこなわれる正殿の控所の役割をはたしているのである。管見によるかぎり、儀礼空間として朝堂が使用された史料は、この二例のみである。前者は臨時の儀礼であり、後者は副次的な役割をはたしたにすぎない。したがって、佐藤武敏のように儀礼空間としての意義を重視するのは、すくなくとも両漢期にかぎっていえば、適当ではない。

東平王劉蒼の例にかかわって朝堂の位置がもつ意味について考察しておきたい。朝賀儀礼は、通常正殿でおこなわれる。その控所であったということは、朝堂が正殿のすぐそばに位置したことを意味する。前漢の長安にあっても、未央宮前殿の東に朝堂が隣接していた。東平王劉蒼の例は、明帝の長安行幸（永平二年一〇月）の直前に叙述されている。したがってこの朝堂は、南宮前殿（崇徳殿）に隣接していたとみてよい。両漢期をつうじて、皇帝の朝政空間である正殿と公卿百官の議政空間である朝堂とが隣接していたことにまず注目しておきたい。

問題になるのは、朝政空間は正殿と朝堂とにかぎらなかったことである。前節でみたように、後漢期の司徒府には百官朝会殿があり、大議があるたびに皇帝がでかけていって会議に参加した。司徒府は、南宮東門の蒼龍闕の真向かいに位置し（『続漢書』百官志一、劉昭注補所引蔡質『漢儀』）、明らかに南宮の外部にあった。宮城内部にあった正殿と朝堂とは内朝に属する議政空間であり、司徒府百官朝会殿は外朝に属する議政空間である（図3参照）。

この司徒府百官朝会殿における会議の模様が蔡邕によって残されている。他には類例のない史料であるから、ここに紹介しておこう。霊帝の熹平四年（一七五）、五官郎中馮光と沛国上計掾陳晃が暦の誤りを上言したため、三府に詔勅がおりて司徒府で会議が開催された。「三月九日、百官が司徒府殿下に集合した。司徒公は西にあって東面し、司隷校尉（会議の監察をおこなう）は北にあって南面し、侍中・郎将・大夫・千石・六百石の官僚は隊列をなし、南にあって北面し、議郎・博士は東にあって西面する。戸曹令史が座の中央にあって詔勅を読みあげて、公議をうながす。蔡邕が侍中の西北、公卿のそばに進み出て座り、馮光・陳晃と互いに是非を論じあった」（『続漢書』律暦志中、劉昭注補所引『蔡邕集』）のである。参加者の構成と議案の内容からみて、この会議が大議であったことは疑いない。ただし、皇帝は参加していない。このように、朝堂と司徒府百官朝会殿とは、ともに大議が開かれる朝政空間であるが、より具体的には、朝堂は公卿議を中心とする議政の場、司徒府百官朝会殿は三府議を中心とする宰相府の議政空間としての機能分化があったと考えられる。

後漢時代の朝政は、内朝（宮城内）における正殿と朝堂、および外朝の司徒府百官朝会殿で開催される大議・公卿議・三府議などの重層的な朝議をつうじて遂行されたのである。この朝政構造は、三国魏をさかいに、かなり変化してゆく。

二　魏晋南北朝期の朝政

(1)曹魏・晋の洛陽宮の創設——六朝朝政の形成

洛陽は、後漢末の動乱で一旦破壊される。曹魏初代の文帝は、即位したのち、再び後漢洛陽城のあとを修復して都を置き、北宮に居て建始殿で群臣に朝見したといわれる（『三国志』巻二文帝紀、黄初元年（二二〇）一二月条裴松之註案語）。ついで第二代明帝が、青龍三年（二三五）に「大いに洛陽宮を治め、昭陽殿・太極殿を起こした」（『三国志』巻三明帝紀）。太極殿は、後漢の南宮前殿（崇徳殿）のあとに建造したものであり（『水経注』巻一六洛水注）、太極前殿に東堂と西堂が付属するという構造をとっていた。(補注1) たとえば、高貴郷公が迎立されたとき、かれは止車門で輿駕をおり、歩いて太極東堂にいって太后に謁見したのち、太極前殿で即位している（『三国志』巻四、三少帝紀）。三国期の西堂の史料は残っていないが、晋以後、南北朝期をつうじて西堂の史料が散見するから、太極殿創立当初から、東堂とともに西堂が存在したことは否定できない。

また北朝後期の史料になるが、北斉では日食のさいに、太極殿西廂と東堂東廂とに御座を設置して、変事に対応するという記事が残されている（『隋書』巻八礼儀志三、後述）。太極前殿と東堂・西堂とは魏晋南北朝をつうじて太極殿の基本構造であったから、東堂の内部構造は魏晋期の太極殿創建時にまでさかのぼるとみてよい。太極殿東西堂は、太極前殿の単なる付属施設ではなく、東西廂をそなえたそれ自体独立の施設でもあったことがわかる（図4参照）。

太極前殿と東堂・西堂、および朝堂による朝政が、魏晋南北朝をつうじる朝政の基本構

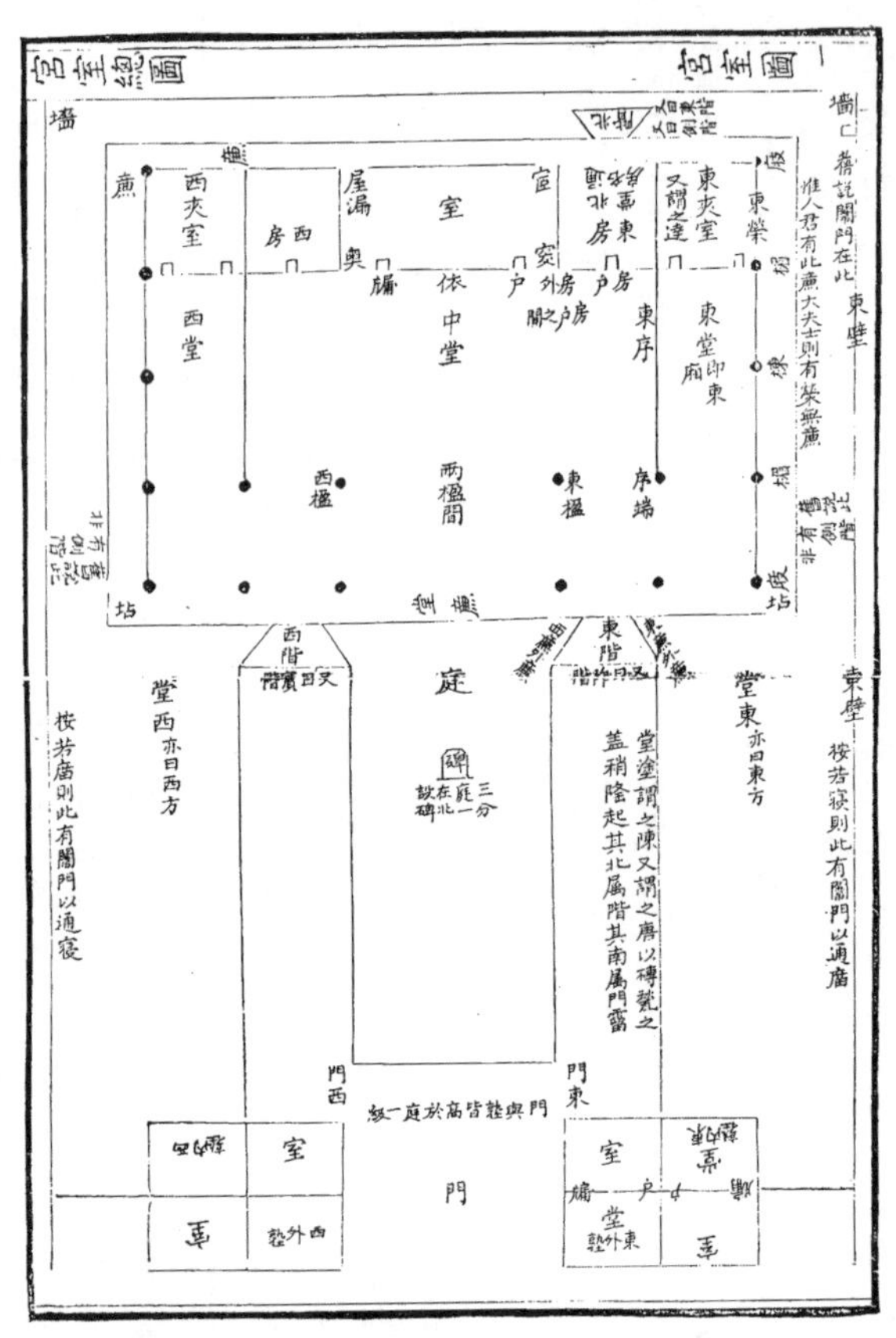

図4　宮室図（清・陳熗『経伝繹義』巻37「宮室」3付図より転載）
宋・李如圭『儀礼釈宮』に注釈をほどこし、経伝に記載する伝統的な宮室を復原したもの。

造である。ただ、時期によって内部編成に変動があり、それぞれの時代の朝政の特質をうかびあがらせている。まず、魏・西晋期の朝政の構造を明らかにしよう。

晋の摯虞が「漢制では、建始殿で朝会をおこなったが、晋制では、太極殿で大朝会が、東堂で小朝会がおこなわれた」（『藝文類聚』巻三九朝会条所引『決疑要注』）と述べており、また「太極殿・東堂は、皆な朝享聴政の所」（『宋書』巻三二五行志三、晋の趙王倫簒位の条）とも言われるように、太極殿と太極東堂とは相互に関連をもつ皇帝の朝政機構であった。いま少し具体的にその関連をみることにしよう。

太極殿前殿は、皇帝の即位・葬儀、大朝会、時令の宣読（『晋書』巻五孝懐帝紀）をはじめとする大規模な儀礼・祭祀の執行空間であった。これに対し、太極東堂は、毎月一日・一五日の朝会など皇帝の日常の政務執行の場（『晋書』巻五孝懐帝紀）であった。また、「国家（皇帝）は、同姓の王公妃主のために太極東堂で哀悼儀礼を挙行し、異姓の公侯都督のために朝堂で哀悼儀礼を挙行する」（『通典』巻八一所引『決疑要注』）と摯虞が述べるように、東堂は、同姓親族の死に際し皇帝が哀悼をささげる儀礼空間でもある。これは、太極前殿・東堂が皇帝およびその一族の朝政空間であり、異姓の官僚のための朝堂とは明確に区別されたことをものがたっている。

太極西堂は、この時期にはめだった記録はない。少し時代はくだるが、北魏の高允が、高宗文成帝に対して「永安前殿（正殿）にて万国を朝会するにたり、西堂・温室にて聖躬をお休めするに充分」（『魏書』巻四八本伝）だと、その宮殿造営を諌めたことがある。太極殿とはことなるが、この史料は、正殿に付属する西堂が皇帝の内殿であり、私的な居住空間であったことを示している。太極西堂がめだったはたらきを残していないのは、東堂に対して西堂が皇帝の私的空間を構成していたからであろう(5)。

太極前殿は皇帝のもっとも重要な朝政空間であり、太極東堂は皇帝の日常的朝政空間であり、太極西堂は皇帝の私的居住空間であった。太極殿は、前殿・東西堂の三空間によって構成され、全体として皇帝とその一族のための朝政空間をなしていたのである。太極の名は、『周易』繫辞上伝の「是の故に易に太極あり。是れ両儀（陰・陽）を生ず。両儀は四象を生じ、四象は八卦を生ず。八卦は吉凶を定め、吉凶は大業を生ず」にもとづき、陰陽万物生成の究極にある根源的存在をいう。太極殿は、政治社会の根源的存在である皇帝の朝政空間を表わし、皇帝政治の根幹を象徴したのである。

朝堂の考察に移ろう。太極殿に対して、官僚の朝政空間を構成したのが朝堂である。これは、後漢時代の伝統をひきついでいる。しかし、魏晋期には三公の名誉職化と三公府の地位低下が進行し、後漢の司徒府朝会殿のような議政空間は姿を消し、官僚層の朝政空間は朝堂のみに限定されてゆく。魏の朝堂については、つぎのような興味ある実態が報告されている。

正始年間（二四〇〜二四八）のこと、詔がおりて、圜丘儀礼について会議せよと、あまねく学士が招集された。このとき郎官および各地に散在する司徒の領吏二万余人のうち、なお一万人ほどが洛陽にいたが、詔書に応じて会議に参加するものは幾人もなかった。またこのとき朝堂の公卿以下四百余人のなかで、筆を執って議文を書くことのできるものは一〇人にみたず、おおむね皆なうちそろってたらふく飲み食いし、ひきあげるだけであった。ああ、学業の沈滞は、なんとここまできたのである。（『三国志』巻一三王粛伝裴松之註所引『魏略』儒宗伝序）

朝堂は、公卿以下四〇〇余人が集合して会議し、議文の作成をつうじて、国家の最高意志をねりあげてゆく場であった。(6)

西晋期にあっても、楊駿の反乱にともなう楊太后の処分問題について王公が朝堂で会議し（『晋書』巻三一后妃伝上）、趙王倫父子の処分問題について百官が朝堂で会議し（『晋書』巻五九趙王倫伝）、さらに呉王允の処分問題について群官が朝堂で会議した（『晋書』巻六四武十三王伝）という記録が残っている。魏晋期にあっても、ひきつづき朝堂が公卿以下百官の意志形成機構であったことが分かる。いな、前節でふれたように、晋令には「朔望（一日・一五日）に公卿を朝堂に集めて議政せしめる」（『魏書』巻二七穆亮伝）とあって、朝堂の公卿議は定例化されるようになったのである。

ところで、『魏略』にみえる朝堂の公卿以下四〇〇余人の数は、後漢の陳球の例でみた数百人とほぼ合致する。後漢期の中央官僚は一〇五五人、西晋のそれは八九四人である（『通典』巻一八、一九、「秩品」一、二）。魏の中央官僚の数は残っていないが、両者を参照して推定すれば、朝堂に参加しうる四〇〇余人は、おそらく六品以上の高級官僚であろう。この高級官僚のうち、会議を指導できる人物は一〇人にみたなかったのである。誇張があるとはいえ、『魏略』の嘆きは是非もない。

朝堂は、魏晋期には儀礼の場としての性格をも明らかにする。異姓の公侯都督のために皇帝が朝堂で哀悼儀礼を挙行したことは、すでに見た（摯虞『決疑要注』）。このほか尚書令も、魏晋期には「死亡したら、朝堂で哀悼された」（『通典』巻二二、尚書令）。朝堂は、哀悼儀礼を挙行する空間でもあった。現実にも、石苞（『晋書』巻三三本伝、泰始八年（二七二））、鄭沖（『晋書』巻三三本伝、泰始一〇年（二七四））、何曾（『晋書』巻三三本伝、咸寧四年（二七八））の死に際し、皇帝が朝堂で哀悼儀礼を挙行しており、これ以後故事となり、南北朝をつうじて事例が散見する。

朝堂は、六品官以上の数百人の高級官僚が定期的に集会し、祭祀や王公の処分問題など重要案件につき会議する官僚集団の議政の場であり、高級官僚の集団的結集の場である。

魏晋以後の貴族制の成立によって、高級官僚は貴族が独占したから、朝堂は貴族の集団的結集の場であり、貴族個々の個別利害をこえたその政治意志の集団的形成の場となったのである。時代はくだって南斉の王慈は、朝堂に国諱一覧表を掲示する漢魏以来の故事にかかわって、その理由を「縉紳（貴族）が集う朝堂に掲示し、日常昼夜に、眼や耳にたたきこんで、忌避のありかを容易に理解する」ためだと述べている（『南斉書』巻四六本伝）。朝堂は、しだいに高級官僚・貴族が結集する政治空間へとその性格を明確にしてゆくのである。

このことは、皇帝が朝堂の公卿議に参加しなくなったことと対応して理解しなければならない。北魏の孝文帝が指摘したように、晋令によって公卿議が定例化されるとともに、「天子が自ら朝堂に臨御するという文言はまったくな」くなり（『魏書』巻二七穆亮伝）、「晋代の諸帝は、おおむね内房に居住し、臨御する朝政・饗宴は、太極殿の東西二堂で挙行されるものだけであった」（『宋書』巻九二良吏伝序）。皇帝は、高級官僚・貴族の集議自体については干渉しなくなった。官僚・貴族は独自に集団としての政治的意志形成を成しえたのである。しかし、この意志形成がただちに国家的意志となるのではない。それは、上奏案文として皇帝に提出され、皇帝の裁可をへてはじめて国家的意志となる。官僚・貴族の集団的政治意志は、皇帝によって拒否されることも稀ではない。

魏晋朝の朝政構造にあっては、太極前殿・東堂・西堂と朝堂とは、それぞれ皇帝の聴政機構と高級官僚・貴族の集団的議政機構であり、相対的な独自性をもっていた。朝堂における議政奏案は独自に作られたのち、日常的には太極殿東堂において皇帝によって決裁されたのである。太極前殿・東堂・西堂と朝堂との関係、換言すれば国家意志決定における皇帝と貴族との関係は、皇帝―太極前殿・東堂に最終的な重心があるとはいえ、相対的な独自性をもつ二つのモメントの相互関係のなかに構造化されていたのである。

(2) 東晋南朝における朝政の変化

東晋南朝の首都建康城の基本構造は、魏晋の洛陽城にならい、建康宮のある台城（宮城）と外城である都城とからなる（図5参照）。建康宮の正殿は太極殿であり、これに太極東西堂が付属する。台城（宮城）には、太極殿西側の神虎門外に中書省と侍中下省（『宋書』巻四三傅亮伝および同書巻六一武三王伝江夏王義恭）、東側に尚書省があり、尚書省と道をへだてて朝堂があった（図10・11　二二四、二二五頁参照）。陳の禎明元年（五八七）に都官尚書となった徐孝克にかかわって、南朝最末期の台城内の様子がつぎのように伝えられている。

晋より以来、尚書省の官僚は、皆な家族をひきつれて省内に居住した。尚書省は、台

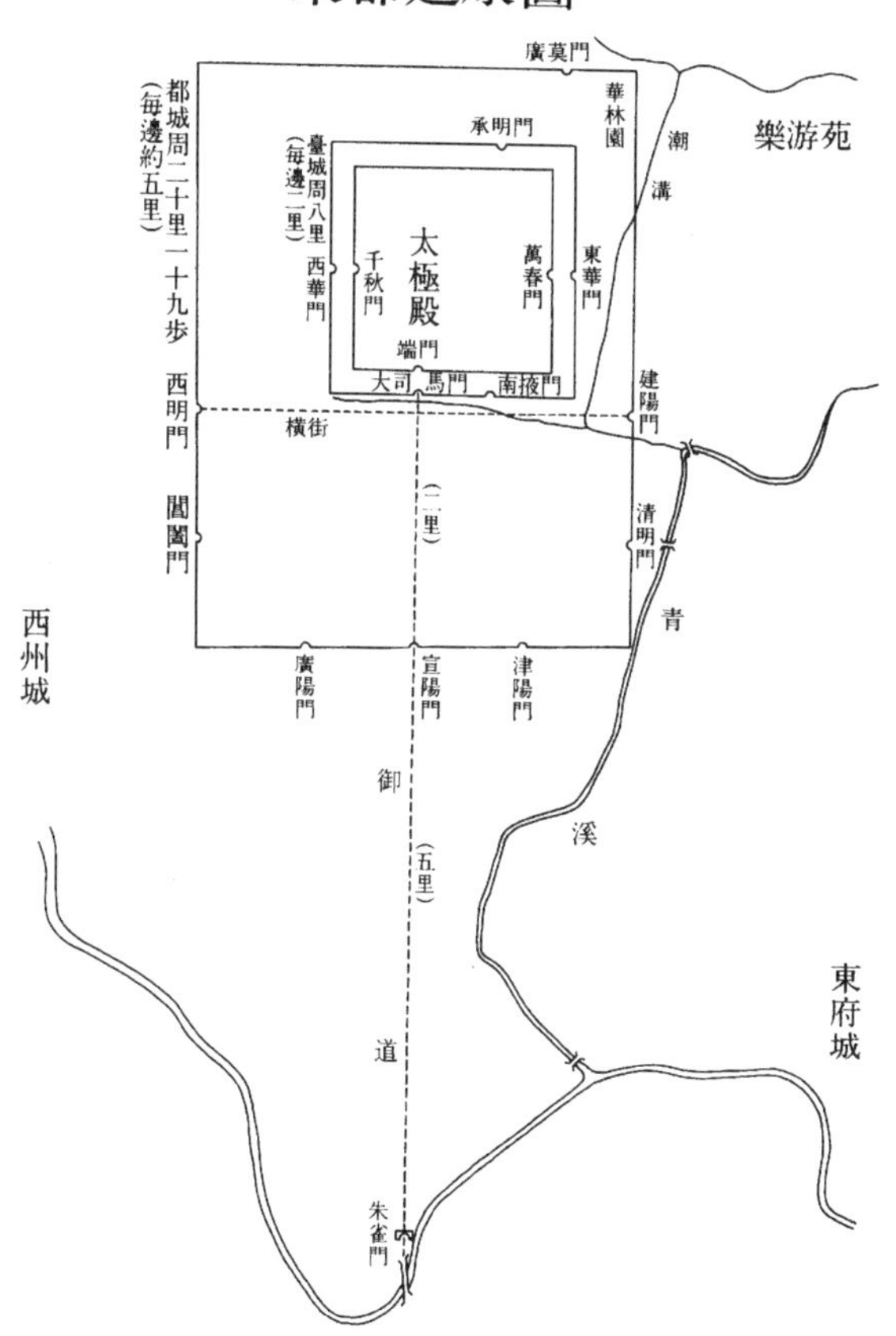

図5　南朝建康図（朱偰『金陵古蹟図考』1936年より転載）

城内の下舎門にあり、閤道が設けられて東西方向に道路の上に跨がっており、朝堂に通じていた。尚書省の第一番目が都官省であり、西は閤道に当たっていた。相当の年代もので、奇怪なことが多くあった。……（『陳書』巻二六徐孝克伝）。

これによれば、尚書省と朝堂とは道路をはさんで東西に位置し、閤道によって結ばれていたことが分かる。太極殿および東西堂は侯景の乱によって灰塵に帰したが、中書省・門下省・尚書省および朝堂は、王僧弁の働きによって火災をまぬかれた（『南史』巻八〇賊臣伝侯景伝）。尚書省と朝堂の配置は、東晋以来のことと考えてよいだろう。

各種行政を執行する諸官府（寺）は、台城の正門である大司馬門と都城の正門である宣陽門とをつなぐ御街をはさんで官庁街を構成した。そこには、中堂（聴訟堂、儀賢堂）・鴻臚寺・衛尉府・宗正寺・太僕寺・大弩署・脂沢庫・太史署・太府寺・客省・右尚方などが並んでいた（『建康実録』巻一九陳世宗文皇帝、天嘉六年（五六五）七月条原注）。台城内は議政空間であり、都城の行政執行空間とは明確に区別される。建康城の空間構成は、西晋の洛陽城と基本的に一致し、したがって、朝政の基本構造も変わらない。

太極殿前殿、太極東西堂が皇帝の政治空間であり、朝堂が貴族・高級官僚の政治空間を構成したことは、西晋と一般である。しかし、東晋に入っていくつかの変化がおこる。すでに指摘したように、「晋代の諸帝は、おおむね内房に居住し、臨御する朝政・饗宴は、太極殿の東西二堂で挙行されるものだけであった」(『宋書』巻九二良吏伝序)。西晋以来、皇帝が政治に対して積極的な姿勢をとらなくなるにつれて、日常朝政の場が、東堂からしだいに皇帝の私的空間である西堂へ転換してゆくようになる。具体的にみることにしよう。

東晋政権の基盤がかたまり、建康宮が建造された成帝の咸康六年(三四〇)七月には、「初めて中朝(西晋)の故事に依り(中朝、原文は中興—東晋につくるが、東晋初期の成帝が東晋の故事によることなどありえない。中興は中朝の誤りである)、朔望(一日・一五日)に東堂にて聴政す」(『晋書』巻七成帝紀)ることになった。しかし、まもなく東堂の機能であった小朝会の開催や同姓に対する挙哀礼が西堂でおこなわれるようになる(表1参照)。日常朝政の東堂から西堂への転換過程を象徴するのが、桓温による海西公廃立事件である。

海西公廃立を決意した桓温は、太和六年(三七一)一一月己酉、百官を朝堂に集め、ここで海西公の廃立を決定した崇徳太后の令を宣付する。このあと百官を率いて太極前殿に入ると、桓温は、ただちに散騎侍郎劉享に命じて皇帝から璽綬をとりあげさせる。皇帝は、西堂を歩いて下り、犢車に乗って神獣(虎)門を出、東海王邸に衛送される(『晋書』巻八海西公紀)。

一方桓温は、法駕を備えて会稽王邸より会稽王を迎える。会稽王は、朝堂で服を着替え

表1　晋代の太極殿東西堂

堂名	行　事	年　代	出典『晋書』
東堂	哀悼儀礼（安平王孚）	武帝泰始八年（二七二）	巻三七安平王伝
東堂	官僚引見（賈充）	武帝期	巻四〇賈充伝
東堂	正会後官僚引見	武帝期	巻四二王渾伝
東堂	賈皇后廃立	恵帝永康元年（三〇〇）	巻五九趙王倫伝
東堂	聴政	懐帝即位当初	巻五孝懐帝紀
西堂	群公饗宴	元帝期	巻六九周顗伝
東堂	崩御	明帝太寧三年（三二五）	巻六明帝紀
東堂	朔望聴政	成帝咸康六年（三四〇）	巻七成帝紀
西堂	崩御	哀帝興寧三年（三六五）	巻八哀帝紀
西堂	謀叛自首	簡文帝咸安元年（三七一）	巻九簡文帝紀
西堂	哀悼儀礼（武陵王晞）	孝武帝太元六年（三八一）	巻六四武陵王伝
西堂	群臣饗宴	孝武帝期	巻九二伏滔伝
西堂	哀悼儀礼（会稽王道子）	安帝元興元年（四〇二）	巻六四会稽王伝
西堂	哀悼儀礼（章皇后）	安帝義熙元年（四〇五）	巻一〇安帝紀
東堂	劉裕餞別	安帝義熙元年（四〇五）	巻一〇安帝紀
東堂	崩御	安帝義熙一四年（四一八）	巻一〇安帝紀

たのち璽綬を拝受し、帝位に即く。簡文帝が即位すると、桓温は台城を出て中堂に行き、ここで軍隊を駐屯させる。翌日（庚戌）には、太廟に廃立が告げられ、その翌日（辛亥）、桓温は、弟桓祕に新蔡王晃を脅迫させ、簡文帝の臨御する西堂で太宰・武陵王晞（き）等の謀叛を自白させ、著作郎殷涓（いんけん）、太宰長史庾倩（ゆせん）、太宰掾曹秀、

舎人劉疆、散騎常侍庾柔等の反対勢力を一掃するのである（『晋書』巻九簡文帝紀、『資治通鑑』巻一〇三）。朝政の中枢である皇帝の廃立が、朝堂・太極前殿・太極西堂を舞台に展開しているのが分かる。

こうして、劉宋・孝武帝の孝建三年（四五六）二月辛未に東堂で孝廉・秀才の策問を挙行したのを最後に、同月丁丑「初めて制して、朔望（一日・一五日）に西堂に臨御し、群臣に接して奏事を受ける」（『建康実録』巻一三）ことが決定される。この太極東堂から西堂への重心の転換を具体的にものがたるのは、宮廷クーデタによる明帝劉彧の即位である。景和元年（四六五）一二月二九日夜、素行の修まらぬ前廃帝を殺害したのち、

事態は定まったが、湘東王の劉彧はどうしてよいか分からない。建安王劉休仁が臣と称して湘東王を西堂へ導き、御坐にすわらせ、大臣たちをまねいて朝見させた。その時、倉卒に事が進められたので、湘東王は履物をなくし、ハダシで西堂までたどりついたが、頭にはなお烏帽（黒帽）をかぶっていた。御坐に落ち着いたとき、建安王劉休仁が主衣を呼んで紗帽（白帽）にとりかえ、羽儀（儀仗）を整えさせたのである。まだ即位はしていなかったが、政治のあらゆることがらは、令書と称して施行された。……泰始元年（四六五）冬一二月七日、湘東王は、太極前殿で即位した（『宋書』巻八明帝本紀、『建康実録』巻一四太宗明皇帝）。

皇帝の廃立は、太極前殿と西堂でおこなわれるようになったのである。これに対して東堂の地位は相対的に低下した。陳の元会儀礼にあっては、太極殿前殿でおこなわれる儀礼を「宮人たちは皆な東堂からカーテン越しに観る」（『隋書』巻九礼儀志四）ようになっており、宮廷儀礼・朝政における東堂の地位の低下を象徴している。西晋以来の東堂中心の日常朝政はここに西堂中心の朝政に転換する。西堂は、もともと皇帝燕安の場であり、東堂から西堂への転換は、日常朝政の私的性格への転換をあらわしている。

変化のいま一つは、中堂の存在である。中堂は、呉の時代に建造され、七間の広さをもち、都城の正門である宣陽門内に位置した。ここで毎年、孝廉・秀才の策問をおこなったり、学士の学業を考査したり、歳の暮れには元会儀礼の予行演習を挙行した（『建康実録』巻一九陳世宗文皇帝天嘉六年（五六五）七月条原注）。中堂は、東晋の穆帝・孝武帝期には仮の太学となり（『晋書』巻二一礼志下）、穆帝の升平元年（三五七）三月、孝武帝の寧康三年（三七五）一二月に釈奠がおこなわれている（『晋書』巻八穆帝紀、同書巻九孝武帝紀）。また中堂は、聴訟堂とも呼ばれ、宋の泰始五年（四六九）三月に明帝が、南斉の永明三年（四八五）八月に武帝が、それぞれ中堂に行幸し、裁判をおこなっている。のみならず、先に見た桓温による海西王廃立事件では、中堂は桓温の軍事拠点となっている。また、安帝隆安二年（三九八）九月の対桓玄戦争においても、石頭・北郊・宣陽門・新亭とともに、中堂は戦略拠点となっており、中堂にはこの時の最高実権者であった会稽王道子が駐屯している（『晋書』巻一〇安帝紀）。中堂は、このように皇帝が関与する学制・貢士にかかわる聴政や儀礼執行の場であると同時に、裁判執行の場であり、軍事拠点でもあった。

これらは、都城の御街をはさんで形成された官庁街で執行される行政であり、台城内の内朝に対して言えば、外朝にあたる。学制・裁判に限られるとはいえ、皇帝がこの地にあった中堂に出向いて直接指揮したことは、朝政の外朝への拡散を示し、最高実権者の軍事拠点となったことと考えあわせるならば、朝政構造の分散化をあらわしている。

中堂は、皇帝の廃立に際し、かなり重要な役割をはたした。宋の文帝が迎立された時も、かれは、新亭で群臣の迎拝を受け、まず初寧陵に謁見したのち、中堂にはいって百官から皇帝の璽綬を奉呈され、しかるのちに太極殿で即位している（『建康実録』巻一二太祖文皇帝条）。中堂は、外部から皇帝が迎えられるさいの、外朝における朝政の場であることがこれによっても分かる。

ところで、廃立によって外部から皇帝を迎えいれるさいに中堂と同じ役割をはたした建造物に朝堂がある。先に見た簡文帝迎立の時、宋の順帝が迎立された時（『宋書』巻一〇本紀即位前記）、および梁の敬帝が尋陽から迎立された時（『梁書』巻六敬帝本紀即位前記）には、一旦朝堂にはいったのち即位している。中堂は、外朝に位置すること、外部からの皇帝迎立では朝堂と同じ機能をもつことなどからみて、朝政の構造のなかでは中立的な位置にある空間であると考えてよい。むしろ、台城―内朝における東堂から西堂への変化、朝政の外朝への拡散は、南朝における朝政の分散化傾向をものがたっている。

東晋南朝の朝政は、皇帝を中心とする正殿の朝政についていえば、太極前殿・東堂と中堂での朝政から太極前殿・西堂と中堂での朝政への転換と、朝政中枢における皇帝権力の希薄化と分散化とがその第一の特色である。朝堂における貴族・高級官僚の議政についていえば、それはひきつづき維持されたが、前節でみたように梁代の朝堂における尚書令・僕射・丞・郎の日常の参議は危機に瀕していたし（『梁書』巻三武帝紀下、大同六年条　前掲四七頁参照）、皇帝が中央・地方の諸官庁で各級の集議を奨励しなければならない状況にあった（『梁書』巻二武帝紀中、天監九年条　前掲二六頁参照）。つまり、朝堂を中心とする貴族・官僚の議政の沈滞が第二の特色である。それらは、南朝における朝政構造の分散化と全体的な弱体化、換言すれば国家の統治能力の衰退を意味している。

国家の統治能力のめやすは、支配戸数である。南朝宋の登録戸数は大明八年（四六四）の統計で九〇万六八七〇戸、陳のそれは六〇万戸、滅亡時（陳・禎明三年、五八九）には五〇万戸であった（『通典』巻七食貨、「歴代盛衰戸口」）。これは、やや時代はくだるが、百済滅亡時（唐・顕慶五年、六六〇）の七六万戸、高句麗滅亡時（唐・総章元年、六六八）の六九万七〇〇〇戸にもおよばぬ数値であった（『旧唐書』巻一九九上東夷高句麗伝）。これに対し、北斉併合後の大象年間（五七九～五八〇）の北周の支配戸数は、三五九万戸であった（『通典』巻七食貨、「歴代盛衰戸口」）。六世紀末の東アジアは、華北のやや強大な亜中心帝国と六〇乃至八〇万戸を統治するいくつかの周辺国家によって構成されていたといって過言ではない。漢魏以来の文化的伝統や朝貢体制の存続を別にすれば、梁陳南朝政権は周辺国家の一つにすぎない。これは、朝政構造の衰退と無関係ではない。それはまた、つぎに見る北朝の朝政構造の一元化傾向と好対照をなしている。

(3) 北朝における朝政の変化

北魏平城宮においても正殿・東西堂と朝堂による朝政構造が継承された。北魏の朝堂の存在は、太武帝の延和元年（四三二）三月にまでさかのぼって確認できる。すなわち、西秦王の吐谷渾（とよくこん）・慕璝（ぼかい）の入貢・冊封にかかわって外交方針策定の必要が生じたとき、「太武帝が公卿に詔し、朝堂に集会して議答施行せよと命じたところ、太尉長孫崇および議郎・博士二七九人が」議文を上奏し、皇帝の修正をへた決裁がなされた（『北史』巻九六吐谷渾伝）[7]。朝堂の公卿議が三百人近くにおよんだことは、すでにみた後漢の陳球・曹魏の朝堂の例と同様であり、後漢以来の伝統をひきついでいる。朝堂は、北魏の華北統一に前後して、すでに存在していたのである。

しかし、正殿は四度変遷している。平城宮最初の正殿は、道武帝天興元年（三九八）創建の天文殿であり、ついで太武帝始光二年（四二五）建造の永安殿に変わった（以上『魏書』各本紀）。太武帝延和元年（四三二）の朝堂は、この永安殿に対応する朝堂である。すでにみたように、この永安殿には前殿と西堂・温室が存在した（『魏書』巻四八高允伝、前掲七八頁参照）。東堂は確認できないが、少なくともこの時期に永安前殿・東西堂および朝堂による朝政構造が成立していたとみてよい。

北魏の正殿は、永安殿から、さらに文成帝太安四年（四五八）建造の太華殿に変わり、最後は孝文帝太和一六年（四九二）に建造された太極殿に落ち着く（以上『魏書』各本紀）。平城宮太極殿は、蔣少游が洛陽の旧跡と建康宮とを実地踏査して構想し、「太華・安昌諸殿を破ち、太極殿・東西堂及び朝堂を造り、象魏を夾建」（『水経注』巻一三㶟水注）しており、はるかに魏晋洛陽宮に起源する朝政構造の空間的再現をめざしたのである（図6参照）。この文成帝・孝文帝二代の太華殿・太極殿時代は、北魏の中華帝国化が進行した時期であり、太極殿は平城宮におけるその頂点と限界とを示している。中華帝国化の完成は、洛陽そのものへの遷都を必要とした。

平城宮太極殿・東西堂及び朝堂の建造は朝政構造の空間的再現をはたしたが、まもなく

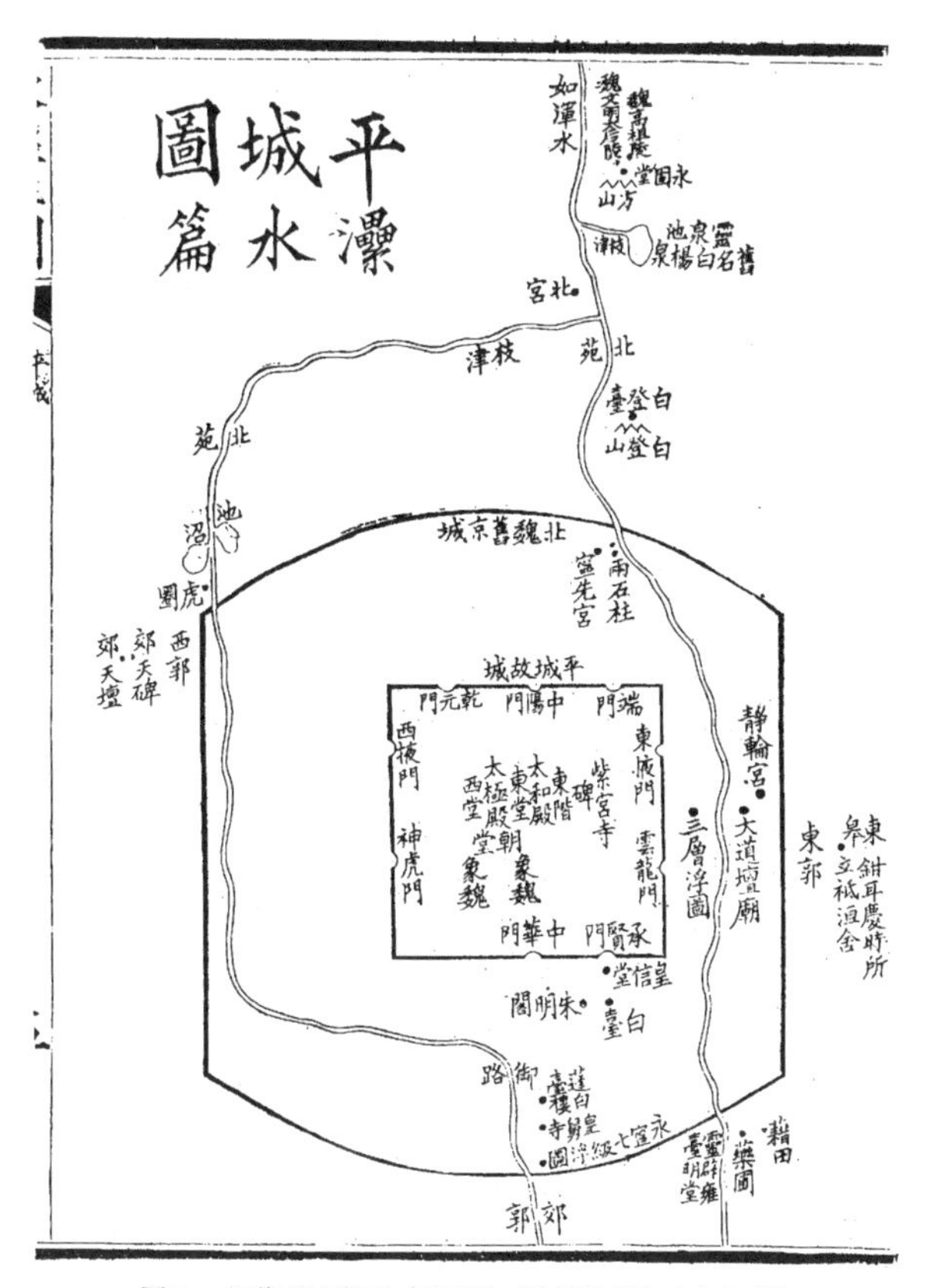

図6　北魏平城宮図（楊守敬『水経注図』より転載）

朝政構造の機能に重大な変化が起こる。魏晋南朝の朝政構造にあっては、太極殿・東西堂と朝堂とは、それぞれ皇帝の聴政機構と高級官僚・貴族の集団的議政機構であり、相対的な独自性をもっていた。朝堂における議政奏案は独自に作られたのち、東堂もしくは西堂で皇帝によって決裁されたのである。太極殿・東西堂と朝堂との関係、換言すれば国家意志決定における皇帝と貴族との関係は、皇帝―太極殿・東西堂に最終的な重心があるとはいえ、相対的な独自性をもつ二つのモメントの相互関係のなかに構造化されていたのである。

ところが、平城宮太極殿建造後まもなく、孝文帝は朝堂に臨御し、朝堂の議政に直接的な干渉を始めた。その決定的場面を『魏書』巻二七穆亮伝は、こう伝えている。

その後、高宗孝文帝が朝堂に臨御し、穆亮に言った。「夏・殷・周三代の御世には、日の出とともに政務をとるのが礼であった。漢魏より以後、礼儀はしだいにすたれ、晋令には、朔望（一日・一五日）に公卿を朝堂に集めて議政せしめる、とはあるが、天子自ら朝堂に臨御するという文言はまったくない。今より、そなた等の日中の集会につき、正午以前はそなた等独自に政事を議し、正午以後は余がそなた等とともにその可否を論ずることとする」と。かくて奏案を読みあげるよう命じ、孝文帝が自らそれを決裁したのであった。

これは、朝堂の直接的な皇帝支配をめざし、朝政の皇帝一元化を図るものである。それはまた、形式上は漢代への復帰であるとともに、内容上は、朝堂に結集する高級官僚の皇帝への従属強化を図るものであった。これ以後、皇帝による朝堂の支配は日常化される。たとえば、太和一七年（四九三）五月には、「朝堂に臨んで、公卿以下を引見し、疑政を決裁し、囚徒の刑罰を断じ」ており、洛陽遷都にあたり、太和一八年（四九四）二月には「朝堂に臨んで、洛陽へ遷るものと平城に残留するものとを区分し」、九月の考課制度制定にさいしては「朝堂に臨んで、自ら黜陟（ちゅっちょく）（官僚人事）をおこな」っている（以上『魏書』巻七下本紀）。公卿以下高級官僚の議政機関としての性格は後景にしりぞき、皇帝による独裁の場と化している[8]。

この変化は洛陽遷都後も変わらない。北魏洛陽宮の太極殿の完成は、宣武帝の景明三年（五〇二）であるが、延昌年間（五一二～五一五）に宣武帝が「朝堂に臨んで、自ら黜陟（人事）をおこない、（明）亮に勇武将軍を授け」（『魏書』巻八八良吏伝）ている。しかもこの時、清官である常侍を本官としていた明亮が、勇武将軍号の至濁であり、かつ武官であることを理由に変更を要求したにもかかわらず、「九流（品官）に属するものは皆な君子であり、文と武との違いはあれ、皇帝を佐けて統治することは同じである。そなたひとり皆なのものと異なり、妄りに清濁をあげつらうことはできぬわ」と、宣武帝に一蹴されている。このあといささかの押し問答がつづくが、事態は変わらなかった。官位の清濁は貴族制の根幹にかかわる指標であるが、貴族・高級官僚の議政の場である朝堂において、皇帝がこれを否定したことは象徴的な事件であると言ってよい。

また、新令が議定された宣武帝の正始元年（五〇四）頃にも、つぎのようなもう一つの象徴的事件がおきている。元来、尚書令・僕射、御史中丞は、騎馬の先ぶれ（騶唱）とともに洛陽宮に入り、馬道にまで行くのが故事となっていた。この故事は、皇帝に対して不敬であるとする尚書僕射郭祚（かくそ）の提案により、つぎのように変更される。すなわち、「皇帝が太極殿にあるときは止車門まで、朝堂にあるときは宮城の正門である司馬門までとされ、これ以後、騎馬の先ぶれが宮中に入ることはなくなった」のである（『魏書』巻六四郭祚伝図8　一二二頁）。このことは、皇帝が太極殿と朝堂で朝政をとることが日常化していたことを示しており、また洛陽宮―皇帝の威厳の高揚をものがたっている。

北魏の東西分裂後から北斉・北周にいたるまで、正殿と朝堂とによる朝政構造は継承された。北斉にあっては太極殿・東西堂と朝堂とによる朝政構造がそのままうけつがれた。たとえば、北斉の制度では「日食が予定される時には、御座を太極殿の西廂で東向きに、東堂の東廂で西向きにそれぞれ設置する。……日食が始まる三刻（約四五分）前に、皇帝は通天冠を服して御座に就く。……変事があって鼓声を聞くと、皇帝は正殿（太極殿）をさけて、東堂の御座に就き、白袷単衣を着る」(『隋書』巻八礼儀志三)ことになっていた。皇帝政治のありかたが根源から問われる日食にさいして、太極殿と東堂とが舞台となったことは、北斉の朝政が太極殿―東堂を基軸とし、はるか魏晋期の朝政のすがたを継承したことを示している。北魏時代の明証はみいだせないが、北朝期をつうじて太極殿・東堂を基軸にする朝政が維持されたことを推定しうる。(9) それは、太極殿・西堂を基軸にする南朝の朝政とあざやかな対照性を示している。

北周では『周礼』の制度をうけいれて正殿を路寝と変えたものの、路寝と朝堂とによる朝政構造自体には変わりがなかった。朝堂と皇帝権との関係について、北斉期については適当な朝堂の史料を欠いているが、北周については恰好の史料が残っている。それは、北朝最末期にあたる宣帝(在位五七八～五七九)即位後のことである。宣帝の暴虐ぶりを見かねた楽運(がくうん)が、従者に棺桶を運ばせて――死を覚悟で朝堂におもむき、宣帝の過失八事を挙げて諫言したところ、逆鱗に触れて殺されかけたが、内史の元厳のとりなしで死を免れたのである(『北史』巻六二楽運伝)。この時居あわせた公卿たちは、宣帝の怒りの凄さにおぞけ立ったと伝えられる。朝堂は、高級官僚さえ処刑されかねない場になっていたのである。明らかにこれは、公卿集会の場に皇帝が朝堂に臨御しての出来事であり、北魏孝文帝以来の皇帝の朝堂支配をものがたっている。皇帝の朝堂支配は、北魏孝文帝以来、北朝最末期にいたるまで基本的に継承されたと言えるであろう。

北魏孝文帝太和一六年（四九二）一〇月の平城宮太極殿・東西堂の完成は、魏晋以来の朝政構造を変え、皇帝による太極殿・東西堂・朝堂の一元的支配をもたらしたと言える。ただこの動きは、平城宮太極殿の建造以前にすでに顕在化していた。それは、孝文帝太和七年（四八三）に建造された皇信堂とそこを舞台とする朝政である。

皇信堂は、平城宮の承賢門外に位置し（『水経注』巻一三㶟水注）、この時期の正殿である太華殿と朝堂のある平城宮内から見れば、外朝にあたる（図6参照）。この外朝の皇信堂で、太和一六年一〇月に太極殿が完成し、皇信堂が中寝に改められるまで、朝政が執行されたのである。皇信堂では、孝文帝が王公以下群臣を引見して忠と佞との区別、あるいは法と刑との区別をはじめとする政治のありかたを論じさせたり（『魏書』巻五四高閭伝）、尚書游明根・左丞郭祚など一三人に宗廟の祭祀について議論させたり（『魏書』巻一〇八礼志一、太和一三年五月）、個別的にも老齢によって引退する官僚を引見する場となっている（『魏書』巻六一畢衆敬伝）。また太和一三年六月には、懐朔鎮将・汝陰霊王天賜と長安鎮都大将・雍州刺史・南安王楨の贓罪について、王公を引見してその罪を論じ（『資治通鑑』巻一三六）、太和一六年五月には、群臣に詔をくだして律条を改訂するなど（『魏書』巻七高祖紀上）、皇信堂は、法律の制定・裁判・祭祀など朝政の根幹について議政する場となっているのである。外朝皇信堂において君臣集合して挙行される議政のありかたが、太和一六年一〇月の平城宮太極殿の完成とともに、一気に宮城内の内朝に導入され、以後北朝終末にいたるまでの皇帝による太極殿・東西堂・朝堂の一元的支配を規定したとみなし得るであろう。そうしてこの動向は、隋朝によってもう一段の変革をこうむることになる。

三　隋唐期の朝政

(1) 隋唐期における朝政の変革

隋は、政権を簒奪すると、これまでの漢代以来の長安城を捨てて、開皇二年（五八二）、その東南に新しく大興城、のちの唐代長安城を造営した。外郭城をふくめた長安城全体の完成は唐代にはいってからであるが、基本構想はすでに隋の時代にできあがっていた。大興—長安城における朝政の空間的配置は、城内北部中央に位置する宮城と皇城から構成される二重の構造をもっていた。それは、『周礼』考工記・匠人の内朝・中朝・外朝の三朝制によるきわめて計画的な配置であった[10]。

宮城である太極宮は、北から南にかけて、皇帝の日常朝政の場である内朝としての両儀殿、中核的な朝政の場である中朝としての太極殿、官庁街である皇城や民衆との接点の場である外朝としての承天門・朝堂が配置されていた。この配置は、高宗期に造営され、玄宗期から唐末にいたるまで主たる宮城となった大明宮にも適用されている。それは、北から南にかけて、内朝としての紫宸殿、中朝としての宣政殿、外朝としての含元殿・朝堂・丹鳳門という配置をとっている（図1および図7参照）。

太極宮・大明宮の朝政は、空間配置や機能の面で魏晋南北朝期の朝政と決定的な区別があった。まず指摘すべきは、魏晋南北朝期の太極前殿・東西堂が東西方向の軸上に配置されていたのに対し、隋唐の太極宮・大明宮にあっては南北軸の朝政配置をとっていたことである。この東西軸から南北軸への転換とともに、太極前殿・太極東堂が太極殿と両儀殿とに明確に分離し、内朝と中朝との空間的分離が一層きわだつようになった。

さらに重要なのは、すでに言及したように尚書省と朝堂が宮城内からしめだされ、外朝化したことである。尚書省は、行政諸官府とともに官庁街を構成する皇城にしめだされ、外朝の純粋な行政空間に編成される。また朝堂は、宮城の正門である承天門外にしめださ れ、その機能をいちじるしく変化させられる。それは、尚書省・朝堂の朝政における地位低下を指示している。

朝堂の正門外への移動は、隋唐時代の朝政のありかたを考えるうえで、きわめて重大な問題をはらんでいる。ところが、太極宮における朝堂の位置はそれほど明瞭ではない。晩

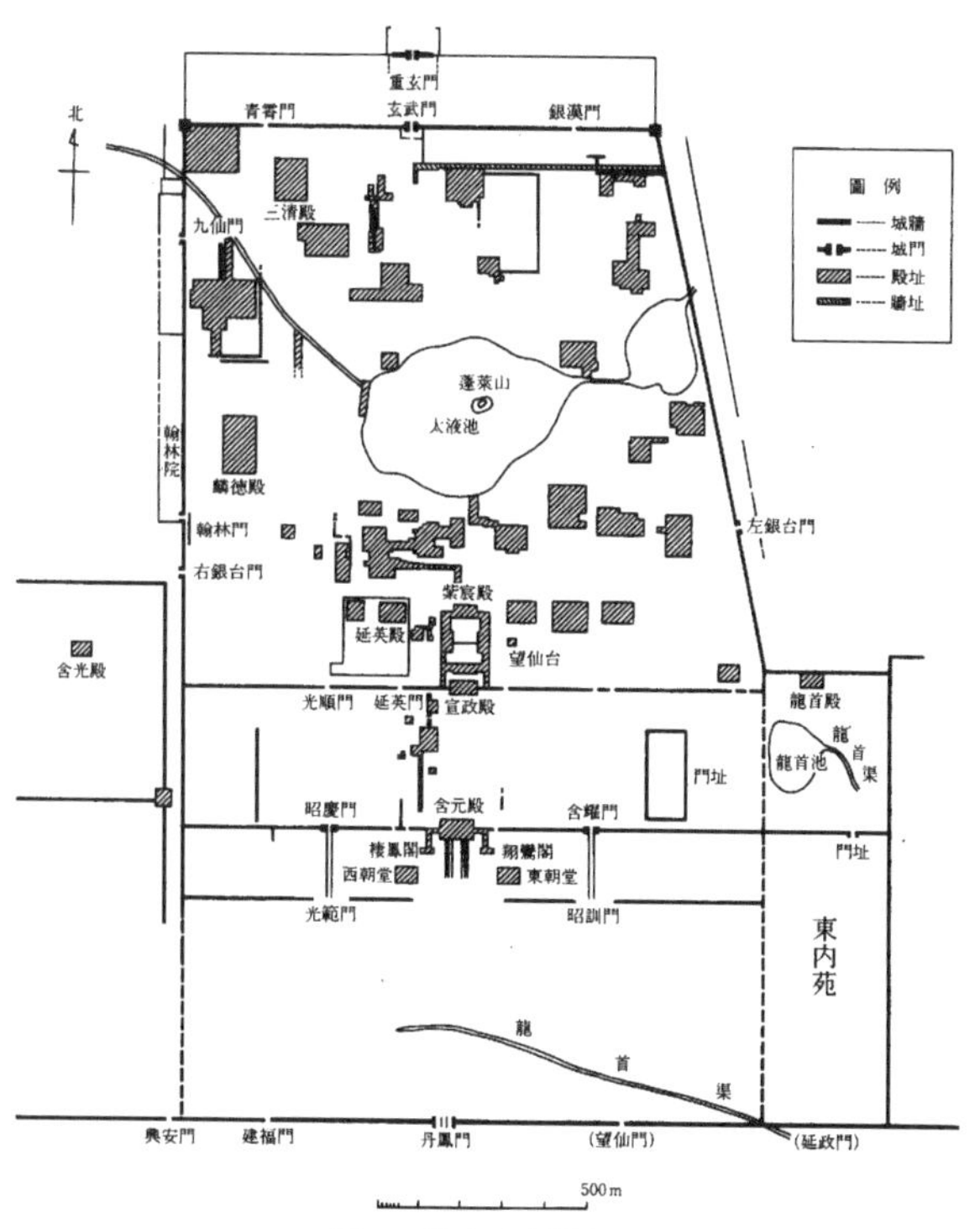

図7　長安城大明宮図
（馬得志「唐代長安与洛陽」〔『考古』1982-6〕より転載）

近、佐藤武敏は、隋唐長安城の基本的研究文献である徐松の『唐両京城坊攷』をはじめとするいくつかの文献史料を検討し、太極宮の朝堂が正門である承天門外に位置したことを論証した[11]。佐藤の結論を筆者も支持する。ここでは佐藤が依拠しなかった『大唐開元礼』の記述を紹介し、佐藤の指摘を確認するとともに、太極宮の配置を紹介しておこう。

朝堂の位置は、皇帝が太極宮から出て長安城郊外で祭祀を執行するさいに、かならず「鑾駕(らんが)出宮」の一部として言及される。いまその一例として『大唐開元礼』巻四の冬至の圜丘祭祀をとりあげよう。まず、皇帝が太極宮を出る三日前に、「守宮が祭祀に同行する五品以上の官僚の位次を承天門外の東西朝堂に、常儀のとおり準備する」。祭祀当日の未明五刻には、奉礼が、同行する五品以上の文官の位次を東朝堂の前に西向きに、武官の位次を西朝堂の前に東向きに設置する。同行する五品以上の文武官は、時刻がくるとそれぞれ決められた朝堂の位次に集合し、各おの規定された服装に着替えて待機する。一方、皇帝が乗る玉輅(ぎょくろ)は、太極殿西階で待機し、出御した皇帝を乗せると、太極門、嘉徳門、承天門を順次通過し、承天門外の止馬所で一旦停止する。ここで、文武侍官に乗馬を許可したのち、郊外の圜丘へ出発する。帰りは、この逆のコースをとる。皇帝が太極宮を出て祭祀を執行するときには、「常儀」として基本的にこの形態をとる。朝堂は、承天門外の横街にはりだした形で、東西に向き合って配置されたのである（図1および図14参照[補注2]）。

このように唐代長安城の朝堂は、宮城の正門外に配置され、外朝の機構として位置づけられた。魏晋以来、内朝の機構であった朝堂が外朝化したことは、重大な朝政構造の変化である。いな、隋唐期における朝政構造の根柢的変革は、朝堂の変化につきると言ってよい。

朝堂は、前節で述べたように、開元年間すなわち唐代前半期までは、多くて一〇名程度の宰相合議の場としての機能をもちつづけた。しかし隋唐期の朝堂は、六朝期のような、数百名におよぶ公卿・縉紳（しんしん）すなわち貴族の集団的議政の場ではなくなった。換言すれば、総貴族としての独自の議政は否定されるにいたる。この結果、朝堂は皇帝の朝政のなかに埋めこまれてしまい、皇帝と公卿—貴族との朝政における二つのモメントは消滅し、皇帝による一元的な朝政構造が出現するのである。

そのことを象徴する話がいくつかある。まず大業元年（六〇五）八月の江都行幸にさいして、煬帝（ようだい）がもちいた龍舟がある。「龍舟は四層になっており、高さ四五尺、長さ二〇〇尺あった。最上層には正殿・内殿・東西朝堂があり、中二層には一二〇の部屋があり、皆な金玉で飾りつけがしてある。下層は宦官の居所となっていた」（『資治通鑑』巻一八〇）。朝堂は、皇帝に付属する機関となっている。同様のことは、唐の太宗にもある。貞観一九年（六四五）の高句麗遠征中、かれは「担当官に命じて受降幕を朝堂の傍に張り巡らせ」

ている（『旧唐書』巻一九九上東夷高句麗伝）。皇帝親征のさいには、その幕営に朝堂が設置された。朝堂は、朝政の中枢である皇帝に付属して移動するのである。

さらには玄宗の例がある。数えて七歳であった玄宗が、一日・一五日の朝会に参加するため、車騎をととのえて朝堂にはいった。警備担当の金吾将軍武懿宗は、玄宗の儀杖が厳整なのを嫌い、難癖をつけて責めたてようとしたところ、「我が家の朝堂である。そなたには関係のないこと。我が騎従にあえて圧力を加えるおつもりか」と、かえって叱責された。このことを聞いた則天武后は、玄宗に対し特に恩寵を加えることになった（『旧唐書』巻八玄宗本紀上）。李氏と武氏一族との対立関係が背景にあるとはいえ、七歳の皇族が朝堂を「我が家の朝堂」と言い切ったところに注目したい。それは、朝堂が皇帝権力に付属し、皇帝による一元的な朝政構造が出現したことを象徴している。

この動きに対応して、六朝期には考えられない事態が出来する。それは、朝堂での官吏の処罰である。その傾向は、すでに言及した北朝末の楽運の諫言事件にも見られた。しかし、処罰にまではいたらなかった。刑罰の導入は、隋の文帝に始まる。かれは、生まれつき猜疑心が強く、常に左右（スパイ）を使って内外に眼を配り、小さな過失でも重罪に処し、一日のうちになんども殿庭で官吏を打ちすえ、斬刑に処することさえあった。そこで、開皇一〇年（五九〇）、尚書左僕射高熲・治書侍御史柳彧等が、「朝堂は、人を殺すところではなく、殿庭は刑罰に処するところではありません」と諫言した。文帝は耳をかさない。高熲等は、こぞって朝堂におもむき、「陛下は、民衆を子供のように育まれ、弊害を除くことにつとめておられます。しかるに百姓どもは親のこころ子知らずで、止むことなく罪を犯し、陛下の厳格な処罰をまねくことになりました。これ皆な臣等が裨益することができなかったためであります。自ら退き、賢者に道をゆずりたく存じます」と、罪を請うて申し上げる。文帝は、スパイの元締たる領左右都督の田元を見やって、「余の処罰は重いかの」と聞く。元「重うございます」……文帝はよろこばず、殿内の杖をとり除かせ、処罰したいときには、それぞれ下級吏員にまかせた。……（『通典』巻一七〇刑法八「峻酷」）。

朝堂での刑罰は、一旦おさまったかのごとくであるが、さにあらず。これ以後、唐代にかけて事例はますます増えてゆく[12]。また太宗は、貞観二年（六二八）には、三品以上の官僚の犯罪については、朝堂で命令を待つよう指示しているし（『資治通鑑』巻一九二）、くだって粛宗の至徳二載（七五七）一〇月には、安史の反乱に左袒した文武官僚が処罰をうけるために朝堂で待機している（『旧唐書』巻一〇粛宗本紀）。朝堂は、数百名の高級官僚が会議し、一定の意志形成をおこなう場から、官僚を処罰する機構になりさがったのである。

以下、皇帝によって一元化された朝政の構造を概観することにしよう。

(2)隋唐期における朝政構造

まず、両儀殿・太極殿・承天門がはたした朝政の基本機能についてみておこう。両儀殿（大明宮では紫宸殿、以下同じ）は、皇帝が毎日出御し、政治をおこなう場である。この両儀殿には、五品以上の官僚と供奉官（起居郎・起居舎人・通事舎人・左右補闕・左右拾遺・侍御史・殿中侍御史）、員外郎、監察御史、太常博士が毎日朝参した。正殿（正衙）である太極殿（宣政殿）は、皇帝が一日・一五日の朝会に出御し、朝政をおこなう場である。この日の朝会には、長安の九品以上の文武職事官が参加する資格をもっていた。太極殿では、皇帝の即位式・皇帝への尊号奉呈・皇帝の葬儀・皇太子冊立・制科の試験・時令の読授・改元詔の発布など、皇帝がおこなう基本的な朝政・儀礼が執行された。承天門（丹鳳門）では、即位・郊祀・宗廟祭祀・尊号奉呈・改元・元会儀礼の執行にさいし、大赦の発布がおこなわれた。また冬至と元日の大朝会は、太極宮にあっては太極殿で、大明宮にあっては含元殿で挙行され、これには長安の九品以上の文武職事官のほか、地方の各州からの使節団（朝集使等）や外国の使節団が参加した。このように両儀殿・太極殿・承天門（紫宸殿・宣政殿・含元殿・丹鳳門）の諸施設をつうじて、皇帝による三層の朝政が統一的に執行されたのである。

この三層の朝政のなかで、朝堂は、外朝の朝政機構として、承天門（丹鳳門）とともに、独自の機能をはたすことになる。それらを以下にまとめておこう。

第一は、すでに述べた「同中書門下平章事」・「同中書門下三品」などの肩書をおびた宰相たちの合議の場であり、毎日午前中は朝堂で会議し、午後に本官の官司にもどって執務する。六朝期のように公卿議が開かれることはなくなったが、安禄山の軍隊が長安をめざして進軍してきたときには、楊国忠が百官を朝堂に集めて策略を諮問している（『資治通鑑』巻二一八粛宗至徳元載（七五六）六月癸巳条）。これは異例なことであった。

第二は、儀礼の場である。『大唐開元礼』には、つぎのような役割があてがわれている。まず、①吉礼の祭祀や皇帝の臨軒行事、および朝会にさいしての官僚待機の場となる。ここで公服もしくは朝服など儀式によって決められた所定の衣服に着替える。この例は、『大唐開元礼』のなかに頻見する。

つぎに②露布（戦勝）宣言の場（巻八四軍礼）となる。『日本書紀』巻二六斉明天皇六年（六六〇）七月条に引用する遣唐使『伊吉連（いきのむらじ）博徳（はかとこ）書』によれば、「庚申年（六六〇）八月の百済平定後、……一一月一日、将軍蘇定方等が捉えた百済王以下、太子隆等諸王子一三人、大佐平沙宅、千福国辨成以下三七人、あわせて五〇余人を東都の朝堂に進奉した」ことが記されている。唐の太宗が高句麗親征中に朝堂の傍に受降幕を張り巡らせ、降伏の準備をさせたのも、一連のこととみてよいだろう。

また③東朝堂での朝堂冊授の場となる（巻一〇八嘉礼）。顕慶四年（六五九）制定の制度では、官僚の任命伝達儀礼は、正殿での臨軒冊授と朝堂冊授の二つに分けられた。この朝堂冊授では、太子三少傅・侍中・中書令・諸曹尚書・諸衛大将軍・特進・鎮軍、輔国大将軍・光禄大夫・太子詹事・太常卿・在京の都督および州刺史が任命された（『通典』巻一九職官一総序）。三師・三公・親王・尚書令・雍州牧・開府儀同三司・驃騎大将軍・尚書左右僕射を任命する臨軒冊授よりはやや位置づけは低いが、正三品以上の散官・職事官からなる高級官僚の任命をおこなう場であった。

最後は、④外国の君主（蕃主）来朝のおりに外国の君主に対して皇帝の慰労の言葉を伝達する場となる（巻七九賓礼）。開元二年（七一四）二月癸丑には、玄宗は、突厥の使者と新羅王子金守忠とに饗宴を賜っている（『玉海』巻一六一所引『実録』および『三国史記』巻八新羅本紀聖徳王一三年）。君主ではないが、外国の使臣に対する慰労の伝達であり、一連のこととみてよいだろう。

以上のように、朝堂は、外交・官僚任命・戦勝儀礼の場であるとともに、儀礼挙行に際しての控所の役割をはたしていたのである。

第三は、官僚・民衆からの上表を受理する場である。『唐律疏議』が「謹んで朝堂に詣り、表を奉じて以聞」されたことは、その典型である（進律疏表）[13]。しかしこれら上表の多くは、主として訴訟に関する案件であった。朝堂には侍御史・給事中・中書舎人が一日交替で宿直し、「ともに上表を受理して冤罪の訴訟を処理したが……これを三司受事とい」った(『通典』巻二四職官六「侍御史」)。貞観二年(六二八)五月二日勅で太宗は、中書令・侍中(宰相)に対し「朝堂にて訴訟を受理し、一般民衆以上で政治について陳述するものがあれば、すべて封をして上申せよ。朕が自ら閲覧する」とまで言っている(『唐会要』巻五三雑録)。

また、東朝堂には肺石、西朝堂には登聞鼓が設置された。身寄りのない老人・子供で自ら訴訟の上申ができないものは肺石のもとに立ち、訴訟がとどこおって進まない場合は登聞鼓を打ち鳴らして訴える。肺石に立つ人を見つけたら左監門衛から奏聞し、登聞鼓の音を聞くと、右監門衛から奏聞することになっていた(『大唐六典』巻六刑部尚書)。この制度によって、上表文の書けない民衆も訴訟を行使することが可能になる。朝堂での訴訟受理は、先にみた朝堂での官僚に対する処刑と一連の事柄である。

その他、朝堂では皇太子の冊立(『旧唐書』巻八玄宗本紀上)、饗宴(『資治通鑑』巻二一四玄宗開元二四年二月甲寅条の新任県令饗宴、『旧唐書』巻四高宗本紀上顕慶五年三月丙午条の武后による親族・隣人・故旧饗宴など)がおこなわれている。また、朝堂には太府寺左蔵署が所管する朝堂庫があり(『大唐六典』巻二〇太府寺)、「およそ朝会での賜物や別勅による賜与は、六品以下の官僚については、朝堂で支給」することになっていた（同上太府寺録事条）。

承天門（丹鳳門）は、即位・改元・尊号受冊など慶事があったときに皇帝が出御し、大赦を発令して全社会のやりなおしをはかる場としての機能をはたした。承天門（丹鳳門）と同じく外朝に位置づけられる朝堂も、上表・訴訟受理などをつうじて社会との接点の役割を演じた。また、官僚の宮中朝参・儀礼参加の集合・待機所、六品以下官僚に対する下賜の場、高級官僚任命伝達の場でもあり、皇帝の朝政の場である宮城と官僚が行政を執行する場としての皇城とを結ぶ接点の役割をもはたした。朝堂の機能は、六朝期の公卿議政の場から皇帝の一元的朝政が全社会へ向かって発出する窓口へと転換したのである。宮城正門の前に朝堂が位置したことには意味があるのである。

注

（1）佐藤武敏「唐の朝堂について」（『難波宮と日本古代国家』塙書房、一九七七年）。

（2）都城史のなかにおける後漢洛陽城の宮城配置の画期性については、楊寛著、尾形勇・高木智見共訳『中国都城の起源と発展』第一一章「後漢・北魏の洛陽の『城』と『郭』の配置」（学生社、一九八七年）を参照。周代以後の東西主軸（坐西朝東）の構成から、南北主軸（坐北朝南）の配置へと転換したことを主張する。

（3）これ以外の朝堂での会議史料を挙げておく。①『後漢書』袁安列伝第三五（「元和二年……詔百官議朝堂」、一五一八）、②『後漢書』袁安列伝第三五（「安与太尉宋由・司空任隗及九卿詣朝堂上書諫」、一五一九）、③『後漢書』張酺列伝第三五（「後以事与司隷校尉晏称、会於朝堂」、一五三三）、④『後漢書』班勇列伝第三七（「元初六年……鄧太后召勇詣朝堂会議」、一五八七）、⑤『後漢書』竇武列伝第五九（「太傅陳蕃亦素有謀。時共会朝堂」、二二四一）、⑥『後漢書』鮮卑列伝第八〇（「大臣多有不同。乃詔百官議朝堂」、二九九〇）、⑦『後漢書』応劭列伝第三八（「於是詔百官大会朝堂、皆従劭議」、一六一〇）、⑧『後漢書』盧植列伝第五四（「及（董）卓至、果陵虐朝廷。乃大会百官於朝堂、議欲廃立」、二一一九）、⑨『後漢書』黄瓊列伝第五一（「達練官曹、争議朝堂」、二〇三三）。

（4）漢代の制詔の全般的な研究として、大庭脩『秦漢法制史の研究』第三篇第一章「漢代制詔の形態」（創文社、一九八二年）がある。

（5）『資治通鑑』巻一〇一東晋哀帝興寧三年（三六五）二月丙申条本文「（哀）帝崩于西堂」に付す胡三省の註に「西堂、太極殿西堂也。建康太極殿有東西堂。東堂以見羣臣、西堂為即安之地」とある。胡三省は、根拠を明示していないが、東堂を群臣引見の場、西堂を皇帝安息の場と指摘している。

（6）呉や蜀にも朝堂があった。『三国志』巻五二歩隲伝に、「潁川周昭著書、称歩隲及厳畯等曰……毎升朝堂、循礼而動。辞気謇謇、罔不惟忠」とあり、また『三国志』巻二八鍾会伝に、「会以五年正月十五日至。其明日、悉請護軍・郡守・牙門騎督以上、及蜀之故官、為太后発喪于蜀朝堂」とある。朝堂が会議の場であるとともに、儀礼の場であったことを伝える。また、後者は朝堂がかなりの官僚を収容しうる建造物であったことを示している。

(7)『北史』巻九六吐谷渾伝は「太武詔公卿朝堂会、議答施行」に作るが、『魏書』巻一〇一吐谷渾伝は「世祖詔公卿朝会、議答施行」に作る。中華書局版『北史』校勘記は、「魏書無堂字、当是衍文」とする。『北史』の文章のままでは、確かに落ち着きが悪い。しかし、朝会で会議をするのも不自然であり、『魏書』にしたがって「公卿朝会」とするのも通りが悪い。すでにみてきたように、朝堂での公卿議は数百人の規模でおこなわれる。ここでも二七九人が参加しており、朝堂での公卿議とするほうがよい。おそらくは『北史』に脱文があるのではないか。

(8)北朝期の東堂が、魏晋以来の伝統を維持していた例として、つぎのようなものがある。たとえば、『魏書』巻二〇文成五王伝広川王略伝に「(太和)一九年薨。……詔曰、魏晋已来、親臨多闕、至於戚臣、必於東堂哭之。頃大司馬安定王薨。朕既臨之後、復更受慰於東堂、今日之事、応更哭否」とあり、『魏書』巻八三下外戚伝下胡国珍伝に「神亀元年四月……十二日薨。……粛宗服小功服、挙哀於太極東堂」とあるのは、魏晋以来の哀悼儀礼の例である。また、たとえば『魏書』巻一九上景穆一二王伝広平王匡伝に「出為兗州刺史。匡臨発、帝(宣武帝)引見於東堂労勉之」とあり、『魏書』巻二一下献文六王伝彭城王勰伝に「勰至京師。世宗(宣武帝)臨東堂引見」とあり、『魏書』巻一〇〇高句麗伝に「自此歳常貢献。正始中、世宗於東堂引見其使芮悉弗」とあるように、個別的に群臣や外国の使者を引見して慰労したり、政治に対する意見をもとめたりする場でもあった。儀礼の場であると同時に、政治的機能をはたしたことはいうまでもない。

（9）『北史』巻六斉本紀上に「武定五年正月……（神武帝高歓）崩於晋陽。……六月壬午、魏帝於東堂挙哀三日」とあり、同書巻七斉本紀中に「（武定）八年正月辛酉、魏帝為文襄挙哀於東堂。……天保元年夏五月戊午、皇帝即位於南郊、……事畢還宮、御太極前殿、大赦、改元」とあり、東魏・北斉期の鄴の太極前殿・東堂の存在が分かる。鄴の朝堂については、『北史』巻八三文苑伝樊遜伝に「天保元年、本州復召挙秀才。二年春、会朝堂対策」とあり、また『北史』巻五四斛律光伝に「拝左丞相、別封清河郡公。光嘗在朝堂、垂簾而坐」と見える。

なお、歴代鄴都の都城構成・宮殿配置については、すでに村田治郎「鄴都略考」（『建築学研究』第八九号、一九三八年）があり、基本的な考察がおこなわれている。とくに北斉鄴都については、顧炎武『歴代宅京記』によって、大極前殿・東西堂についての紹介がある。また、岸俊男「日本の宮都と中国の都城」（『日本古代文化の探究・都城』社会思想社、一九七六年）にも、村田論文などに基づいて、大極殿・東西堂の重要性についての指摘がある。

（10）『周礼』の三朝制の構造については、大石良材「朝堂の建築」（『古代学』第一一巻第一号、一九六二年）参照。

（11）前掲注(1)佐藤「唐の朝堂について」参照。

（12）たとえば、『資治通鑑』巻一九二貞観二年一〇月戊子条に「上復引見、諭之。（盧）祖尚固執不可。上大怒曰、我使人不行、何以為政。命斬於朝堂」とあり、また同書巻二一〇開元元年七月甲子条に「執（蕭）至忠・（岑）羲於朝堂、皆斬之」とある。

（13）朝堂からの上表・上書に関連して、興味ある論考が最近公表されている。松本保宣は、唐代の宮城には「側門」と呼ばれる門が存在し、「皇帝が墨勅を発し、上書を受理し、あるいは、諸王が進止をまち、都督・刺史や出使御史など地方へ出向く官人が待機して皇帝の召対に備える場であった。いわば皇帝と臣僚の接点となる重要な門であった」とし、多面的な考証をつうじて、禁中にもっとも近い通内門・上閤門であることを論じた（「唐代の側門論事について」初出一九九三年、のち『唐王朝の宮城と御前会議――唐代聴政制度の展開』晃洋書房、二〇〇六年）。側門をつうじた論奏の指摘は、唐代の朝政を考えるうえできわめて重要である。

（補注1）曹魏洛陽宮の太極殿を後漢洛陽の南宮前殿あとに建造したと記したのは誤りで、のちに北宮であると考えるにいたった。拙著『中国古代の王権と天下秩序』第四章「宮闕と園林――三～六世紀中国における皇帝権力の空間構成」（校倉書房、二〇〇三年）参照。

（補注2）元版「太極殿元会儀礼図」では、東西朝堂の位置を承天門の外に独立して相対する二つの建造物として図示した。前掲「宮闕と園林」（初出『考古学研究』第四七巻第二号、二〇〇〇年）の研究にもとづき、韓国語版（文貞熹・任大熙等訳、ソウル　新書園、二〇〇二年）では、承天門の闕門構造に付属する施設として位置づけなおした（図14「太極殿元会儀礼図」参照)。

おわりに

漢代から唐代までの中国古代国家の中枢における朝政は、様ざまなレベルにおける官僚会議の重層と皇帝の最終的決裁をつうじて達成された。会議には皇帝が出席することもあるが、官僚は各会議をつうじて自らの政治的意志を集団的に形成することができた。官僚の集団的意志形成と皇帝の決裁とは、国家最高意志形成の過程における二つのモメントであり、この二つのモメントの相互関係のなかで政策が決定された。

しかし、多様な官僚会議のうち、どのレベルの会議を招集するか、どのような会議を重ねるか、各会議で提出された議文のうち、どの議文によって最終的な決裁をするかなど、国家最高意志形成の重要な局面での決定権は、すべて皇帝の側にあった。国家最高意志形成の過程における二つのモメントのなかで、決定的な重心は皇帝の側にあった。魏晋南北朝期には、数百名におよぶ官人が朝堂に集結して意志形成をおこなったが、この集団的意志が皇帝の最終的決裁を排除して自らの意志を貫徹したことは皆無であったといってよい。

かくして朝議の性格は、本質的には皇帝の諮問会議であり、その運営は皇帝の独裁であり、専制である。

中国古代の朝議について重視しなければならないのは、それが社会を直接に代表するものではなかったことである。同じく専制国家とみなされる一六世紀ロシアの国制と比較してみると、その特質がよく分かる。[1] ロシアでは、ツァーリのもとに貴族（ボヤール）が構成するドゥーマという会議が開かれた。貴族会議（ドゥーマ）が皇帝の諮問機関であるのか、それとも貴族の代表機関であるのか、その性格に関する見解は分かれているようだが、単純化を恐れずに言えば、それは中国古代の公卿議に相当するとみてよい。問題は、貴族会議（ドゥーマ）とは別に、地方の士族・商人が参加する全国会議（ゼムスキー・ソボル）が開催されたことである。この全国会議（ゼムスキー・ソボル）の性格についても、身分代表制なのか地域代表制なのか、あるいは参加が義務であったのか権利であったのかといった点を中心に議論が分かれているようである。しかしここで決定的なのは、中国古代の専制国家にあっては全国会議（ゼムスキー・ソボル）に相当する会議すら欠如していることである。古代中国にあっても、次章で述べるように毎年元旦に開かれる元会をめざして地方各郡国から上計吏が上京し、皇帝や宰相から地方情勢の諮問を受けることがあり、また前漢昭帝期の塩鉄会議のように地方から察挙された賢良・文学などの官僚候補者が丞相・御史大夫等政府首脳と堂堂の会議を展開することがあった。しかしこれらは、会議として国制上に確固とした位置づけをもつ全国会議ではなかった。国家の最高意志決定過程において社会とのチャンネルがほとんど欠如しているところに中国古代専制国家の特質がある。

中国古代国家の上計吏に対する地方情勢の諮問会議は、ヨーロッパ中世の身分制議会のように、社会のなかの各身分から構成される身分代表制議会でもない。勿論、今日の国民の選挙によって選ばれる代表制議会でもない。中国古代の朝議は、皇帝と直接的な君臣関係によってむすばれた官僚が構成し、基本的には皇帝のために議論する会議である。多様な会議が存在し、会議の重層をつうじて政策意志が決定されることは、民主主義に固有のことではない。古代中国にあっては、皇帝専制の貫徹にとって多様で重層的な会議は不可欠の前提であった。それゆえ、後漢の章帝や梁の武帝など、明君とよばれる皇帝ほど会議を重視したのである。朝議の衰退は、南朝の滅亡にみられるように、皇帝専制はおろか国家そのものの滅亡につながった。皇帝専制は会議によって支えられる。これが第一章の結論である。

中国古代の朝政は、すでに言及してきたように、定期的な朝会儀礼の挙行をつうじて象徴的に達成された。朝会という象徴的儀礼行為は、朝政構造の再生産にとって不可欠の重要性をもっていた。中国古代の朝政構造を象徴する事柄として、次章では元旦に挙行された大朝会をとりあげて、その歴史的特質を考察することにしよう。

注

(1) 鳥山成人『ロシア・東欧の国家と社会』第二部「モスクワ国家論」(恒文社、一九八五年)を構成する第三章「ロシアの身分制議会」・第四章「モスクワ専制論——比較史の試み」を参照。なお、オスマン朝においても、大宰相・大臣・高級官僚などが構成するディワーヌ＝ヒュマユーンと呼ばれる合議制協議機関(御前会議)があり、スルタンはいかなる場合でも、国事・政務に関しては、この会議の決定に従って命令を出すのが習わしになっていた(三橋富治男『オスマン＝トルコ史論』吉川弘文館、一九六六年、一〇〇頁、および鈴木董『オスマン帝国』講談社現代新書、一九九二年、一八一～一八六頁)。

附論一　六朝隋唐期の太極殿とその構造

はじめに

中国の太極殿は、曹魏明帝（在位二二六〜二三九）の青龍三年（二三五）に成立し、その後唐末に至るまでほぼ六五〇年にわたり、宮城の正殿として、朝政の中枢空間でありつづけた[1]。本附論では、宮城との構造的関連を中核に、六朝から唐初にいたる、太極殿の変遷と構造的特質を概観し、第一章第二節「朝政の構造」の議論を補っておきたい。

一　三世紀から九世紀にいたる宮城の構造

中国にあって、宮城正門・正殿が南北軸に配置されるようになるのは、後漢洛陽南宮・

北宮からであり（図3）、それは、前漢末から後漢初にかけて成立した都城南郊における圜丘（えんきゅう）祭祀と関係がある。[2] これによって、都城の南正門と宮城正門とが連結され、南北軸の都城・宮城構造が確立する。これ以後、北京紫禁城にいたるまで、宮城の基本構造は、南北軸によって規格された。ただ、南北軸規格のなかにあっても、各時代の朝政がもつ歴史的特質によって、変化が生じる。以下には、太極宮を正殿とする宮城の構造的特質について概観する。大きな変化は、六世紀後半、北周武帝期（在位五六〇～五七八）の長安宮城にあり、これをもって前後に区分することができる。

⑴三世紀から六世紀にいたる宮城の構造

曹魏明帝は、後漢の両宮制、複数前殿制度を廃止し、後漢北宮跡に太極宮を創建して、一宮・一前殿制に統一した。ただ宮門・宮殿配置については、明帝は、後漢洛陽の南宮・北宮の南北軸規格を継承した。これ以後、魏晋洛陽宮、北魏洛陽宮、北斉鄴宮、南朝建康宮は、闕門（三門）―太極殿―顕陽（昭陽）殿・後宮（掖庭）―華林園の南北軸構成をとる（図8、図9、図10、図11）。そのイデオロギー的基礎は天上の天文秩序にあり、紫微垣に囲繞された北極五星と句陳六星を地上に再現する。[3] ここには、応門―路門―正寝―小寝（燕寝）の構造がすでにある。経書にあっては、『礼記』内則篇「側室之門」についての孔穎（くよう）

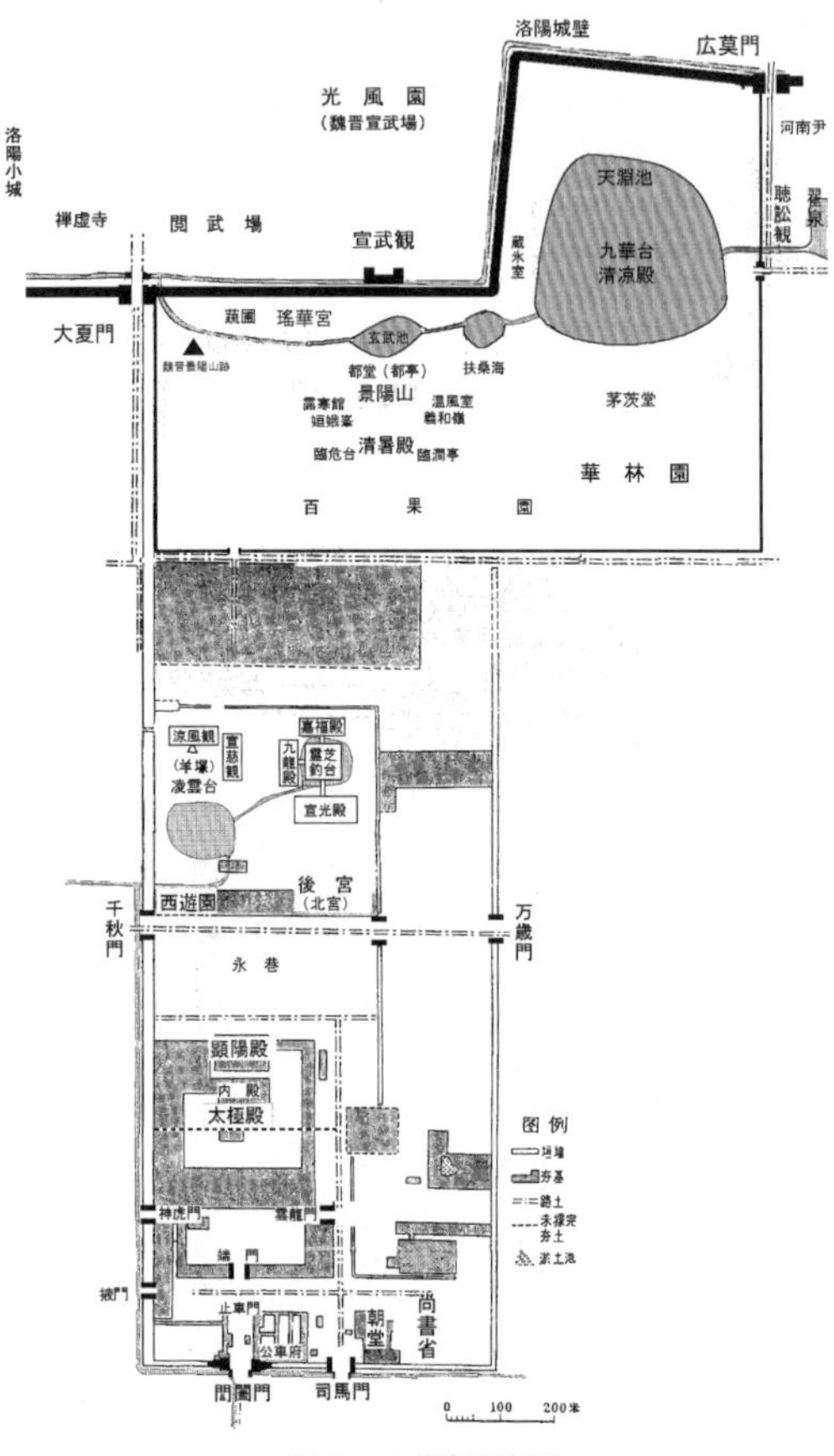

図８ 北魏洛陽宮図
（『考古』1973年宮城平面図をもとに作図）

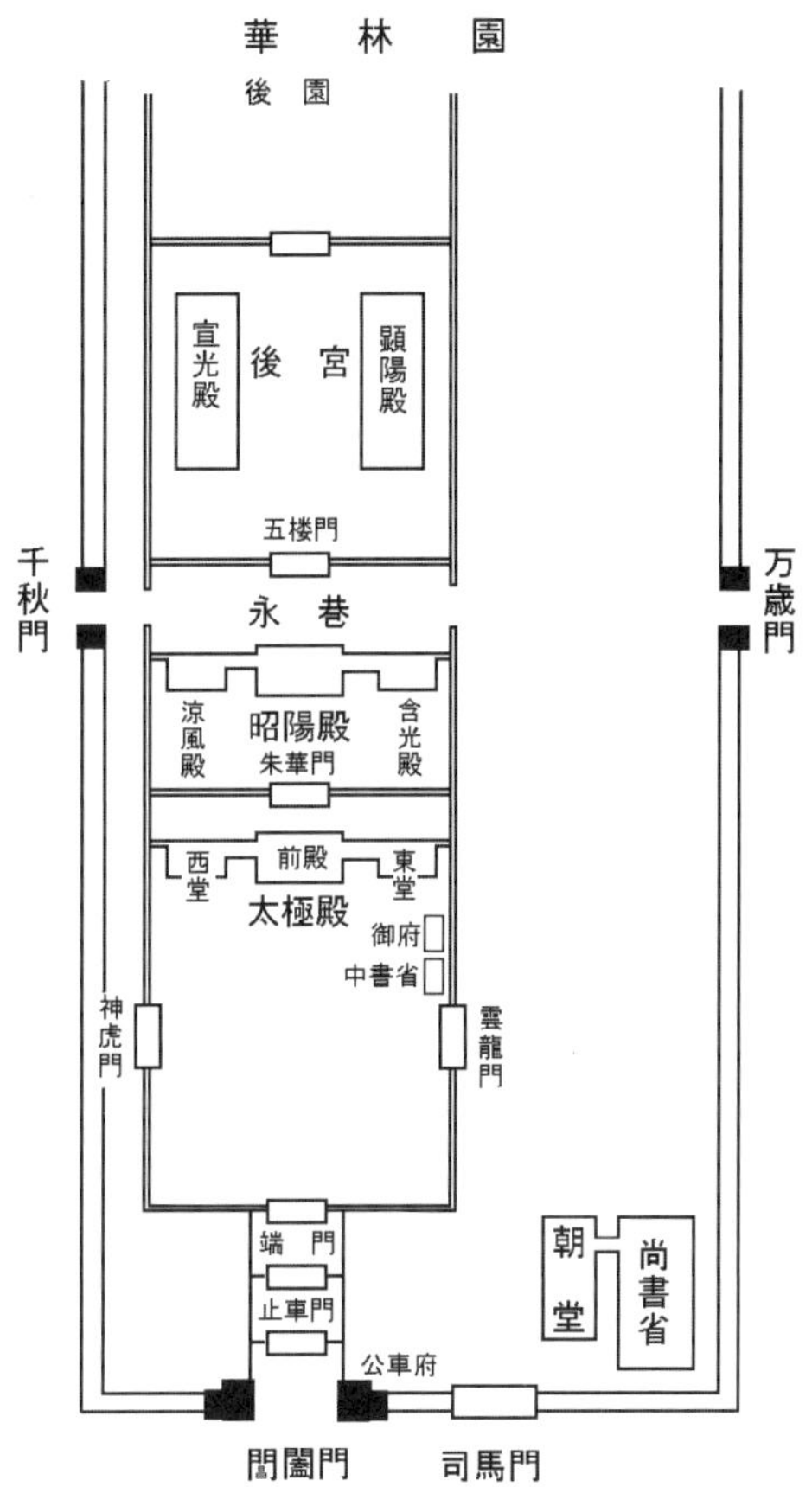

図9　北斉鄴南城宮城図
（顧炎武『歴代帝王宅京記』により作図）

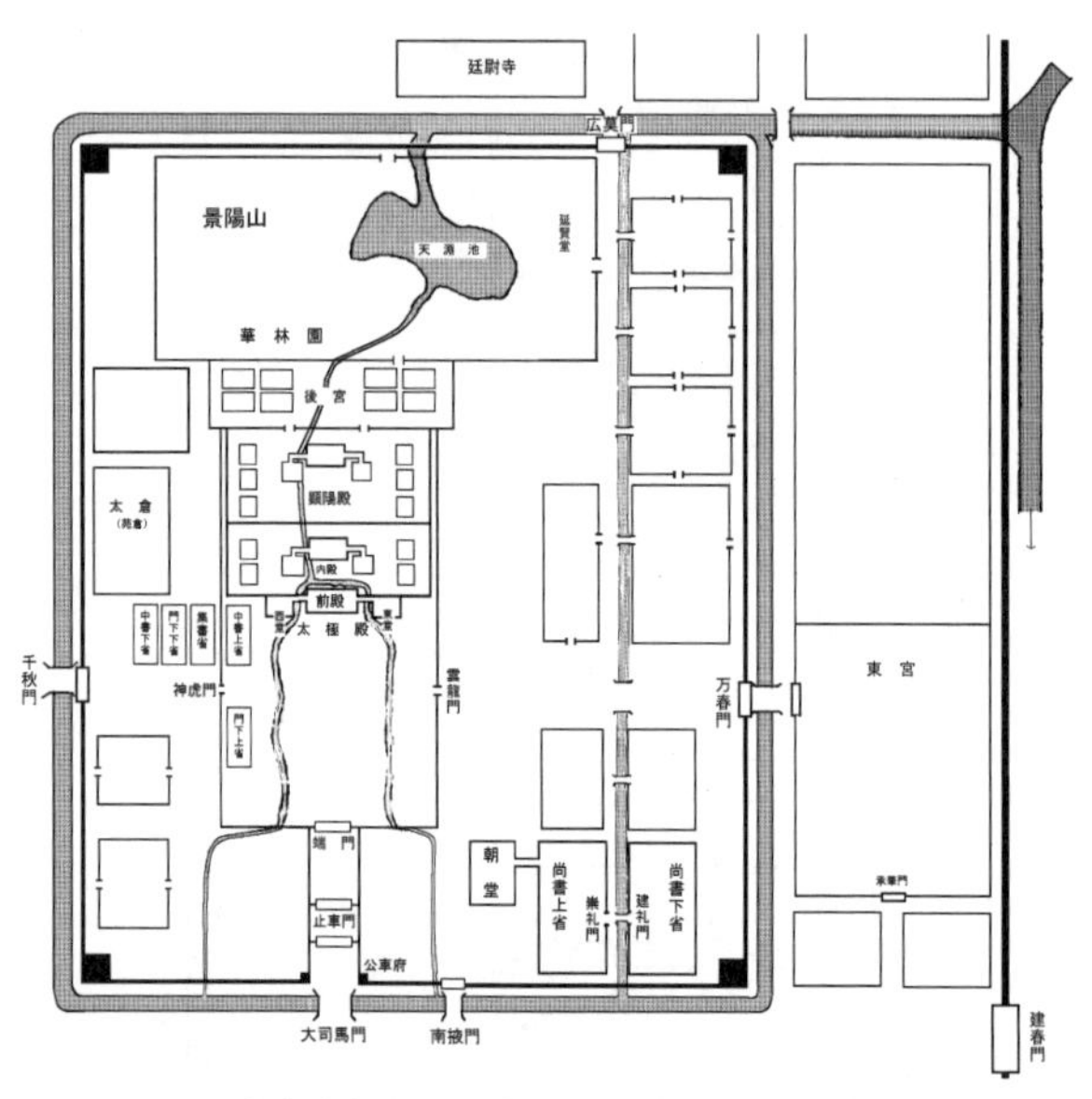

図10　宋斉建康宮城図（郭1999を参照し、大幅に改定）

達疏では、「正寝が前に在り、燕寝が後に在る」ことを礼制上の一般原則として認め、清朝考証学の胡培翬なども、経書の礼制上の宮室制度として、君主の「正寝が前に在り、ついで燕寝が、そのつぎに婦人の正寝と燕寝とがあり、皆な南北軸に構成する」と述べている[4]。ただし、曹魏太極殿の創建にあっては、経書を意識してはおらず、ましてや北周宮城のように、『周礼』を特に意識しているわけでもない。

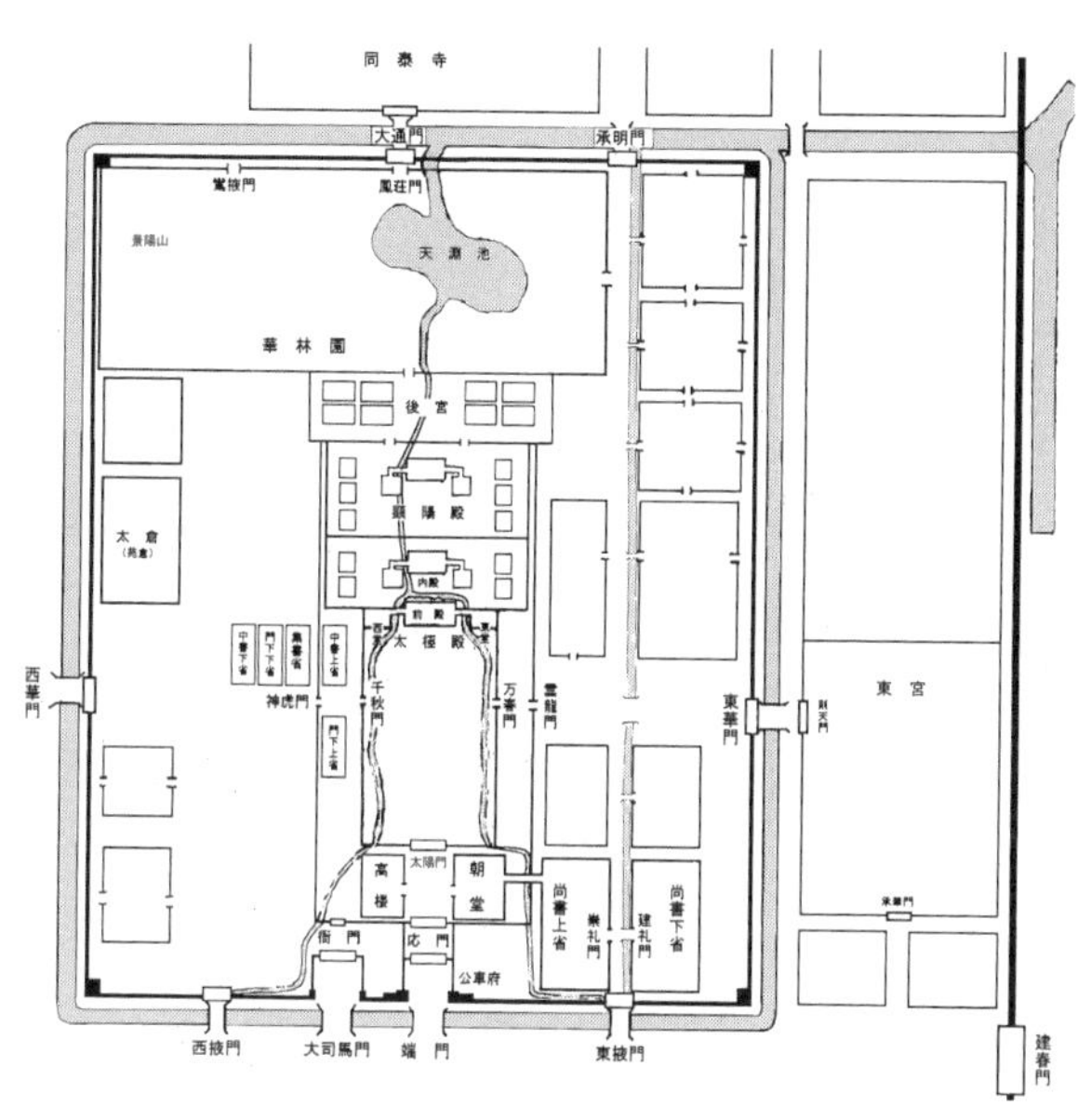

図11　梁陳建康宮城図（郭1999を参照し、大幅に改定）

南北軸による宮城の構成に対し、朝廷・正寝は、太極東堂—太極前殿—太極西堂からなる前殿・東西二堂形式による東西軸構造が創出され、前殿は即位・大葬・元会朝賀・大赦・改元等の大政、東堂は日常朝政、西堂は皇帝の日常居住の場として機能分化していた[5]。ここには、前殿＝路寝、東西堂＝小寝の思考がある[6]。ただ南朝にあっては、劉宋孝武帝の孝建三年（四五六）二月以後、日常朝政の場が正式に東堂から西堂へ転換する。[7] その歴史的要因については、のちに言及する。

(2) 六世紀末から九世紀にいたる宮城の構造

北周武帝期から、宮城に応門―路門―路寝の規格が明瞭に導入される。[8] ただ、路寝の具体的構造、小寝（燕寝）の存否は不明であり、前殿・東西二堂型の正寝―小寝構造まで廃棄されたかどうか、史料的根拠が欠けており、確定的なことはいえない。しかしそれは、イデオロギー的には、天文秩序の地上での再現から、『周礼』の都城・宮殿の規格へ、すなわち天文から人文への決定的転換を意味する。つまり、皇帝権力のイデオロギー基盤が、律暦・術数的イデオロギーから、経書へ転換したことを意味する。それは、隋唐の大興宮・太極宮・大明宮へうけつがれ、隋大興宮の正殿である大興殿、および大明宮の正殿である宣政殿はもはや天上の秩序にちなむ名称を必要としなくなる。隋の大興殿・大興宮は、経書とさえ明瞭な関連をもたない。実質的には、北周・隋の正殿・宮城から天文・律暦イデオロギーとは関係のない宮城が出現したと考えてよい。

南朝でも梁の太極宮から規格が大きく転換する。南北軸を基本としながらも、左右対称規格へ転換する。その意味については、次節で考察する。この左右対称規格は、隋唐の宮城の左右対称規格へひきつがれる。その左右対称規格の延長上に、唐太極宮より後宮（掖庭）―太極宮―東宮の東西軸構成が導入され、六朝的な天空との関係の希薄化が進行し、すでに言及したように大明宮では一層希薄化する。朝廷・正寝は、北周の『周礼』による説明を徹底して外朝―中朝―内朝の南北軸編成をとるとともに、『周易』の太極―両儀（天地・陰陽）の理論を一層明確にとりいれ、承天門―太極殿―両儀殿を構成する。隋唐太極宮は、六朝太極宮のように天文現象に直接かかわって説明されるのではなく、経書によって権威づけられた。

二　六朝期太極宮の構造

曹魏明帝によって創建された太極宮前殿二堂型宮城は、隋の陳平定によって廃棄されるまで三五〇年余りにわたって宮城の模範となった。その基本的な配置と理念とは不変であるが、時期によって具体的な配置に差異があり、それぞれの時代・地域によって特徴がある。特に二七〇年の長期にわたって宮城となった建康台城は、これまでの研究蓄積もあり、比較的その変遷を追いやすい。以下、建康台城を中心に、北魏洛陽・北斉鄴城を比較対象として、前殿二堂型宮城の構造的特質と変化を見ることにしよう。

(1) 太極宮の西側偏在構造と宮城正門（南門）・東門の重要性

北魏洛陽宮（図8）と東魏・北斉鄴南城宮（図9）とは、ほぼ同一の構成をとっており、魏晋洛陽宮の基本構造を継承していた。建康宮台城も梁の天監一二年（五一三）までは、魏晋洛陽宮の基本構造を継承していた。その特色は、太極殿が宮城の西側に偏在するとともに、南の正門である閶闔門・大司馬門と東の雲龍門とが太極殿との関係で重要な政治的役割をはたし、北と西は魏晋北朝のようにほぼ閉じられるか、南朝のように開放されてはいても重要な役割をはたさなかったことである。この特質は、すでに後漢洛陽北宮・南宮にも存在した（図3）[9]。

東西南北のうち、陰陽五行思想にあっては、南と東とは大陽と小陽に属し、北と西は、大陰・小陰に属した。陰陽思想によれば、太極の気は、陽に属する南と東から展開するのであり、宮城の南門と東門は、太極殿から発する朝政の第一関門として、様ざまな役割をはたした。宮城正門である閶闔（しょうこう）門には、官僚・民衆からの上書・直訴を受け付ける公車府、登聞鼓・肺石が設置された。北魏霊太后の申訟車巡行は、雲龍門から出発し、大司馬門・閶闔門をへて千秋門から宮城内に入るというコースをとって冤罪再審の直訴を受け付けた[10]。また、南朝では軍礼・軍事訓練がとり行われる際には、雲龍門が出発・結集点となった。雲龍門前には正門同様の広場が存在したはずであり、建康宮にあっては、太極殿は、雲龍門・万春門を通して東宮とも正対していた。この構造は、南朝後期梁の天監年間に大きな構造転換をはたす。この構造転換をみるまえに、まず太極殿の基本構造について確認しておこう。

(2) 太極殿の基本構造――太極前殿東西二堂

『景定建康志』巻二一城闕志二太極殿条によれば、「太極殿は、建康宮城内の正殿である。晋にあっては一二間で建造し、一年一二箇月を象徴した。梁の武帝になって、一三間に改造し、閏月をも象徴した[11]。その高さは八丈（一九・六m）、長さは二七丈（六六・二m）、奥行きは一〇丈（二四・五m）あり[12]、内外みな錦石で舗装した。東には太極東堂七間、西には太極西堂七間があり、これもまた錦石で舗装した。さらに東上閤・西上閤が太極殿と東西堂の間にあり、殿庭の面積は六〇畝（三・一ha）（『旧志』）（太極殿、建康宮内正殿也。晋初造以十二間、象十二月。至梁武帝、改製十三間、象閏焉。高八丈、長二十七丈、広十丈、内外並以錦石為砌。次東有太極東堂七間、次西有太極西堂七間、亦以錦石為砌。更有東西二上閤在堂殿之間、方庭濶六十畝（旧志））」の規模があった。

またその考証に『宮苑記』を引いて、「太極殿前には東西に二つの大鐘があり、宋の武帝が洛陽を平定したとき手に入れたもので、並びに漢魏の旧器である。殿前には相風鳥がある（宮苑記又云、太極殿前東西有二大鐘。宋武帝平洛所獲、並漢魏旧器、殿前有相風鳥。『景定建康志』巻二一城闕志二太極殿条考証）」と付属施設を伝える。その配置を概念図として示したのが、図12「南朝（梁）太極殿図」である。

南朝の太極殿は、高さ八丈（一九・六m）、正面一二間・二七丈（六六・二m）、奥行き一〇丈（二四・五m）の規模を持ち、その東西には、内殿や皇后の正殿である顕陽宮に連なる東西上閤門があり、さらにその東西に各おの七間の規模をもつ東堂と西堂があった。太極殿および東西上閤に直接して、その内側には、後房・内殿・斎・合殿などと呼ばれる皇帝の私的生活空間があった[13]。斎には斎庫と呼ばれる皇帝の財庫が存在し、国庫である上庫とともに財政上重要な機能をはたした[14]。これらが皇帝朝政の中枢区を編成した。

太極殿・東西堂の前面には、六〇畝（三・一ha）の広大な殿庭があり、三〇〇〇人もの官人が参列する元会儀礼をはじめ、様ざまな儀礼が挙行された。太極殿殿前には、東西に大鐘が設置され、その中間には相風鳥が設置された。正殿殿前の東西に大鐘を設置するのは、遅くとも後漢以来の伝統である[15]。相風鳥は、銅製の風見鳥であり、前漢の霊台（天文観測施設）には、「相風銅鳥があり、風があると動いた。一説に、長安の霊台の上には相風銅鳥があり、千里を渉る風が到来すると、鳥が動くと言う（又有相風銅鳥、遇風乃動。一曰、長安霊台上有相風銅鳥、千里風至、此鳥乃動）」（『三輔黄図』巻五台榭）。皇帝は、世界の

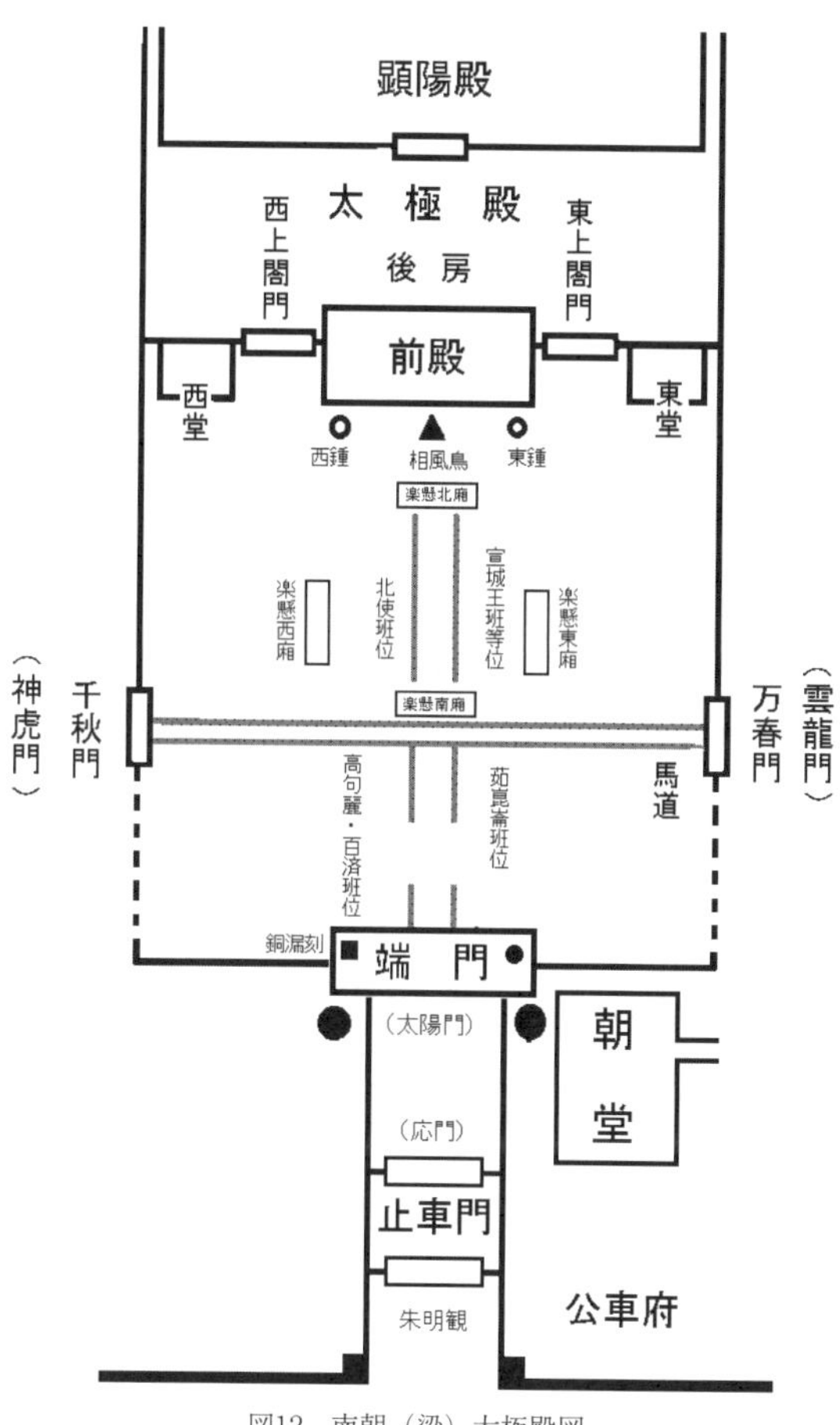
顕陽殿
太極殿
西上閤門
東上閤門
後房
前殿
西堂
東堂
西鍾
相風烏
東鍾
楽懸北廂
楽懸西廂
北使班位
宣城王班等位
楽懸東廂
千秋門
（神虎門）
万春門
（雲龍門）
楽懸南廂
高句麗・百済班位
茹昆崙班位
馬道
銅漏刻
端門
（太陽門）
朝堂
（応門）
止車門
朱明観
公車府

図12　南朝（梁）太極殿図

八方の極地にある八極の門から発する八風を統御し、全世界に調和をもたらす存在である。[16]天空・宇宙の中心を模した太極殿殿前に相風鳥が設置されるのは、必然のことである。

これに対し、殿庭南端に位置する太極殿の正門（端門・太陽門）西塾（脇殿）には、銅製の漏刻（水時計）が設置され、おそらく東塾には太鼓が設置された。[17]それらは、建康都城の根源的な時間管理をおこなうとともに天体観測に利用された（唐長安太極殿にも漏刻・太鼓があり、時間管理をおこなった）。銅製漏刻は、東晋咸和七年（三三二）二月に、会稽郡山陰令の魏丕が製造し、会稽太守（内史）王舒が献上したもので、梁天監六年（五〇七）一〇月に新しい漏刻に取り替えられるまで、一七五年にわたって使用された。[18]太極殿は、宇宙の根源であり、時間と空間（八風）の観測をおこなうことは、その調和を図るうえで欠くことのできない儀器であった。

(3) 太極殿の更新と南北軸東西対称構造の成立

建康宮台城の変遷をその中核施設である太極殿の更新を中心に時期区分してみると、表2「建康宮太極殿変遷表」のように、六期に分けることができる。史料に明文はないが、三期から四期にかけて、劉宋期にさらに一、二度の更新があったことも想定できる。いま表2に即して見たとき、もっとも大きい変化をともなった宮城の更新は、梁の天監一二年

表2　建康宮太極殿変遷表

	期　間	関　連　記　事	出　典
第1期 東晋	元帝建武元年 (317) ≀ 成帝咸和4年 (329)	・晋琅邪王渡江鎮建鄴、因呉旧都、修而居之。宋斉而下、宮室有因有革、而都城不改。 ・(正月、蘇) 峻子碩攻台城、又焚太極東堂祕閣皆尽。 ・(二月) 時兵火之後、宮闕灰燼。以建平園為宮。	『景定建康志』巻20城闕志1古都城条引『輿地志』 『晋書』巻7成帝紀
第2期 東晋	成帝咸和5年 (330) ≀ 孝武帝太元2年 (377)	・(九月) 造新宮、始繕苑城。 ・咸和七年 (332)、十二月庚戌、帝遷于新宮。 ・(寧康三年・375) 十二月甲申、神獣門災。	『晋書』巻7成帝紀 『晋書』巻9孝武帝紀
第3期 東晋	孝武帝太元3年 (378) ≀ 未　詳	・二月乙巳、作新宮 ・秋七月新宮成。内外殿宇大小三千五百間。	『晋書』巻9孝武帝紀 『建康実録』巻9
第4期 宋 ≀ 梁	未　詳 ≀ 武帝天監12年 (513)	・(天監十年) 是歳、初作宮城門三重楼(墻)、及開二道。 ・(天監) 十二年 (513)、毀宋太極殿 (宋太極殿十二間)	『通典』巻44沿革4 『梁書』巻2武帝紀中

第5期 梁	武帝天監12年 (513) ～ 元帝承聖元年 (552)	・(二月)辛巳、新作太極殿、改為十三間。 ・(六月)庚子、太極殿成。 ・(承聖元年三月丁亥)、是夜、軍士遺火、焚太極殿及東西堂、宝器羽儀輦輅無遺。	『梁書』巻2武帝紀中 『資治通鑑』巻164
第6期 陳	武帝永定2年 (558) ～ 後主禎明3年 (589)	・(七月)詔中書令沈衆兼起部尚書、少府卿蔡儔兼将作大匠、起太極殿。 (十月)甲寅、太極殿成。 ・隋既平陳、此城皆毀。今之都城、非旧也。	『陳書』巻2高祖紀下 『景定建康志』巻20城闕志1古都城条

(五一三)、太極殿改築を中心になされた一連の更新である(表2、図10・図11参照)。

変化の第一は、それまでの太極殿が幅一二間の規模であったのに対し、このとき以後一三間に拡張されたことである。第二のより大きな変化は、大司馬門が宮城正門の地位からおろされ、これまでの南掖門(閶闔門)の位置に、新たな正門として端門が設けられたこと、その結果太極宮全体の位置が、これまでの台城西側寄りの位置から、ほぼ台城の中心に移動したことである。第三に、端門と大司馬門とにはじめて石闕が建造され(天監七年)、宮城の墻垣が三重

表3　梁天監年間の太極殿周辺施設整備（『梁書』本紀・『通典』等）

年	月	事項
天監元年（502）	4月	公車府に謗木・肺石函設置。
	5月	夜、南斉東昏王残党、南北掖門に入り、神虎門・総章観を焼く。
天監6年（507）	10月	新漏刻完成。
天監7年（508）	正月	端門に青龍石闕、大司馬門外に仁虎石闕完成。九品十八班制制定。
	2月	新たに国門を越城の南に造る。
天監10年（511）		宮城門の墻垣を二重から三重にし、二道を開く。
天監12年（513）	2月	新たに太極殿十三間を造る。旧太極殿資材により明堂建造。
	6月	新たに太廟を造る。太極殿完成。

となり、城門・宮門を増設するとともに道路の整備がほどこされた（天監一〇年）[19]。第四に、朝堂が太極宮内部に取り込まれ、太極宮正門である太陽門の外に位置するようになっている。

第二の左右対称規格の出現については、いささか説明がいる。『酉陽雑俎（ゆうようざっそ）』前集巻一「礼異」は、東魏・高句麗・百済・柔然（茹茹（じょじょ））・崑崙の使節団が参加した大同八年（五四二）の元会儀礼を記してつぎのように述べている[20]。

梁の正旦元会儀礼に東魏使節団が参列し、車に乗って闕門に至り、端門に入った。その門の上層には朱明観と記してある。つぎを応門と言い、門下に大画鼓が一器ある。そのつぎを太陽門と言い、門の左側に高楼があり、大鐘が一件懸けられている。門の右側には朝堂がある。太陽門は左右に開け、ここにも大画鼓が二器ある。

東魏使節団が門に入ると、鐘・鼓を撃つ。馬道の北、楽懸（オーケストラ）南廂の内まで行き、道の西側に北向して立つ。梁の宣城王等数人が引率され、その後から入場すると、磬が撃たれ、道の東側に北向して立つ。楽懸の外側の東西廂には皆な階臣が控えている。馬道の南側、道の東側間近に茹茹（蠕蠕・柔然）[21]・崑崙（海域東南アジアの総称）の客使、道の西側間近に高句麗・百済の客使が立つ。そうして昇殿する官人が、約三千人参列する。

参列者の座位が定まると、梁帝が東堂の中からお出ましになる。潔斎のために外泊したので、上閤門から出御できなかったのだと云う。……再拝し、順次王公を引率して太極殿に登り、皇帝に玉を献じてゆくが、梁帝は、そのために立ち上がって答礼しない（梁正旦、使北使、乗車至闕門、入端門。其門上層、題曰朱明観。次曰応門。門下有一大画鼓。次曰太陽。門左有高楼、懸一大鐘。門右有朝堂。門闢左右、亦有二大画鼓。北使入門、撃鐘鼓。至馬道北・懸鐘内、道西北立。引其宣城王等数人、後入。撃磬。道東北面立。其鐘懸外、東西廂皆有階臣。馬道南近道東有茹茹・崑崙客。道西近道有高句麗・百済客。及其昇殿之官、三千許人。位定。梁主従東堂中出、云斎在外宿、故不由上閤来。……再拝、便次出引王公登献玉。梁主不為興。……魏使李同軌・陸操聘梁、入楽遊園……）。

天監一二年の改修以後の太極宮とそこで挙行された元会儀礼のありさまを、これほど具体的に示す史料はない。この記事に基づいて作成したのが図12「南朝（梁）太極殿図」である。ここでは、正門をこれまでの大司馬門から南掖門に移し、南掖門を端門に改造し、楼閣をもつ朱明観を配して本格的な闕門構造を創建した。この闕門を中心軸にして太極宮を再構成したため、左右対称構造ができあがるとともに、従来宮城外東南に位置した朝堂が宮城内に取り込まれることとなった(22)。

このことは、かなり重要な問題をはらんでいる。すでに指摘したように、後漢以来、朝堂は尚書省と関連する官僚集議の場であり、太極殿でとりおこなわれる皇帝の政務とは相対的に独立した政治的機能をはたしていた。しかし、北魏では、孝文帝（在位四七一～四九九）が朝堂に乗り込んで議事や政務の指揮をとるようになり、皇帝による朝政の一元化が進んだ(23)。南朝では、そのような劇的な史実は残っていない。ただ、天監一二年の太極宮更新にともなう、朝堂の太極宮内部への取り込みは、皇帝による朝政の一元化が南朝でも試みられたことを示している。梁武帝（在位五〇二～五四九）は、再三にわたって朝堂での尚書会議や官僚による集議の徹底を指示しており、朝堂の配置の変更は、この趨勢と呼応するのである。

(4) 中書・門下省と太極殿——官房・秘書機能と皇帝権力

北魏洛陽宮（図8）と東魏・北斉鄴南城宮（図9）とは、ほぼ同一の構成をとっており、魏晋洛陽宮の基本構造を継承していた。これら魏晋・北朝の宮城と建康宮とを対比してみると、城門の位置や宮殿の配置などに、いくつかの点で違いがある。なかでもとりわけ重要なのは、中書省・門下省の配置の違いである。魏晋期から皇帝側近の秘書・侍従機能をもち、尚書省が立案した政策（案奏）や詔勅の管理をおこなう組織として、官制上、尚書省よりも政治的比重を増してきたのが中書省・門下省である。[24]

建康宮の場合、中書省・門下省は、太極宮西門である神虎門内に配置された。[25] これに対し北朝宮城では、太極宮東門すなわち雲龍門内に配置された。[26] すでにみたように、六朝期太極殿は、太極前殿・東堂・西堂から構成された。重要な朝政は太極前殿でおこなわれたが、日常朝政は東堂でとりおこなうのが魏晋期のきまりであった。ところが南朝では、東堂の日常朝政が西堂で執行されるように転換していった。その原因として私は、西晋以来、皇帝が朝政に力を入れず、内殿・後房に引きこもることが多く、太極殿のなかでは皇帝燕安の場としての西堂の比重が高まったことを指摘した。[27]

このこと自体は一つの規定要因であるとしても、より重要なのは、南朝建康宮では太極西堂にほど近い、神虎門内外に中書省・門下省ほか集書省（散騎省）など、皇帝側近の官房・秘書・侍従機能を担う組織が集中していたことをあげなければならない。西堂が正式に日常朝政の場となったのは、劉宋孝武帝（在位四五三〜四六四）の孝建三年（四五六）二月であるが[28]、それは、中書省・門下省が太極宮西部に集中し、それらの政治的重要性が上昇したからである。

中書省は、宮城内西部にあったため、同じく宮城西部にあった西省と密接な関連をもった。西省は、「左右二衛将軍、前軍将軍・後軍将軍・左軍将軍・右軍将軍の四軍、屯騎・歩兵・射声・越騎・長水の五校尉などを西省と呼び、散騎省を東省とした（自二衛・四軍・五校尉已下、謂之西省、而散騎為東省）」（『南斉書』巻一六百官志）とあるように、宮中の「宿衛営兵を掌る」（『宋書』巻四〇百官志下）近衛軍団である。すなわち、建康宮内西部に衛尉府以下宿衛武官の官府が集中していたので西省と呼ばれたのである[29]。東晋末に中書黄門侍郎となった傅亮（ふりょう）は、西省に勤務している[30]。なぜ中書官が宿衛武官の官府である西省に勤務したのか。『南史』巻二四王韶之伝は、東晋末における皇帝と中書・西省との関係について、つぎのような興味深い記述を残している。

孝武帝（在位三七二〜三九六）以来、晋の皇帝は常に内殿に居住したため、宿衛武官が詔書を管理し、宮中に取り次いだ。そのため中書省の官人一人に詔勅を起草させ、西省に勤務させたので、これを西省郎と呼んだ。傅亮・羊徽（ようき）があいついでこの職務についた。義熙一一年（四一五）、劉裕（のち宋武帝）は、王韶之が博学で筆が立つことから、通直郎・領西省事に補任し、中書侍郎に転任させた。晋の安帝が崩御したのは、劉裕が韶之に指示し、帝の側近と密かに酖毒をもらせたからである。恭帝が即位すると、韶之は黄門侍郎・領著作に遷り、西省の勤務は旧来どおりとした。あらゆる詔勅は皆な王韶之の文章であった（晋帝自孝武以来常居内殿、武官主書於中通呈、以省官一人管詔誥、住西省、因謂之西省郎。傅亮・羊徽相代在職。義熙十一年、宋武帝以韶之博学有文辞、補通直郎、領西省事、転中書侍郎。晋安帝之崩、武帝使韶之与帝左右密加酖毒。恭帝即位、遷黄門侍郎・領著作、西省如故。凡諸詔黄皆其辞也）。

皇帝が内殿・後房に引きこもれば引きこもるほど、官房・侍従機能の重要性が高まり、衛尉府をはじめとする宿衛武官と、中書省・門下省をはじめとする太極宮西部諸省の重要性が増す。内殿―宿衛武官（西省・衛尉府）―中書・散騎・侍中の連携は、すでに東晋末期に常態となっていたのである[31]。ほぼ四〇年後の劉宋孝武帝孝建三年（四五六）に、西堂が正式に日常朝政の場となったのは、その結果に過ぎない。これに対し北朝では、そしておそらくは魏晋洛陽宮でも、中書省・門下省が太極宮東部の雲龍門内に位置したため、太極東堂が一貫して日常朝政の場として位置づけられたのである。

おわりに――隋唐長安城太極宮の位置

隋唐の太極宮は、六朝期の太極宮からの展開としてみたとき、どのように位置づけられるであろうか。

第一は、北周にはじまった『周礼』の意識的適用による南北軸の外朝―中朝―内朝の三朝制の編成と梁にはじまる左右対称規格による朝廷の再編とを統合し、南北基軸左右対称性をもつ宮城を創造したことである。その結果、三省の位置も太極宮西側に中書省、東側に門下省、南方皇城に尚書省が配置され、朝堂も闕門と合体して承天門の東西に配置された（図14、図1妹尾）。

第二に、三朝制の南北軸編成によって、古来の礼制観念に基づく主人の正寝―燕寝の後方に婦人の正寝―燕寝を配置する宮室制度（『礼記』内則、胡培翬『燕寝考』、江永『郷党図考』等）が解体し、東西軸に掖庭宮―太極宮―東宮を配置する、新たな宮室制度を創造した。

第三に、『周礼』・『周易』など経書を用いて宮殿配置の説明をおこなうことにより、天文・術数学による説明を廃棄したことである。これにより、太極など天文・星象に基づく体系的称呼を宮殿の名称とする必要がなくなり、隋大興宮を嚆矢として星象に基づく呼称が一旦廃止され、さらに大明宮以後希薄化してゆく。これは、唐代後半期に顕在化する天の解釈の転換とともに、皇帝権力を正統化する政治イデオロギーの転換が始まったことを意味する。

注

（1）岸俊男「難波宮の系譜」（一九七七年初出、『日本古代宮都の研究』岩波書店、一九八八年）、鬼頭清明「日本における大極殿の成立」（初出一九七八年、『古代木簡と都城の研究』塙書房、二〇〇〇年）。

（2）楊寛（尾形勇・高木智見訳）『中国都城の起原と発展』（学生社、一九八七年）。

（3）拙著『中国古代の王権と天下秩序』（校倉書房、二〇〇三年）参照。なお、『建康実録』巻九東晋孝武帝太元三年条に「春正月、尚書僕射謝安石（私案石字疑衍）以宮室朽壊、啓作新宮。帝権出居会稽王邸。二月、始工内外日役六千人。安与大匠毛安人、決意修定、皆仰模玄象、体合辰極、并新制置省閣堂宇、名署時政、構太極殿、欠一梁。乃有梅木、流至石頭津、津主啓聞、取用之。因画花於梁之上、以表瑞焉。……七月、新宮成。内外殿宇、

大小三千五百間」とある。また『徐孝穆集』巻八「太極殿銘」に、「太極殿者法氏象亢、王者之位以尊、左平右城、天子之堂為貴。……信乎斉三光而示宇宙、会万国而朝諸侯」とあり、『藝文類聚』巻六二陳・沈炯「太極殿銘」に、「臣聞、在天成象、紫宮所以昭著。在地成形、赤県居其区宇。太極殿者、資両儀之意焉。大壮顕其全模、土圭測其正影。周曰路寝、漢称前殿。雖名號参差、其実一也」とある。東晋から陳にいたるまで、太極殿は、天上の星象に模して造営されたことがわかる。

(4) 『礼記』内則「側室之門」疏に、「正義曰、夫正寝之室在前、燕寝在後、側室又次燕寝、在燕寝之旁、故謂之側室」とある。また清の胡培翬『燕寝考』(『皇清経解』巻一三〇〇)に、「按宮室之制、前在正寝、次有燕寝、次婦人正寝及燕寝、皆南北相通為之」という。江永『郷党図考』巻一図譜「諸侯宮寝朝廷廟社図」、巻四宮室もこの説をとる。

(5) 前掲注(1)鬼頭論文、渡辺本書第一章第二節「朝政の構造」、吉田歓『日中宮城の比較研究』(吉川弘文館、二〇〇二年)参照。

(6) 『景定建康志』巻二一城闕志二太極殿条考証に「山謙之『丹陽記』曰、太極殿、周制路寝也。秦漢曰前殿。今称太極東西堂、亦魏制。於周小寝也」とある。

(7) 本書八七頁参照。

(8) 鈴木亘『平安宮内裏の研究』(吉川弘文館、一九九〇年)、前掲注(5)吉田著書参照。

(9) 『続漢書』第二五百官志二衛尉条に、「宮掖門、毎門司馬一人、比千石。本注曰、南宮南屯司馬、主平城門。宮門蒼龍司馬、主東門。玄武司馬、主玄武門。北屯司馬、主北門。北

宮朱爵司馬、主南掖門。東明司馬、主東門。朔平司馬、主北門。凡七門」とあり、宮城の西側には門が開かれていない。

(10) 前掲注(8)鈴木著書、前掲注(3)拙著参照。

(11) 梁天監一二年(五一三)に、宋の一二間太極殿を廃棄して、一三間太極殿を造った。『通典』巻四四吉礼三大享明堂に、「梁祀五帝於明堂、……其堂制、(天監)十二年、毀宋太極殿、以其材構明堂十二間、皆準太廟」とある。

(12) 建康宮太極殿の規模については、別に『世説新語』方正篇第五「太極殿始成」条引徐広晋紀に「孝武寧康二年(三七四)、尚書令王彪之等啓改作新宮。太元三年(三七八)二月、内外軍六千人、始営築。至七月而成。太極殿高八丈、長二十七丈、広十丈」とある。

(13) 雲龍門・東上閤門の直近北部に斎や殿舎が存在したことについては、たとえば『宋書』巻九九二凶伝劉劭伝に「旧制、東宮隊不得入城、劭与門衛云、受勅、有所収討。令後隊速来。張超之等数十人、馳入雲龍・東中華門及斎閤、抜刃径上合殿。上其夜与尚書僕射徐湛之屏人語、至旦燭猶未滅、直衛兵尚寝。超之手行弑逆、并殺湛之。劭進至合殿中閤、太祖已崩、出坐東堂、蕭斌執刀侍直」とあり、また『南史』巻五斉本紀下永元二年(五〇〇)条に、「秋七月甲辰夜、宮内火、唯東閤内明帝旧殿数区及太極以南得存、余皆蕩尽」とあり、さらに『梁書』巻一七王珍国伝に、「義師起……時城中咸思従義、莫敢先発、侍中・衛尉張稷都督衆軍、珍国潜結稷腹心張斉、要稷、稷許之。十二月丙寅旦、珍国引稷於衛尉府、勒兵入自雲龍門、即東昏於内殿斬之、与稷会尚書僕射王亮等於西鐘下、使中書舎人裴長穆等、奉東昏首帰高祖。以功授右衛将軍、辞不拝」とあるのを参照。

(14) 川合安「南朝財政機構の発展について」(『文化』第四九巻第三・四号、一九八六年)参照。

(15) 『後漢書』孝順帝紀第六延光四年(一二五)条に、「十一月丁巳、京師及郡国十六地震。是夜、中黄門孫程等十九人共斬江京・劉安・陳達等、迎済陰王於徳陽殿西鐘下、即皇帝位、年十一。近臣尚書以下、従輦到南宮、登雲台、召百官」とあり、後漢北宮正殿である徳陽殿前の東西に大鐘が設置されていたことがわかる。

(16) 皇帝権力と祭儀とにかかわる八風の意義については、目黒杏子「前漢武帝期における郊祀体制の成立——甘泉泰畤の分析を中心に」(初出二〇〇三年、のち『漢王朝の祭祀と儀礼の研究』京都大学学術出版会、二〇二三年)参照。

(17) 端門に漏刻と時を知らせる太鼓が設置されたことは、『南斉書』巻二〇皇后伝武穆裴皇后伝に、「旧顕陽・昭陽二殿、太后皇后所居也。永明中、無太后・皇后、羊貴嬪居昭陽殿西、范貴妃居昭陽殿東、寵姫荀昭華居鳳華柏殿。宮内御所居寿昌画殿南閣、置白鷺鼓吹二部。乾光殿東西頭、置鐘磬両廂、皆宴楽処也。上数遊幸諸苑囿、載宮人従後車、宮内深隠、不聞端門鼓漏声、置鐘於景陽楼上、宮人聞鐘声、早起装飾。至今、此鐘唯応五鼓及三鼓也」とある。

(18) 『建康実録』巻七咸和五年(三三〇)条に、「二月己巳、会稽太守王舒表献銅漏刻。詔置端門西塾之西」とあり、また『文選』巻五六陸倕「新刻漏銘幷序」「且今之官漏、出自会稽（李善注、蕭子雲東宮雑記曰、天監六年、上造新漏、以台旧漏給宮（官）。漏銘云、咸和七年、会稽山陰令魏丕造。即会稽内史王舒所献漏也）。積水違方、導流乖則、六日無辨、五夜不分……天監六年、太歳丁亥、十月丁亥朔、十六日壬寅、漏成進御。以考辰正晷、測表候陰」とある。

（19）『建康実録』巻二〇高宗宣帝太建七年（五七五）六月条に、「乙酉、改作雲龍・神虎二門」とあり原注に「案宮殿簿、雲龍是二宮墻東面門。晋本名東華門、東出東掖門。梁改之。西対第三重墻万春門。神虎門是第二重宮墻西面門、晋本名中華門、西出西華門、本晋西掖門、宋改名西華門、東入対第三重宮墻千秋門」とある。図10・図11はこの記述を参考に、他の史料をまじえて考証し、図に落としたものである。

（20）『酉陽雑俎』の元会儀礼を大同八年（五四二）としたのは、つぎの理由による。高句麗・百済が梁に貢献のため遣使したのは、『梁書』巻五四東夷伝によれば、高句麗については「中大通四年、六年、大同元年、七年、累奉表献方物」とあり、百済については「中大通六年、大同七年、累遣使献方物」とあり、両国がそろって入貢したのは、大同七年（五四一）しかない。参列者である梁の宣城王蕭大器について、『梁書』巻八哀太子伝に「太宗（簡文帝）嫡長子。……中大通四年（五三二）封宣城郡王」とあり、中大通四年以後のことでなければならない。北魏からの参列者である李同軌は、「（東魏）興和中（五三九〜五四二）、兼通直散騎常侍、使蕭衍」（『魏書』巻三六、『北史』巻三三本伝）とあり、陸操は、「操仕魏、兼散騎常侍、聘梁」（『魏書』巻四〇、『北史』巻二八本伝）とある。興和四年は、大同八年にあたる。また『梁書』巻三武帝紀大同七年一二月条に「魏遣使来聘」とある。これらを綜合すれば、東魏・高句麗・百済がそろって遣使し、元会礼に参列しえたのは、大同八年をおいてほかにない。

(21) 原文は、「茹崑崙客」に作る。これは、もと「茹茹・崑崙客」であり、一茹字を欠落したものであろう。柔然は、蠕蠕・茹茹・芮芮とも書写する。『梁書』巻五四諸夷伝芮芮国条には、「大同七年、又献馬一匹・金一斤」とあり、大同八年の元会儀礼参列と朝貢年代とがぴったり合う。本稿では、茹一字を補い、「茹茹・崑崙客」と校訂しておく。

(22) 朝堂の位置が東晋以来、陳にいたるまで不変であったことは、『陳書』巻二六徐孝克伝に、「禎明元年(五八七)、入為都官尚書。自晋以來、尚書官僚皆攜家属居省。省在台城内下舎門、中有閣道、東西跨路、通于朝堂。其第一即都官之省、西抵閣道、年代久遠、多有鬼怪、毎昏夜之際、無故有声光、或見人著衣冠従井中出、須臾復没、或門閤自然開閉。居省者多死亡、尚書周確卒於此省、孝克代確、便即居之、経渉両載、妖変皆息、時人咸以為貞正所致」とある。これによれば、尚書省とともに、朝堂も東晋以来の年代ものの建造物であったことが分かる。

(23) 朝堂とその政治的意義の変化については、本書第一章第二節「朝政の構造」参照。

(24) 野田俊昭「東晋南朝における天子の支配権力と尚書省」(『九州大学東洋史論集』第五号、一九七七年)参照。

(25) 『南史』巻一五傅亮伝に、「永初元年(四二〇)、加太子詹事、封建城県公、入直中書省、

専典詔命。以亮任総国権、聴於省見客。神獣門外、毎旦車常数百両」とあり、中書省が神獣（虎）門内にあったことがわかる。また宋書巻九十二良吏伝阮長之伝に、「在中書省直、夜往鄰省、誤著履出閤、依事自列門下、門下以闇夜人不知、不受列、長之固遣送之」とあり、中書省の近隣に門下省のあったことがわかり、門下省も神獣門内にあったと考えられる。さらに『南史』巻一三宋宗室及諸王上江夏王劉義恭伝に、「孝武入討、劭疑義恭有異志、使入住尚書下省、分諸子並住神獣門外侍中下省」とある。これにより、侍中下省が神獣門外にあったことがわかる。

(26)『北史』北史巻七斉本紀中廃帝乾明元年（五六〇）条に、「三月甲戌、帝初上省、旦、発領軍府、大風暴起、壊所御車幔、帝甚悪之。及至省、朝士咸集。坐定、酒数行、於坐執尚書令楊愔・右僕射燕子献・領軍可朱渾天和・侍中宋欽道等。帝戎服、与平原王段韶・平秦王高帰彦・領軍劉洪徽、入自雲龍門、於中書省前、遇散騎常侍鄭子黙、又執之、同斬於御府之内。帝至東閤門、都督成休寧抽刃呵帝」とあり、鄴城にあっては、雲龍門と東上閤門との間に中書省・御府の存在したことがわかる。鄴太極宮は、洛陽宮を踏襲しているので、北魏洛陽宮も同様であったと考えてよい。

(27) 本書八五頁。

(28) 本書八七頁参照。

(29) 衛尉府が台城内西部、神獣門付近にあったことは、『南史』巻五六張弘策伝に、「時東昏余党孫文明等初逢赦令、多未自安。文明又嘗夢乗馬至雲龍門、心惑其夢、遂作乱。帥数百人、因運荻炬束仗、得入南北掖門、至夜、焼神獣門・総章観、入衛尉府。弘策踰垣匿于龍廄、遇賊見害。賊又進焼尚書省及閣道雲龍門」とあることによって確かめられる。建康宮（台城）は、洛陽宮と異なり、宮城西部に空間地があり、太倉・衛尉府・中書下省・門下省などの官府が存在した。

（30）『南史』巻一五傅亮伝に、「傅亮字季友、北地霊州人、亮博渉経史、尤善文辞。義熙中、累遷中書黄門侍郎、直西省」とある。中書省が神獣門内にあったことは、前掲注（25）『南史』傅亮伝参照。

（31）西省については、張金龍『魏晋南北朝禁衛武官制度研究』（上下冊、中華書局、二〇〇四年、四八八〜四九八頁）を参照。『梁書』巻三五蕭子恪伝に、「明帝悉召子恪兄弟親従七十余人入西省、至夜当害之。会子恪棄郡奔帰、是日亦至、明帝乃止」とあり、同じ事態を『南史』巻四二本伝では、「始安王遥光勧上併誅高・武諸子孫、於是並敕竟陵王昭冑等六十余人入永福省、令太医煮椒二斛、幷命辨数十具棺材、謂舎人沈徽孚曰、椒熟則一時賜死。期三更当殺之。会上暫臥、主書単景雋啓依旨斃之、徽孚堅執曰、事須更審。爾夕三更、子恪徒跣奔至建陽門。上聞驚覚曰、故当未賜諸侯命邪。徽孚以答。上撫床曰、遥光幾誤人事。及見子恪、顧問流涕、諸侯悉賜供饌」と述べる。これによれば、南斉期には、永福省を西省と呼んだことが分かる。

第二章　元会の構造――中国古代国家の儀礼的秩序

はじめに

中国前近代社会の秩序は、軍事力・警察力などの強制力を背景にする法的秩序だけでなく、礼制という前近代中国に固有の秩序によって再生産された。礼的秩序は、聖人である周公旦や孔子が制定したものとされ、秩序形成の根拠は伝統にある。その範囲は、大きく分けて王朝儀礼をともなう国家組織の秩序、君臣関係・父子関係・夫婦関係・長幼関係・朋友関係の五倫に代表される社会秩序、立ち居振る舞いにかかわる日常的秩序の三つの次元からなり、法的秩序よりも社会に対する規律化の包括範囲は広い。礼的秩序をぬきに専制国家の社会統合——国制を語ることはできない。

前章では、朝政構造の根幹をなす相対的に独自な二つのモメントとして皇帝と高級官僚とを指摘し、朝政の実現にあたって、究極的には皇帝の側に決定的な重心があったことを述べた。皇帝の側に究極的な決定力を付与したのは、君臣関係の存在である。換言すれば朝政構造は、君臣関係によってその構造を決定づけられているのである。この君臣関係は、王朝交替や皇帝の死去によって、たえず中断される。のみならず、おなじ皇帝の在任期間にあっても、朝政の構造が機能するためには、たえず再確認されなければならない。王朝交替や皇帝の死去という物理的・生物学的中断をこえて、さらには日常の次元で君臣関係を再生産してゆかなければ、朝政構造を中枢とする国家自体が存立しえないのである。この君臣関係の再生産を担ったのが、宮廷でとりおこなわれる朝会であり、朝会儀礼をつうじて実現される儀礼的秩序である。

朝会儀礼は、いくつかの次元をもって重層的に実行された。例として唐代太極宮で執行された朝会儀礼を再びとりあげてみよう。君臣関係は、三層の朝会儀礼の重層として実現された。第一は、毎朝、五品以上の常参官および供奉官が参加する両儀殿での朝会であり、第二は、毎月一日・一五日の朝、在京九品以上の官僚が参加する太極殿での朝会であり、第三は、冬至と元日の朝、在京九品以上の官僚、地方からの使節団および外国からの使節団が参加する太極殿での大朝会である。

これら三つの朝会儀礼の重層をつうじて、君臣関係のみならず、皇帝と五品以上の高級官僚——公卿を中枢に、唐朝が直接に支配する諸地方（州）、さらには周辺諸種族へと同心円状にひろがる帝国的秩序が実現される。この朝会儀礼の中軸をなしたのが、元旦に執行される元会儀礼であった。元旦は、一年の最初の朝、最初の月の最初の朝、最初の一日の最初の朝、すなわち年・月・日を代表する所謂三朝であり、三層の重層的朝会儀礼の根幹をなした。

本章の課題は、元会儀礼の構造分析をつうじて、古代中国の朝政構造を決定づけた君臣関係再生産の特質を明らかにするところにある。

第一節　元会儀礼の形成――第一期・両漢期

唐代の元会儀礼については、日本古代史研究者が都城制研究や礼制研究に関連して比較史的にとりあげることが多く、かなりの蓄積がある。しかしそれらは、日本の律令制国家が中心になっているため、当然のことではあるが、隋以前の諸王朝における元会儀礼にまでは研究がおよんでいない。

唐代の元会儀礼は、漢六朝期の元会儀礼を受け継ぎながら、それとはかなり変質した側面をもっている。漢代以来の歴史をもつ元会儀礼について、その経緯と特質とを把握しなければ、唐代の元会儀礼の充分な理解に到達することはできない。これは、中国史研究者が果たすべき固有の課題であるといえる。ところが、日本の中国史研究の側からこの元会儀礼について考察したものは、皆無といってよい。

この問題を比較的まとまったかたちで考察したのは、中国の大家、楊寛である。楊寛は、その著書『中国都城の起源と発展』（学生社、一九八七年）のなかで、原始時代から唐代におよび中国都城制度の発展をあとづけ、西周から前漢にいたるまでの「坐西朝東」の都城配置が、後漢以後は「坐北朝南」への都城配置へと転換したことを明らかにした。

楊寛は、この東西軸から南北軸への変化の原因を礼制との関連でとらえ、南郊祭天儀礼の制度化と元会儀礼の大規模化とに求めた。すなわち楊寛は、国君に対する大朝の礼は中央集権体制をめざした戦国時代に出現し、統一秦帝国の成立がこれを元会儀礼として一層盛大にし、こののち一貫して大規模化したが、後漢はその大規模化が極まった時期で、これが都城配置に規定的な影響をあたえたと考えたのである。

この元会儀礼の大規模化にかかわって、楊寛は、その内容と目的とについて考察し、それが「皇帝の貴」とともに大臣たちの序列を明らかにし、群臣や宗室が皇帝に朝賀して「上寿」するにとどまらず、郡国の上計（年次報告）によって全国各地の一年間の情況を総括、総検討する重要な政治的意味をもち、中央集権体制を強化する目的に沿うものであった、と指摘する（以上、『中国都城の起源と発展』一三「都城の配置構造の変遷と礼制との関係」）。

楊寛の議論は、基本的に容認できる。しかし、いくつかの指摘に誤りが認められ[1]、また元会儀礼の内容と目的については、君臣関係論・王朝の地方支配・儀礼構造などの側面から、新たに考察を加え、再検討すべき余地がある。ここでは、儀礼内容が明らかになる統一帝国形成後の古代中国の元会儀礼を問題にする。古代中国の元会儀礼は、両漢期に形が整い、西晋期に儀礼として完成し、隋唐期に一定の変質を含んで展開する。この歴史的展開は、前章「朝政の構造」で明らかにした朝政・朝議の展開と軌を一にする。これは、朝政と朝会儀礼とが相互に関連することを示している。以下に、その具体像を叙述しよう。

一　両漢期における元会儀礼の形成

(1)元会儀礼の起点——漢の高祖、不覚のつぶやき

朝会儀礼について、詳しいことが分かるようになるのは、漢初からである。それは、漢王朝の権力が一応確立した高祖の即位七年（前二〇〇）のことである。高祖は、天下を統一すると、「秦の儀法をすべて廃止し、簡略にした。ために群臣たちは飲むと手柄を争い、酔えば妄りに怒号し、剣を抜いて柱に撃ちつけるありさまで、高祖はこれをなんとかしたいと考えていた」。これに眼をつけた叔孫通（しゆくそんとう）が、「古礼と秦儀とを適当にまぜ」た朝廷儀礼の制定を進言し、「理解しやすく、わしが実行できるものを考えて作れ」と高祖から試行を命ぜられたのが始まりである。一月余りの予行演習のあと、一〇月に朝会を挙行することになった。その次第を『漢書』巻四三叔孫通伝は、つづけてこう伝えている。

漢の七年（前二〇〇）、長楽宮が完成し、一〇月、諸侯・群臣が朝会に参加した。

儀礼次第。

平明時の前に、謁者は儀礼を整え、先導して順序よく諸侯・群臣を殿門に引き入れ、待機する。殿廷において車騎・戍卒・衛官が整列し、武器をとり、旗指物をなびかせると、伝声が「趨（小走りにすすめ）」と号令する。宮殿の下には郎官が階段を挟んで整列し、両側に各おの数百人が威儀をただしている。

功臣・列侯・諸将軍・軍吏などの武官は、（殿門より進み）順序よく西側に整列し、東面する。丞相以下の文官は、東側に整列し、西面する。[2] 諸侯・群臣が整列しおわると、大行が、殿上に王・侯以下、公卿・二千石・六百石に至るまでの九等の参列者（九賓）の席次を整え、殿上から殿廷へ、殿廷から殿上へと伝声する。

かくして皇帝が輦（くるま）に乗って房より出御すると、郎官は戟を執り、伝声してつつしめと唱えてゆく。（皇帝が玉座に就くと）謁者が、諸侯・王以下、六百石に至るまでの官吏を先導し、（殿上にて）順次、皇帝に賀詞を奉呈する。その間、諸侯・王以下の臣下は、ことごとく震撼し、粛然と慎んでいる。

礼が終わると、臣下は皆な（殿上にて）伏拝し、法酒を戴く。殿上に侍坐する者は、皆な伏拝したまま首をあげて待ち、身分の序列にしたがい、順次たちあがって皇帝に寿酒をたてまつる。觴が九度巡回したところで、謁者が「酒礼終了」と宣言する。この間、御史が、法によって、儀式どおり行動しなかったものを摘発し、そのたびごとに退場させるので、朝賀の儀、酒礼の間も、あえてさわぎだてして礼を失する者はいない。

高祖は言った、「わしは、今日はじめて皇帝の尊さがあい分かった」。

高祖にはじめて皇帝の尊厳を知らしめた朝会儀礼は、「古礼と秦儀とを適当にまぜ」たものであるから、部分的には秦の朝会儀礼を受け継いだものとみられる。この儀礼は、①儀式参加者の整列、殿門での待機、②殿廷への入場・整列、殿上での席次設定、③皇帝の出御、賀詞の奉呈、④酒礼—寿酒九巡、からなりたっている。朝会儀礼の中心は、いうまでもなく③賀詞の奉呈と④酒礼にある。賀詞奉呈と酒礼—饗宴とは、唐代にいたるまで、古代国家の元会儀礼をつうじる基本要素であり、この基礎のうえにそれぞれの時代を反映した朝会儀礼が展開する（図13参照）。

朝会儀礼が挙行された一〇月一日は漢の元旦であり、これも秦制を継承した。その後、太初元年（前一〇四）の改暦にともない、武帝が正月を歳首としたのちも、漢王朝は、後漢末にいたるまで、一〇月一日から九月末までを会計年度とした。元旦と一〇月一日とは同等の重みをもち、両日には大朝会儀礼が挙行された。しかし高祖七年の朝会は、諸侯・

図13　朝見図
（任日新「山東諸城漢墓画像石」〔『文物』1981-10〕より転載）
地方官府における朝見の模様をあらわしている。

王以下、六百石に至るまでの高級官僚に限られ、君臣関係再認儀礼も含まれていない。唐代の朝会儀礼に対比していえば、主として五品以上の高級官僚が参加した毎朝の朝会儀礼に相当するにすぎない。漢代には、毎月一日に朝会が挙行されたから（『晋書』巻二一礼志下）、高祖七年の朝会は、直接的には月朔の朝会儀礼の儀礼次第を伝えるものであろう(3)。とはいえこの時の朝会は、朝会儀礼の基礎を構成し、前漢期をつうじて形成される元会儀礼の出発点となったのである。

(2) 後漢時代の元会儀礼

前漢期の元会儀礼を全体的に記述する史料は残っていない。ただ、後漢初の永平元年（後五八）正月に始まった上陵礼は、「明帝が公卿以下を率いて原陵に朝会し、元会儀のごとくとりおこなわれた」（『後漢書』明帝本紀第二）し、また同時代の班固（はんご）の『両都賦』「東都賦」（『文選』巻一）や張衡の『東京賦』（『文選』巻三）にも、洛陽での元会儀礼のありさまが、すでに完成した形で唱われている。高祖七年の朝会儀礼挙行ののち、元会儀礼は次第に整備され、恐らくは前漢後期の宣帝期ごろには後漢につながる儀礼ができあがっていたと考えられる。『続漢書』礼儀志中は、その内容をつぎのように伝えている。

毎年、歳首に大朝会をおこない朝賀を受ける。その儀礼次第はつぎのとおり。夜の水時計（夜漏）が尽きる七刻前（一刻は約一四分半）、鐘が鳴って儀礼がはじまり、皇帝が臣下から賀詞と贄（し）とを受ける。その贄は、公・侯は璧（玉）、中二千石・二千石の官僚は羔（仔羊）、千石・六百石の官僚は雁、四百石以下の官僚は雉である（劉昭注補所引蔡邕『独断』に、三公は、璧を奉じて上殿すると、御座に向かって北面する。太常がそばから「皇帝、君のために立つ」と告げると、三公は伏拝し、皇帝が座ったところで、と述べる）。

璧を進める。古語に、「皇帝がお座りになれば立ちあがる」とあるのはこのことを言う、と

百官が正月の賀詞を奉呈するとき、二千石以上の官僚は上殿して万歳を称え、御座の前で酒杯を挙げる。このとき司空が羹（スープ）を、大司農が飯を上殿者に奉呈して、会食する。会食中、食挙楽が演奏される。その他の百官は、殿庭で皇帝からの賜物と饗宴をいただき、大いに音楽・藝能を楽しむ。

後漢時代の元会儀礼は、なお渾然としてはいるものの、内容としてはすでに朝と会との二つの部分に分かれている。前半の朝儀の中核は委贄儀礼にあり、三公・諸侯は璧玉、卿にあたる秩二千石の官僚は羔、大夫にあたる秩千石から六百石の官僚は雁、士にあたる四百石以下二百石にいたる官僚は雉を皇帝に奉呈する。後半の会儀の中核は殿上での万歳・挙觴と殿庭での饗宴・作楽とにある。

前漢後期から後漢初期にかけて骨格が定まった上記の元会儀礼は、こののち隋唐期にいたるまで基本的にうけつがれてゆく。したがって、漢代の元会儀礼がもつ構造的特質の究明は、漢から唐にいたるまでの古代専制国家の儀礼的秩序のありかたを明らかにするうえで、きわめて重要である。以下、朝儀と会儀の二つの部分を中心に元会儀礼の分析をおこない、その構造的特質を考えることにしよう。朝儀と会儀のうち、より重要なのは奉贄儀

礼をふくむ前者である。まず、朝儀から検討をはじめよう。

二　漢代の元会儀礼の構造

(1)元会儀礼の構造①――委贄儀礼

前掲『続漢書』礼儀志の劉昭注補には、晋の摯虞の『決疑要注』を引いて、「古は、朝会のさいに、皆な贄をさしだした。侯・伯は圭を、子・男は璧を、孤卿は皮帛を、卿は羔を、大夫は雁を、士は雉をさしだした。漢魏時代は、あらましこの制度にのっとり、正旦の大朝会には、諸侯は鹿皮に璧玉をのせてさしだし、公卿以下の官僚も古礼のごとく贄をさしだした」と注釈している。委贄儀礼は、春秋時代の「策名委質（いち）」に由来し、君主に対して臣従を示す儀礼である。この点について少しく考察しておこう。

まず、贄は質（去声）と同音で、互用される。委質は、置質・錯質とも表現される。たとえば、『荀子』大略篇第二七の「国を治める君主は、牛羊を飼育せず。錯質の臣下は、雞豚を飼育しない（錯質之臣、不息雞豚）」について、唐人楊倞（ようりょう）はつぎのように注解している。

錯は置である。質の読みは贄である。『孟子』に「疆を出づるに必ず質を載す」（滕文公篇下）とある。つまり、質と贄とは古字にあっては通用するのだ。置贄とは、贄を執って君主に置える（そなえる）ことを意味し、『儀礼』士相見礼篇にも「士大夫は、贄を君に奠（そな）え、再拝して稽首す」とある。『礼記』には「乗馬を畜（やし）なう者は、雞豚を察せず」（大学篇）とある。置質と表現する場合もあるが、それは委質と同じである。本文の意味は、およそ委質して臣下となれば、下民と利を争ってはならぬ、と言うことである。

委質（置贄）は、臣従するさいに礼物を君主にさしだすことである。換言すれば、委質は臣従儀礼を意味する。(4)

臣従儀礼を意味する委質（置贄）は、春秋戦国時代をあつかった史料に散見する。たとえば、『春秋左氏伝』僖公二三年（前六三七）条に、「子供が仕える年になれば、父が子供に忠を教えるのが、古来のしきたりである。策名委質して（臣下となれば）、二心を抱くのは罪だ」という、晋の孤突の言葉がある。この策名委質について、「服虔の左伝注には、古は初めて仕える時、必ず先にその名前を簡策に書き、死んだ質（礼物）を君主に委ね、然るのち臣下となった。必ず君主のために節に殉死することを示すのである、と言っている」（『史記』巻六七仲尼弟子列伝「子路後儒服委質」条司馬貞索隠所引）。夙沙釐（しゅくさり）が晋の中行穆子に対して「質を委ねて臣となれば、二心を抱くことはない。質を委ねて簡策に名前を書いたら必死で仕えるのが、古来のしきたりである（委質而策、死、古之法也）」（『国語』晋語九）と述べ、また「質を委ねて人に臣下として仕えながら、これを殺そうと図るのは、二心を抱いてその君主に仕えるものである」と述べる豫譲（よじょう）の言葉も、同様の事態を示している（『史記』巻八六刺客列伝）。

元会儀礼のなかで中央官僚たちがとりおこなう委贄儀礼は、皇帝に対する臣従の誓いであり、年頭にあたって君臣関係を更新することを意味する。この毎年の君臣関係再認儀礼によって、朝政における皇帝の究極的な重要性が確認されるのである。

少しく時代はくだるが、策名委質と君臣関係との関連を具体的に叙述する例を示そう。『三国志』巻六劉表伝裴松之註に引く『傅子』に、こうある。

はじめ（荊州に割拠していた）劉表が従事中郎の韓崇に言った。「いま天下大乱し、定まる所を知らない。曹公（曹操）が天子を擁して許に都を置いた。わたしのためにそのスキを窺ってまいれ」。韓崇が応えて言う。「聖人は節を全うし、これに次ぐものは節を守るといいます。それがしは節を守る者であります。そもそも君主に仕えれば君主のために働き、君臣の名が定まれば、死んでもこれを守りとおすもの。いま策名委質して臣となりましたからには、将軍のご命令のまま、湯火を踏み渡るような危機にさいしても、死んでも断りません（夫事君為君、君臣名定、以死守之。今策名委質、唯将軍所命、雖赴湯蹈火、死無辞也）。それがし考えまするに、曹公は明哲で、必ず天下を平定いたしましょう。将軍が、かみは天子に従い、しもは曹公に帰順し、必ず百代の末にいたるまでの利益を享受し、わが楚国もまことにその幸いを受けることができますれば、それがしを使いに出すのも良いかと存じます。しかし、計略が定まらないのに都に使いし、天子がそれがしに一官をお授けになれば、天子の臣下となり、将軍に対しては故吏となってしまいます（崇使京師、天子仮崇一官、則天子之臣、而将軍之故吏）。君主のもとに在っては君主のために働くのがならい、それがし天子の命令を守り、義として二度と将軍のために死ぬことはかないません。将軍、重ねてお考えくださり、それがしの忠義にそむかれませぬよう」。かくて劉表は韓崇を使いに出したが、果たして言ったとおり、天子は韓崇を侍中に拝した。

秦漢時代から六朝末にいたるまでの諸王朝は、二つの質を異にする君臣関係によって統合されていた。第一は皇帝が直接任命する命官と皇帝との間の第一次的君臣関係であり、第二は各官府、とりわけ地方州・郡・県の長官が任命する属吏と長官との間の第二次的君臣関係である。(5)

後漢時代を例にとろう。後漢期の総官吏数は、一五万二九八六人であった（『通典』巻三六職官一八「後漢官秩差次」、以下同じ）。このうち命官である内外文武官――中央官僚・地方官僚の総数は七五六七人であり、かれらは皇帝との間に直接的な第一次的君臣関係を結んだ。総数七五六七人のうち中央官僚は一〇五五人、地方官僚は六五一二人であったから、元会儀礼に参列したのはほぼ千人余りの官僚である。

命官以外の吏員である諸司職掌人は一四万五四一九人であり、このうち中央諸官府に勤務する者が一万四二二五人、地方諸官府に勤務する者は一三万一一九四人であった。この膨大な吏員は、皇帝が任命する命官とは異なり、各官府ごとに、その長官が自らの人事権によって独自に編成した。とくに地方官府である郡・国・県の長官は、その属吏層の人事権を独自に行使し、長官と属吏との間には君臣関係が結ばれた。人事異動によって君臣関係が解消されたのちも、故主―故吏としての関係がつづいた。後漢時代の郡・国は一〇五、県（邑・道・侯国）は一一八〇であった（『続漢書』郡国志五）。形式的なもの言いをすれば、全国に一二八五の地方官府があり、そこに一二八五の第二次的君臣関係が存在したことになる。

『傅子』の叙述には、荊州牧劉表と従事中郎韓崇との間の第二次的君臣関係と、皇帝と侍中韓崇との間の第一次的君臣関係とが、緊張関係のなかにみごとに叙述されている。第一次・第二次君臣関係をつうじて総合的に述べれば、君臣関係の成立は、臣下の側からは策名委質、これに対して君主の側からは辟召・拝命による官職の授与を契機とする。この話から分かるように、二重の君臣関係のうち優位にあるのは皇帝―命官の第一次君臣関係である。また、君臣関係は相互の関係ではあるが、臣下は死をもって仕えねばならず、君主の側に究極的な重心がある。元会儀礼をつうじて達成されるのは、皇帝と命官との間の第一次君臣関係の更新と再確認であり、皇帝への臣従である。

こうして君臣関係再認儀礼としての元会儀礼は、新しく即位した皇帝にとっては格別の意義をもった。いうまでもなく新皇帝は、最初の元会儀礼においてはじめて臣下から臣従の誓いを受けるのであり、新たにうちたてられた君臣関係のもとに統治することになるからである。このことを示すいくつかの史料がある。まず、少帝北郷侯の例をあげることにしよう。『後漢紀』巻一八順帝紀上永和元年（一三六）条に、つぎのごとくある。

詔をくだして、「少帝北郷侯に謚号を加え、宗廟に昭穆の座位と木主とを設定するべきか否か」と、公卿議に御下問があった。群臣たちは皆な謚号を加えるのがよいと言ったが、司隷校尉の周挙が議文を出して言った。「少帝北郷侯は、もとより正統の血筋にあらず、姦臣たちが擁立したもので、即位して年を踰えず、年号も改定されぬうちに（立未踰歳、年号未改）、皇天幸いせず、幼くしてお隠れになりました。……北郷侯は功績もないのに、王礼をもって葬られました。ことほどさように崇敬されておりますからには、謚号を加えなくともよろしいかと存じます」。順帝は、この議に従った。

少帝北郷侯が正統な皇帝として宗廟に祀られなかったのは、「即位して年を逾えず、年号も改定されぬうちに」夭逝したからである。つまり、即位後、年をこして臣下からの臣従儀礼を受けなかったからである。この点は、つぎの例でも確かめられる。

董遇は、かつて魏の太祖曹操に従って西方に遠征した。途中、孟津を経由して少帝弘農王墓のそばを通った。曹操は、墓参りしようと考え、左右の者をみまわして聞いたが、だれも答えない。董遇が、順番を飛び越し、進み出て言った。「春秋の義では、国君が即位して年を踰さずに死んだ場合、完全な君主とはみなしません（春秋之義、国君即位、未踰年而卒、未成為君）。弘農王は、即位して日が浅いうえ、暴臣に制肘されてもおり、帝位から降ろされて藩国の王となりましたからには、墓に参るべきではありません」。曹操は、そのまま通過した（『三国志』巻一三王粛伝裴松之註所引『魏略』）。

漢王朝の国家哲学たる春秋公羊学では、未踰年の君主は、正式の君主とはみなされないのである。[6]これとは逆に、たとえ幼帝ではあれ、年を越した場合は正式の皇帝として祀られた。孝殤帝の例がある。

孝殤帝は、和帝の死後、元興元年（一〇五）一二月辛未夜、皇帝に即位した。時に生まれて百日余りであったが、こえて翌延平元年と改まったその八月辛亥に夭逝している。数えて二歳、生まれてほぼ一年の命である。のち質帝の永憙元年（一四五）に、帝陵の次序が問題になったとき、「孝殤皇帝は、休祚永からずと雖ども、即位して年を踰え、君臣の礼成る（即位踰年、君臣礼成）」（『後漢書』孝質帝本紀第六）との理由で、孝殤帝の康陵―安帝の恭陵―順帝の憲陵という帝陵の順位が決定された。

皇帝は、即位のみでは真の皇帝たりえず、「年を踰え、君臣の礼成る」ことによって、すなわち元会儀の委贄儀礼を通過し、新たな君臣関係が結ばれてはじめて正式の皇帝となりえたのである。近年、日本・中国の古代史にあって、皇帝と天皇の即位儀礼が重要な研究分野をなしている。皇帝・天皇権力を考えるうえで、即位儀礼の問題は重要であり、多くの成果を得ているが、元会儀礼の果たす役割がみすごされているので、ここではその意義をとくに強調しておきたい。

(2)元会儀礼の構造②――会儀について

後半の会儀に移ろう。先に紹介した『続漢書』礼儀志中の元会儀礼は、①殿上では、二千石以上の官僚すなわち公卿が上殿して万歳を称え、皇帝の御座の前で酒杯を飲み干し、共食すること、②殿庭では、それ以外の官僚が皇帝からの賜物と饗宴をうけ、藝能と音楽とを楽しむことを叙述していた。これについては、『続漢書』礼儀志中の劉昭注補に引く蔡質『漢儀』が、より具体的につぎのように記述している。

正月の早朝、天子は徳陽殿にお出ましになり、殿前に臨まれる。公・卿・将・大夫・百官は、各おの定められた位次に参列して朝賀する。蛮・貊・胡・羌など周囲の諸族が朝貢しおわると、皇帝は地方の郡国から派遣された上計吏を謁見する。上計吏は、皆な階段のたもとでお目みえし、庭には薪が焚かれている。宗室の劉氏一族も参列し、西に向かって立つ。参加者は一万人以上になる。

参列者の位次が定まると、殿上では皇帝に寿酒を奉る。このとき上計吏たちは、中庭にあり、北に向かって立つ。殿庭では、西から入って来た太官が群臣に酒食を用意し、東へ出てゆく。

この間、四人の御史が殿下で秩序を監視し、虎賁・羽林の兵士が弓に矢をつがえて満を持し、階段の左右を警護する郎官は、軍服に身を固めて殿前に位置し、殿庭の方を向いている。左中郎将と右中郎将は東南に位置し、虎賁中郎将と羽林中郎将は東北に位置し、五官中郎将は中央に位置し、皆な座して賜物をいただく。

九等の参会者のために散楽が催される。

まず、舎利獣が西方から現れ、庭の隅で戯れ、終わると殿前に進む。ここで水がおびただしく沸き起こり、舎利獣は比目魚に変わる。比目魚が跳ね返りながら水を吹き出すと、霧となって日の光りをさえぎる。霧が晴れると、比目魚は長さ八丈（一八メートル余り）の黄龍に変わっており、水を吐き出し、日の光りに輝きながら殿庭で遊んでいる。

一方、数丈（七～八メートル）離れた二本の柱のうえには、二本の太綱が渡されている。二人の歌姫が両方から舞いながら綱のうえを進む。途中で行き違いざま肩を触れあわせるがビクともしない。さらに、ちぢこまって身をひるがえすと、斗マス（約二リットル）の中に身を隠してしまう。鐘磬が一斉に鳴りだすと、散楽は終了し、出演者は魚龍のさまを形づくって殿庭に広がっている。

小黄門が三度笛を吹き鳴らすと、謁者が公卿・群臣を先導し、順次拝礼をおこないながら、下級官僚を先頭に、高級官僚をしんがりにして、小道から退出する。

後漢期の元会儀礼は、洛陽北宮の徳陽殿でおこなわれた。徳陽殿は、南北七丈（約一六メートル）、東西三七丈四尺（約八六メートル）の規模があったといわれ（『続漢書』礼儀志中劉昭注補所引『洛陽宮閣簿』）、階段の高さは二丈（四・六メートル）で、一万人を収容することができた（同書劉昭注補所引蔡質『漢儀』）。宮殿から東方四三里（約一八キロ）はなれた偃師県からも、朱雀五闕と徳陽殿を望むことができ、その上は鬱渤として天に連なっていたと伝えられる（同上蔡質『漢儀』）。

後漢時代の元会儀礼の参加者は、百官・四夷・郡国計吏・宗室等であり、一万人以上にのぼった。これは想像するにあまる壮観である。四夷・郡国計吏の参加がもつ意味については、のちほど考えることにする。ここでは、会儀の内容について、その特質を考えてみたい。

会儀の内容は、皇帝からの賜物・饗宴、藝能と音楽からなりたっていた。会儀の賜物・饗宴は、朝儀の委質儀礼における公卿・百官からの礼物贈与に対する、皇帝からの返礼としての贈答を意味する。その贈答のありさまを、班固はこう叙景している。

時にごちそうは庭いっぱいに並べられ、うま酒はよろずのつぼにあふれ、黄金のたるを連ね、玉の杯は配られ、珍しい食べ物は勧められ、太牢は供えられる。そこで太師は音楽を指揮し、食挙・雍徹の楽を演奏されます。金石と糸竹の楽器は並べられ、鐘鼓はカーンカーンと鳴り響き、管弦は輝きをあげます。……こうして、万楽は備わり百礼は行われ、天子の喜びはこのうえなく、群臣たちも酔い、陰陽の気は和合して、宇宙の気も調います（万楽備、百礼曁。皇歓浹、群臣酔。降煙熅、調元気）。そこで鐘をついて宴の終わりを告げ、人々はかくて退散して行きます（小尾郊一訳、全釈漢文大系『文選』（文章編）一『両都賦』集英社、一九七四年）[7]。

饗宴と藝能・音楽をつうじてもたらされるのは、君臣の和合である。張衡も『東京賦』

のなかで、「君臣歓び康んじ、具に酔いて熏熏たり……上下情を通じ、式て宴んじ且つ盤しむ」（『文選』巻三）と叙べ、李善注に引く薛綜は、これを「君主の情が臣下に通じ、臣下の情が君上に達する。故に国家は安泰に、君臣は歓楽することができるのである」と解釈している。

会儀における臣下への賜物・饗宴の贈答が意味するのは、新たに成立した君臣関係の和合と朝廷の秩序化である。つまり会儀の進行は、君臣の和合と国家の安寧とをもたらすのである。元会儀礼全体をつうじて言えば、前半の朝儀では、臣下からの委質儀礼――礼物贈与をつうじて君臣関係を再確認、再構築するところに意味があり、後半の会儀では、皇帝からの賜物・饗宴の贈答をつうじて新たに成立した君臣関係の和合と朝廷の秩序化が期待されたのである。

しかし、元会儀礼がもっていた意味は、これだけにとどまらない。それは、上計吏と周辺諸族の参加である。つぎに進もう。

(3)元会儀礼の構造③――元会と地方（郡国）との関係

上計吏とは何か。漢代には、上計とよばれる制度があった(8)。この上計制度を担当した地方郡国の属吏が上計吏である。たとえば、後漢末に北海郡太守（相）であった孔融は、公卿をも任せうる人材を上計吏に選任し、「鄭玄を計掾、彭璆を計吏、邴原を計佐に選んだ」

(『三国志』巻一一邴原伝裴松之註所引『原別伝』)。上計吏は、郡国の属吏のなかから選任される数名の組織である。後漢の光和元年(一七八)、「このとき司徒の袁逢が計を受理したが、計吏数百人は、皆な殿中に拝伏し、仰ぎ見ようとするものもなかった」(『後漢書』文苑列伝第七〇下趙壹伝)とあるように、全国的には数百人の規模になる。前後漢期をつうじて郡国は一〇〇余りであったから、一郡数人ならば、上計吏の総数が数百人になるのは自然である。上記の二史料は後漢後期の記録であるが、前漢期の上計吏の組織もほぼ同様であった(9)。問題は、その任務である。

この上計制度は、「朝会上計律」という法律によって規定されていた。衛宏『漢旧儀』に引く「朝会上計律」は、きわめて簡単で、恐らくは部分的な引用であろうが、「常に正月旦を以て群臣の朝賀を受け、天下の郡国、計最・貢献を奉ず」(『玉海』巻一八五食貨・会計所引)と述べている。それは、計最と貢献との二つの部分からなりたっていた。そこで、まず計最の内容から見ていくことにしよう。

漢代の会計年度は、すでに述べたように一〇月一日から九月末日までであった。計最は、まず県から郡(国)に対しておこなわれる。後漢の胡広によれば、「秋から冬にかけて年度がおわると、各県はその年度内の①戸口・墾田数、②銭穀出納数、および③盗賊の発生件数を集計し、その集簿を所属する郡に報告する。県丞・県尉以下の官吏は、年ごとに郡にゆき、そこで集簿によって政績を審査される。功績のもっとも優れたものは最とし、郡廷で慰労して将来のはげみとする。もっともマイナスが多いものは殿とし、別室で譴責され、怠慢を糾問される」(『続漢書』百官志五、県令条劉昭注補)。

所属の各県から報告をうけた郡(国)は、つぎに「歳末に吏を中央に派遣して上計し、あわせて孝廉科の官僚候補者を人口二〇万人に一人の割合で察挙(推挙)する」(『続漢書』百官志五、郡太守条)。その報告内容は、基本的には県からの集簿を基礎としたと考えられる。なぜなら、元会儀礼と同様の儀礼が挙行された正月上陵礼において、「群臣が食事を賜ったあと、郡国の上計吏が順次進み出て、寝殿前部にすえられた神坐に対し、郡国の穀物価格、人民の悩み(地方行政の問題点)など、神(先帝の魂魄)が知りたがっている情勢を報告した」からである(『続漢書』礼儀志上、『後漢書』明帝本紀第二永平元年正月条李賢注引『漢官儀』)。また、班固『両都賦』「東都賦」にも「春、王の三朝、漢京に会同す。この日、天子は四海の図籍(地図と戸籍)を受け、万国の貢珍(珍しい貢物)を膺け」(『文選』巻一)るとあり、各郡国から支配する戸籍と領域の地図が元会に上呈されたことが分かる。郡国から中央への上計も、県から郡国への報告と同様、①戸口・墾田数、②銭穀出納数、および③盗賊の発生件数に関する集簿が基幹となっていたとみてよい。計最とは、地方郡国から中央政府に対してなされる一年間の会計・政務報告であった。

ただ留意すべきは、「朝会上計律」や『両都賦』の叙述では、上計があたかも元会儀礼のなかでのみ行なわれたかのように記されていることである。上計は、実際は二つの段階をふんで行なわれた。第一の段階は、さきに「このとき司徒の袁逢が計を受理したが、計吏数百人は、皆な殿中に拝伏し、仰ぎ見ようとするものもなかった」(『後漢書』文苑列伝第七〇下趙壹伝)とあったように、上計吏が報告書をたずさえて各郡国から首都へのぼり、これを前漢であれば丞相、後漢であれば司徒に奉呈する実務行政的段階である。[10] 元会儀礼における皇帝の上計吏謁見儀礼は第二の段階であり、この行政的な手続きの完了とそれに対する慰労とを表現する儀礼的な象徴行為であった。「朝会上計律」や『両都賦』は、象徴儀礼を中心として包括的に上計制度を叙述したのである。

上計制度の第二の部分を構成するのが貢献である。貢献は、献費あるいは賦ともよばれ、全国に百余りある郡国から中央へ上納される租税上供分と地方特産物とからなる。地方特産物は小額であり、財政的にはあまり問題にはならない。ただ、地方特産物としての貢献物が皇帝権の維持に果たす役割は重要である。この点については、第三章で考察したい。ここでは地方特産物としての貢献物は捨象する。

貢献制度を理解するには、まず漢代の租税・財政制度のあらましを知っておく必要がある。漢代の租税には、主として収穫の三〇分の一を納入する田租、一五歳から五六歳の男女が一人あたり一年一二〇銭を納める算賦、および一五歳から五六歳の男子が一年に一箇月間就労する地方的徭役としての更徭があり、これらは銭のほか穀物・布帛・金銀などの現物・素材形態で、各郡国に蓄積された。

貢献の制度は、各郡国で蓄積された租税のなかから、各郡国の人口数に六三銭を乗じてえられた銭額相当の銭もしくは現物を中央に上納する制度である。前漢末の国家登録総人口は約六〇〇〇万人であり、中央政府は、各郡国から毎年四〇億銭相当の貢献物をうけとり、中央財政の基幹的収入財源としていた[11]。したがって、上計がおこなわれる年末は、総額四〇億にのぼる銭物が、各地方郡国から中央へむかって一斉に流入する時期であり、漢代における全国的物流の中心をなした。貢献制度は、皇帝を中心とする漢朝に対して郡国が眼に見えるかたちで従属を表現する貢納関係である。

以上のように、上計制度は、各郡国の①戸口・墾田数、②銭穀出納数、および③盗賊の発生件数を中心とする会計・政務報告と各郡国の人口数に六三銭を乗じてえられた銭額相当の銭物の貢納とからなりたっていたのである。

上計制度そのものではないが、上計とともに地方から中央へ上る人びとがいた。第一は、孝廉・賢良・文学などの諸科目による官僚候補者の察挙（推挙）である。先に郡国の太守・相は「歳末に吏を中央に派遣して上計し、あわせて孝廉科の官僚候補者を人口二〇万人に一人の割合で察挙（推挙）する」（『続漢書』百官志五、郡太守条）とあったように、毎年郡国内の人物のなかから孝廉科の官僚候補者を中央に貢進した。察挙された孝廉は、中央での試験（策問―対策）のあと、その成績によって秩比六百石から比三百石の郎官（三署郎）となり、皇帝との間に君臣関係をむすぶ。

郎官は、皇帝の聴政の場である宮殿の警護を担当する武官であり、元会儀礼にあたっても正殿の階段の左右にあって秩序の維持にあたった。郎官には定員がなく、一千名を越える場合もある。かれらは一定の期間勤めたあと、成績によって様ざまな官僚の階段をのぼってゆく。郎官制度は、官僚予備軍のプール機構であった。

第二の人びとは、衛士である。衛士は、二三歳から五六歳までの男子（正）が生涯に一度、一年間首都に上って衛尉府に属し、宮城・城門・廟・官府などの警備にあたる制度である。毎年地方郡国から総計数万人の衛士が首都に番上し、交替した。その交替にあたり、任務の終わった衛士を慰労する饗遣故衛士儀がおこなわれる[12]。この饗遣故衛士儀は、立春から始まって元会儀礼におわる年間の儀礼スケジュールを記す『続漢書』礼儀志上中のなかで、元会儀礼の直前に、季冬一二月の儀礼として叙述されている。また、新しく番上した衛士に対し、皇帝は、「正月五日、大いに置酒して衛士を饗した」（宋・銭文子『補漢兵志』所引『漢旧儀』）。衛士の交替は、元旦をはさんでいたとみてよい[13]。となれば、かれら新任の衛士は、上計吏とともに番上したと考えるのが自然である。

元旦の元会儀礼をめざしておこなわれた上計は、単にその直接的な任務である一年間の会計・政務報告と貢献物の上納とにとどまらず、新しい官僚候補の貢進と首都の警備にあたる衛士とをともなって入京したのである。したがって元会儀礼は、皇帝が代表する中央政府と地方郡国との貢納・従属関係の更新を象徴的に示す場であった。

少しく多岐にわたった考察をまとめてつぎに進もう。元会儀礼は、漢代にあってはなお分明ではないが、基本的には朝儀と会儀とに分かれていた。朝儀は中央官僚が皇帝に贄（礼物）を贈与して君臣関係を更新する儀礼であり、会儀は、皇帝が官僚の贈与に応えて賜物・饗宴——酒食・音楽・藝能——を贈答することをつうじて、新たに更新された君臣関係を和合させる場であった。このような皇帝と命官との間の第一次的君臣関係の再認・和合を図るだけでなく、元会儀礼は、上計吏の参加・上計制度をつうじて、皇帝が代表する中央政府と地方郡国との間の貢納・従属関係をも更新し、さらには周辺諸族の参加・入貢をつうじて中華—夷狄関係の更新をも意図する儀礼であった。このようにみてくるならば、元会儀礼が象徴するのは、皇帝が統治する全宇宙の更新であったことが分かる。この儀礼は、西晋期に制度的な完成をみる。

注

（1）たとえば、「後漢の明帝は、元会儀を挙行する場所を光武帝の陵墓である『原陵』に移した」（二〇九頁）と述べるが、上陵礼は元会儀礼にのっとっておこなわれた別の儀礼であり、『続漢書』礼儀志上もはっきり両者を区別している。

また、皇帝が元会において郡国の上計文書をうけとったと述べ（二〇九頁）、これが唐になって元会から分離し、戸部が管轄したと指摘している（二一一頁）。上計文書の受理管轄は、後漢期には形式上司徒府、実質的には尚書がおこなっており、三国から隋唐期まで一貫して尚書が管轄していた。『大唐六典』巻二吏部尚書考功郎中条に『漢官儀』を引いて「曹郎二人、掌天下歳尽集課」と述べたあと、唐代までの考功郎中の沿革を記すのは、その例である。元会に上計吏が参加し、皇帝に拝謁したことは事実であるが、元会の場で皇帝が上計文書を受理し、地方行政を総括・検討したことを示す積極的な史料はない。

（2）元会儀礼のみならず、儀礼その他の機会に官僚が整列する時は、文東武西（文左武右）の配置をとった。たとえば、『漢書』巻七六尹翁帰伝に「会田延年為河東太守、行県至平陽、悉召故吏五六十人。延年親臨見、令有文者東、有武者西」とあり、『北堂書抄』巻五六所引『会稽典録』に「上見天下郡郎。制曰、文左武右。陳宮乃正中立。上問、此何郡郎、不従行詔。対曰、有文有武、未知所如。又問、何施。答曰、文為顔氏春秋、武為孫呉兵法。上擢拝大夫」とある。この整列方式は、後代まで変わらない。

（3）『続漢書』礼儀志五の元会儀条の劉昭注補に蔡邕を引いて、「蔡邕曰、群臣朝見之儀、視不晩朝十月朔之故、以問胡広。広曰、旧儀、公卿以下、毎月常朝。先帝以其頻、故省。唯六月・十月朔朝。後復以六月盛暑、省之」とある。先帝が誰なのか不明であるが、後漢中期以後、月朔の公卿以下常朝は廃止されたことが分かる。

(4) 君主に対する相見礼における礼制上の贄の詳細な検討は、孫詒譲『周礼正義』巻三五「以禽作六摯、以等諸臣」条を参照。

(5) これらの点については、拙著『中国古代国家の思想構造』第二部「国家機構と政治的イデオロギー」(校倉書房、一九九四年)を参照。

(6) 漢代経学上の未踰年問題については、間嶋潤一「漢代における所謂未踰年の君に就いて」(『香川大学教育学部研究報告』第一部第七五号、一九八九年)参照。

(7) 小尾郊一は、「この段は、四夷来朝の日の儀式について述べる」(一〇六頁)と解説するが、誤りである。元会儀礼を叙述するとみるのが正しい。

(8) 上計制度については、厳耕望『中国地方行政制度史』上篇巻上「秦漢地方行政制度」第八章「上計」(中央研究院史語所専刊之四五、一九七四年再版)、および鎌田重雄「郡国の上計」(原刊一九四三年、のち『秦漢政治制度の研究』第一〇章、日本学術振興会、一九六二年)参照。

(9) 前漢時代には、守丞・長史が上計をおこない、丞相に提出した。守丞・長史の上計については、本章第二節本文にあげる『漢旧儀』参照。丞相が受理したことについては、『漢書』巻八一匡衡伝に「至建初元年、郡乃定国界、上計簿、更定図、言丞相府」とあり、

『漢書』巻六二司馬遷伝「(司馬)談為太史公」に付す如淳注に、「漢儀注、太史公、武帝置、位在丞相上。天下計書、先上太史公、副上丞相。序事如古春秋。遷死後、宣帝以其官為令、行太史公文書而已」とある。天下の計書を太史公が受理したかどうか問題は残るが、行政の責任者として丞相(府)が計書を受理し、集計したことはまちがいない。なお後漢期には、形式上は司徒が、実質上は尚書が上計文書を受理し、管轄した。前掲注(1)『大唐六典』所引『漢官儀』参照。

(10) 注(9)参照。

(11) 漢代の財政およびその運営の特質については、拙著『中国古代の財政と国家』第一章「漢代の財政運営と国家的物流」、および第二章「漢代更卒制度の再検討――服虔―浜口説批判」汲古書院、二〇一〇年)参照。

(12) 饗遺故衛士儀の詳細については、志野敏夫「漢の衛士と『饗遺故衛士儀』」(『文学研究科紀要』別冊第一一集哲学・史学編、早稲田大学大学院文学研究科、一九八四年)参照。

なお、衛士の総数については、よく分からない。『漢書』巻六武帝紀建元元年七月条に「詔曰、衛士転置送迎二万人。其省万人」とあり、転置送迎にかかわる衛士が二万人から一万人に半減されたことが分かる。これがすべてでないことは、『漢書』巻七二韋元成伝に「一歳祠、上食二万四千四百五十五、用衛士四万五千一百二十九人」とあることによって分かる。この四万五一二九人は、累計数とも考えられるから、断言はできない。本文で衛士数万とした理由である。かりに最低の一万人をとってみれば、前漢期の郡国数は一〇三であるから、毎郡一〇〇人程度の衛士が一年交代で上番したことになる。

(13) 衛士の交替と饗遣故衛士儀が歳末におこなわれたこと、およびその任期が一年であったことについては、なお『漢書』巻七七蓋寛饒伝に「及歳尽交代、上臨饗罷衛卒、衛卒数千人皆叩頭自請、願復留共更一年」とあることによって分かる。

第二節　元会儀礼の成立——第二期・西晋〜六朝末

元会儀礼は、三国魏でもおこなわれた。『宋書』巻一四礼志一は、何楨『許都賦』・王沈『正会賦』を引いて、許昌での元会儀礼の一部を伝えている。許昌で元会儀礼がおこなわれたのは、魏の文帝が漢から政権を譲られたあと、洛陽の宮殿を修復するあいだ、仮の都城となったからである。許昌の宮殿は狭かったため、城外南郊に施設を造って元会儀礼が実施されたが、洛陽にもどってのちは漢代の旧儀にのっとって挙行されたと言われる（『通典』巻七〇礼三〇「元正冬至受朝賀」）。『魏略』に「正始元年（二四〇）、数十日にわたって南風が吹き荒れ、屋根を飛ばし木を折り、太極殿の東閣をも揺さぶった。元旦の大会には、さらに甚だしくなり、酒杯や机をひっくり返すほどであったが、これは曹休が誅滅されんとする予兆であった」（『太平御覧』巻二九所引）と見える。これは、洛陽宮完成後は、太極殿で元会儀礼が挙行されたことを伝えている。これ以後、唐代にいたるまで、元会儀礼は太極殿でおこなわれるようになった。

また『宋書』巻一四礼志一は、漢王朝が一〇月一日に元会と同様の儀礼をおこなったことを述べたあと、「魏晋期には、冬至の日に万国および百官の朝賀をうけ、小会を催した。その儀礼は元旦に次ぐもので、晋朝には儀注があった」と伝えている。冬至は、陰陽交替の節目にあたり、陽の気が盛んになってゆく時である。冬至は、元旦と同様の意義をもつ日であった。こうして、漢代の元旦・一〇月朔の儀礼は、魏晋以後、元旦・冬至の組み合わせに転換したのである。この組み合わせは、隋唐期をこえて、さらに趙宋以後にいたるまで継承される。しかし、劉宋の何承天が「魏の元会儀礼をつたえる儀礼次第は存在しない」(『宋書』巻一四礼志一)と述べるように、魏の元会儀礼の詳細を明らかにすることは困難である。

一　西晋「咸寧儀注」の制定

詳しい経緯は分からないが、後漢末から西晋までの政局の混乱のなかで、元会儀礼についての儀礼次第にも混乱が生じていたらしい。晋の武帝は、天下統一前の咸寧年間(二七五〜二八〇)に、新たに「咸寧儀注」を制定した。「咸寧儀注」は、傅玄の『元会賦』に「夏王朝の遺訓を考え、殷・周の古典を総合し、秦・漢の旧儀を採用して、元正の嘉会を定めた」(『宋書』巻一四礼志一)と述べるように、当時にあっては歴代の儀礼を総合して制定されたものとみなされた。「咸寧儀注」にもられた儀礼次第は、基本的には隋唐期にまで継承され、その後の元会儀礼に決定的な影響をあたえた。それは、古代中国における元会儀礼の完成形態を示していると言ってよい。少しく冗長にはなるが、まず『宋書』巻一四礼志一に引く「咸寧儀注」によって、その次第を紹介しよう。

「咸寧儀注」

(1)元旦前日

守宮は、あらかじめ端門(正門)外に諸王公卿など参列者のために集合の位次を設置し、大楽・鼓吹(楽官)も、別にあらかじめ四廂楽(宮懸)、ならびに牛馬を囲っておくためのテントを殿前に設置しておく。

夜漏(夜用の水時計)が尽きる一〇刻(一刻は約一四分半)前に、群臣が集合し、殿庭のかがり火(庭燎)に点火される。皇帝は、朝賀に出向くことを要請され、さらに皇后に賀してのち、雲龍・東中華門から入り、太極殿東閤で待機する。

(2)晨　賀

夜漏が尽きる七刻(一〇〇分余り)前、諸司の車・百官および受贄郎・郎官から上計吏にいたるまで入庭し、部署に整列する。太極殿前の階段周辺の警備は、臨軒儀礼と同様の配置をとる。

夜漏が尽きる五刻（七二分余り）前、謁者僕射と大鴻臚とが、それぞれ「群臣が所定の位置に整列しました」と報告する。

夜漏が尽きた時、侍中が「外（殿庭）での準備終了」と報告する。皇帝が正殿に出御すると、鐘・鼓の演奏が始まり、百官が皆な拝伏する。太常が皇帝を御座まで先導し、皇帝が着席すると、鐘・鼓の演奏が終わり、百官が立ちあがる。大鴻臚がひざまずいて「朝賀せんことを請う」と奏請する。

「天子が、王をまねいて上殿をお許しになる」と治礼郎が告げると、大鴻臚がひざまずいて「蕃王臣某等、各おの白璧一個を奉じ、再拝して賀したてまつる」と告げる。太常が「王、ことごとく上殿めされよ」と報ずると、謁者が先導して上殿し、御座の前にいたる。皇帝が立ちあがると、王が再拝する。皇帝が座ると、もう一度再拝し、ひざまずいて璧を御座の前に置き、もう一度再拝する。礼がとどこおりなくおわると、謁者が先導して正殿から下り、殿庭の元の位置にもどる。

ついで治礼郎は、三公・特進・匈奴単于（ぜんう）の子・金紫将軍を先導して大鴻臚の西に、中二千石・二千石・千石・六百石の官僚を先導して大行令の西に整列させる。整列した諸官は、皆な北面してひれ伏す。大鴻臚がひざまずいて「太尉・中二千石等、各おの璧・皮帛・羔・雁・雉を奉じ、再拝して賀したてまつれ」と告げ、太常が「天子が、君をまねいて上殿をお許しになる」と告げると、治礼郎は三公から金紫将軍までを先導して上殿し、御座の前にいたる。皇帝が立ちあがると、皆な再拝する。皇帝が座ると、もう一度再拝し、ひざまずいて璧・皮帛を御座の前に置き、もう一度再拝する。礼がとどこおりなくおわると、讃者が先導して正殿から下り、元の位置にもどる。

諸王や三公等が委贄儀礼をおこなっているとき、大行令は、殿下の中二千石以下の官僚に告げ、同様に委贄儀礼を進行させる。

委贄儀礼がおわると、贄を受贄郎に授ける。受贄郎は、璧・帛を謁者に、羔・雁・雉を太官（料理を司る）にわたす。ここで太楽令がひざまずいて雅楽の演奏を奏請し、雅楽四章が順次演奏される[1]。乗黄令が車を出し、皇帝を乗せて退出すると、百官は皆な着座する。昼漏上水後、六刻（約八七分）して諸蕃夷・胡客が順次入庭し、皆な再拝して着座する。

(3)昼　会

退出して三刻（四三分余り）後、皇帝が再び出御すると、鐘・鼓が演奏され（御座に就くと演奏が終わる）、謁者僕射がひざまずいて「群臣上寿せんことを請う」と奏請する。

謁者が王公から二千石にいたるまでの官僚を先導して、順次上殿させる。千石・六百石の官僚は殿庭の元の位置に留まる。謁者が王を先導して、酒尊（酒壺）の前にゆく。王は寿酒を酌み、ひざまずいて侍中に授ける。侍中は、ひざまずいてこれを御座の前に置く。王も戻って自分の酒を酌み、座位の前に置く。謁者がひざまずいて「蕃王臣某等、觴（酒杯）を奉じて再拝し、千万歳寿をことほぎたてまつる」と告げる。侍中が「奉觴上寿の儀礼終了」と宣言すると、百官がひれ伏して万歳を称える。このとき四廂楽の演奏が始まる。(2) 百官は再拝し、酒杯を飲みほすと、もう一度再拝する。謁者が諸王等を先導して元の座位につれもどすと、階段を警備する郎官たちが席に座れと伝声してゆき、群臣は皆なひざまずいて畏まる。

ついで侍中・中書令・尚書令が殿上にて皇帝に寿酒を進上すると、登歌楽の楽隊が上殿する。太官令がさらに御酒の手配をする。御酒が階段をのぼると、太官令がひざまずいてこれを侍郎に授ける。侍郎はひざまずいてこれを御座の前に進める。こうして殿庭の百官に酒がゆきわたると、太楽令がひざまずいて「登歌楽を演奏せん」と奏請する。(3) 登歌楽を三章演奏し終わると、楽隊は殿庭に降りる。

太官令がひざまずいて御飯の準備を奏請すると、群臣が皆な起立する。太官令がひざまずいて羹（スープ）を司徒に、飯を大司農に授け、尚食が机を侍郎に授ける。侍郎がひざまずいて御座の前に進めおわると、群臣は席に就く。太楽令がひざまずいて「食挙楽を演奏せん」と奏請する。[4] 太官が百官に御飯を準備し、ゆきわたらせる。

食事が終わると、太楽令がひざまずいて「舞をお進めせん」と奏請し、舞が順次披露される。[5] さらに鼓吹令が進み出て、ひざまずいて「順次衆伎をお進めせん」と奏請する。[6]

かくして、諸郡から派遣された上計吏を殿前にまねき、階段の下で勅戒を授ける。

饗宴が終わると、謁者の一人がひざまずいて「元会を終わり、退出を請う」と奏請する。鐘・鼓が演奏され、群臣は北面し、再拝して退出する。

元会儀礼成立期の特徴は、この「咸寧儀注」が明確に示している。第一の特徴は、漢代にあってはそれほど分明でなかった朝儀と会儀とが、ここでは明確に区別されていることである。この「咸寧儀注」本文のあとに、『通典』巻七〇は、「夜漏終了前七刻以後の儀礼を『晨賀』、皇帝が退出後、三刻して再び出御し、百官が寿酒をたてまつる儀礼を『昼会』と言う」と注釈している。[7] この区別によって、上記「咸寧儀注」の内容をまとめると、つぎのようになる。

(1)晨賀――君臣関係再認儀礼

委贄儀礼

⑵昼会——君臣和合儀礼

①上寿・万歳儀礼

②饗宴——酒礼・共食

③藝能——音楽・舞・衆伎

④上計吏勅戒

この内容を見て分かるように、儀礼次第の明確化はあるものの、元会儀礼の実質的な構造は漢代のそれと同じである。すなわち、君臣関係の更新を明確にし、その和合を象徴するという儀礼の構造は同一である。この点について、興味深い話が残っている。

周知のとおり、東晋の成立にあたって最大の立役者となったのは、王導である。元帝の時代には、朝会のさいに、皇帝が王導に命じて御座に登らせ、一緒に座ることさえあった（『晋書』巻六五王導伝）。元会儀礼の執行にあたって王導に対するあつかいが、当然のこととして問題になった。

ときにまた、「元会の日にあたり、皇帝（成帝）は、司徒王導に対し敬礼をなすべきや否や」を通議することとなった。博士郭熙（かくき）・杜援等の議文は「礼には天子が臣下を拝するという文言はない。敬礼を除くのが宜しかろうと存ずる」であり、侍中馮懐の議文は「天子がおこなう礼のなかでは、辟雍（へきよう）の礼ほど盛んなものはない。その日にあっても、天子はなお三老を拝礼される。ましてや先代明帝の師傅にあたるお方、敬礼を尽くすのが宜しかろうと存ずる」であった。（通議での意見が分かれたので）一件は門下に下ろされた。散騎常侍・侍中荀奕の議文は「元日は、君臣関係の体統を明らかにすべき日であるから（三朝之首、宜明君臣之体）、敬礼をなすべきではない。他日の小会では、敬礼を尽くすのが自然……」であった。詔があって、この議文に従った（『晋書』巻三九荀奕伝）。

元会儀礼は、君臣関係の更新とその和合をはかり、国家の中枢の政治的秩序を再生産してゆく重要な儀礼であった。卓越した功績がある王導に対してさえ、この本質的機能を無視することはできなかったのである。

二　上計吏勅戒儀礼

「咸寧儀注」の内容のなかで注目すべき第二の特徴は、昼会の最後に上計吏勅戒儀礼が登場することである。漢代の元会儀礼のなかには、上計吏を階段の下にまねいて、皇帝が謁見する儀礼があった。それは、地方郡国と中央政府とのあいだの現実的な貢納―従属関係である上計制度を象徴的に表わす儀礼であった。「咸寧儀注」では、この関係がさらに進み、皇帝臨席の場で、勅戒をあたえるようになる。この点について、しばらくその経緯を述べておこう。

前漢期には、丞相・御史大夫が郡国の上計吏に対して皇帝の勅書を読み聞かせることがあった。『続漢書』百官志一司空条劉昭注補所引『漢旧儀』に、こうある。

御史大夫が、上計守丞・長史に勅して言う、殿下に詔書をくだし、郡国に布告する。

(1)地方官僚には、皇帝の命令をうけながら功績もなく、姦悪をなすものが多く、百姓は皇帝の恩愛に浴することがない。守丞・長史諸君、郡(国)に帰れば、太守(相)と力をあわせ、人民のために利を興し害を除いて、その安寧をはかり、詔書の主旨にかなうようあい務めよ。

(2)郡国にすぐれた才能をもちながら顕彰不十分な者があれば言上せよ。貪欲粗暴で、人民に危害・苦しみをあたえるような属吏は、努めて任用してはならぬ。察挙にあたっては、主旨にかなわぬ者を推挙してはならぬ(原文は「方察不称者」に作るが、これでは意味が通じない。方を勿字の譌誤とみておく。なお(4)をも参照)

(3)刑罰の適用が中庸を得るよう心がけ、邪悪を憎んでもその一身にとどめよ。

(4)人民の奢侈は度をすぎておる。教化の徹底に努めよ(原文は「選挙民侈過度」に作るが、意味が通じない。選挙二字は衍文であろう。(2)の「方察不称者」にかかわり、恐らくは「選挙方（勿）察不称者」となっていたと考えられる）。

(5)問う、今年の作柄は、往年に比して如何ほどか、応えよ。

(6)問う、今年の盗賊発生件数は、往年に比して如何ほどか、盗賊団の横行はなかったと言えるのか、応えよ。

この記事が前漢期に属することは、御史大夫が主体になっていることから分かる。御史大夫は、前漢末の成帝綏和元年（前八）に一時期大司空と改められ、哀帝建平二年（前五）に御史大夫にもどり、さらに元寿二年（前一）大司空と改められた。後漢期にはいって、光武帝の建武二七年（後五一）に大の字をとって司空となって以後、後漢末までかわっていない。おおまかに、前漢期の御史大夫が、後漢期には司空となったと言ってよい。

御史大夫が、皇帝の詔書を体し、上計吏を介して地方官にあたえた勅戒の内容は、(1)地方政治と人民の安寧、(2)属吏任用と察挙の是正、(3)裁判の公正、(4)人民に対する奢侈の禁止の四点であり、最後に上計吏に対して穀物の作柄と盗賊の発生件数を問うている。上計吏に対する穀物の作柄と盗賊の発生件数の質問は、すでに見たとおり漢代上計制度の内容に直接かかわる案件である。

この勅戒は、丞相もおこなっている。「哀帝の元寿二年（前一）、丞相を大司徒に改めた。

郡国の上計守丞・長史が上計し終わったのち、大司徒公を殿庭に遣わし、皇帝みずから悪政に対する百姓の悩みを質問された」（『続漢書』百官志一司徒条劉昭注補所引『漢旧儀』）。その内容は、史料原文にかなりの乱れがあるので概略を示すにとどめるが、御史大夫の例と同じく、⑴地方政治と人民の安寧、⑵属吏任用の是正、⑶裁判の公正、⑷人民に対する奢侈の禁止のほか、⑸人民への穀物・衣料の振給と疾病療養などをふくむ勧農の奨励、⑹官府庁舎の修繕・維持を指示する。それは、太守・相をはじめとする郡国の長吏が地方統治にあたって遵守すべき職務規範であった。

丞相・御史大夫が上計吏にあたえる地方官への勅戒は、ともに「詔書殿下」ではじまっている。この殿下は、元会儀礼がおこなわれた正殿の殿庭ではない。さきに指摘したように実務行政上の上計は、前漢にあっては丞相府で、丞相に対して、後漢にあっては司徒府で、司徒に対しておこなわれた（一七七頁）。丞相の例に見えるように、勅戒をさずけたのは上計終了後であるから、丞相府（司徒府）の朝会殿の殿庭であると考えられる。『漢旧儀』に残る二つの勅戒によって、漢代には、上計終了後、丞相府朝会殿の殿庭で丞相・御史大夫が、皇帝の意を体して上計吏に地方官への勅戒をあたえることが恒例化していたのである。

この勅戒授与は、西晋期には、すでに「咸寧儀注」の元会儀礼のなかにとりこまれていた。元会儀礼における勅戒授与は、後漢期に始まったと考えられる。『続漢書』礼儀志に記す元会儀には、勅戒授与は見えない。したがって、後漢の後期以後のことと考えられる。これについては、「元会において郡国の上計吏に地方政治のあり方を問うことの意義」を西晋第二代の恵帝に尋ねられたときの、王渾（おうこん）の返答がてがかりになる。かれは、こう答えている。

旧来より、三朝元会においては、上計吏を軒下にまでまねき、侍中が詔勅を読み上げ、上計吏がひざまずいてこれをお受けすることになっております。それがし思いまするに、詔勅の内容はあい承けること久しく、別段の新味もないもので、陛下の地方政治に対する御心にかなうものではありません。中書に命じて明詔を宣布し、⑴各地方の特色（方土異同）、⑵すぐれた人材の特長（賢才秀異）、⑶風俗のあり方（風俗好尚）、⑷農業生産の実態（農桑本務）、⑸司法に冤罪や不正がないか（刑獄得無冤濫）、⑹郡県の長官に人民を侵害する者はないか（守長得無侵虐）、を上計吏にご質問ください。心を政治に傾け、人民のために利を興し害を除かんとする上計吏には、紙筆をお授けになって、思いのたけを書き上げて奏聞させ、皇帝陛下がはるかな地方政治にも心をお寄せになっており、旧例になずんで平凡な詔勅を用いることは、二度としないことをお示しくださいさい（『晋書』巻四二王渾伝）。

この提案によって、「咸寧儀注」の上計吏勅戒が実行されていたことが分かり、また勅戒授与の慣例が西晋以前にさかのぼることが推測できる。後漢後期にまでさかのぼる可能性は大である。

「咸寧儀注」の上計吏勅戒の内容がどのようなものであったのか分からない。ただ、王渾の六箇条の提案は、漢代の丞相・御史大夫があたえた上計吏勅戒とほぼ同様の内容を示している。この上計吏勅戒は、六朝後期になると五条詔書として制度化される。『通典』巻七〇は、宋・南斉ともに晋制（「咸寧儀注」）によったことを述べたあと、梁の元会儀礼について叙述し、そのなかで上計吏勅戒について「郡国の上計吏各おの一人をまねき、ひざまずいて詔書を受けさせる。侍中が五条詔書を読み上げ、上計吏がさらに応諾する」と記している。その内容は分からない。しかし、北斉の五条詔書については詳細な記述が残っている。『隋書』巻九礼儀志四は、こう述べている。

……計会の日、侍中は、儀礼次第にしたがって郡国の上計吏をねぎらい、刺史・太守の安否および穀物価格・麦の作柄、民間の諸問題について質問する。別に、五条詔書を州・郡・国の使人に班布する。長さ一尺五寸、幅一尺三寸の詔牘（板）を用い、雌黄を塗布してその上に詔書を書写する。正会の日、儀礼次第にしたがってこれを使人に宣布し、帰って州刺史等に告げさせるのである。

平徭賦）。

第一条。政治の根本は、身を正して人を愛し、残忍な官吏を除き良吏を選び、裁判を正しく指揮し、徭役を均等にするところにある（政在正身愛人、去残賊択良吏、正決獄平徭賦）。

第二条。人民の生活の根本は、勤労にある。勤労であれば、生活の資にことかかない。率先して農業生産を勧め、これを妨害するようなことがあってはならぬ（人生在勤、勤則不匱。其勧率田桑、無或煩擾）。

第三条。災害にあって困窮する人びとに対し、つとめて寛大な養生を許し、必ず生きているあいだは自立して生活ができるように、死んだら自ら葬礼を営むことができるようはからえ（六極之人、務加寛養、必使生有以自救、没有以自給）。

第四条。長吏が浮華を好み、客をもてなしては小手先の名誉を争う。かような本末転倒は、政治の憎むべきところ、謹んで反省するがよい（長吏浮華、奉客以求小誉、逐末捨本、政之所疾、宜謹察之）。

第五条。職務遂行（人事）にあたってはつけとどけ第一（意気）で、公への奉仕をないがしろにし、内外が混乱して政治に筋目がないのは、糾弾すべき事柄である（人事意気、干乱奉公、内外溷淆、紀綱不設、所宜糾劾）。

この記事は、南北朝後期にいたるまで上計制度が基本的に継承され、年末の計会の日には上計受理と上計吏慰労および地方情勢の諮問がおこなわれ、ついで元日の元会において上計吏勅戒・五条詔書班布がおこなわれたことを示している。この年末の計会と元会儀礼の執行をつうじて、皇帝が代表する中央政府と地方州郡との間の貢納―従属関係が再生産されたのである。地方州郡を代表し、貢納―従属関係の直接的な担い手となるのが刺史・太守をはじめとする地方長吏であった。五条詔書の内容は、この地方長吏が遵守すべき職務規範を規定している。それは、多少の出入りはあれ、漢代以来、皇帝が上計吏をつうじて地方長吏に遵守することをもとめた事柄と同様の内容であった。

ところでこの五条詔書の直接の源流は、西晋にあった。泰始四年（二六八）一二月に、武帝は、「五条詔書を郡国に班布した。第一条は『身を正す（正身）』、第二条は『人民への勤労奨励（勤百姓）』、第三条は『弱者の救済（撫孤寡）』、第四条は『本末転倒禁止（敦本息末）』、第五条は『職務執行での賄賂の除去（去人事）』であった」（『晋書』巻三武帝紀）。これは条目の提示にとどまり、これだけでは具体的な内容を窺い知ることはできない。しかし条目だけをみても、第三条の文言に直接的な対応がないだけである。両者の表現・内容は、ほぼ同じであったと言ってよい（傍線部参照）。泰始四年一二月の五条詔書が、若干の表現・内容を変えながらも、基本的には南北朝後期には、元会儀礼のなかで上計吏・使者に対し勅戒が授与されているのである（補注3）。

泰始四年（二六八）は、「咸寧儀注」が制定された咸寧年間（二七五〜二八〇）の直前にあたる。あるいは、泰始四年一二月の五条詔書が「咸寧儀注」の上計吏勅戒の内容としてとり入れられたかもしれない。しかし、「咸寧儀注」では直接に五条詔書には言及しておらず、『通典』も「咸寧儀注」を引いたあと、宋・南斉も晋制を用いたと述べ、梁と北斉にいたってはじめて五条詔書にふれているのである。また、先に見た王渾は、元会で読み上げられる「詔勅の内容はあい承けること久しく、別段の新味もないもので（詔文相承已久、無他新声）」と、これをくさしている。これが武帝の五条詔書であれば、その子の恵帝に対する返答の言葉としては、きわめて恐れおおいものである。やはり、「咸寧儀注」の上計吏勅戒は、武帝の五条詔書ではなく、内容は分からないが前代以来の詔書を用いたと考えられる。

前漢から後漢時代にかけて、丞相・司徒府に対する上計の場においてなされていた勅戒授与は、後漢後期には、元会の上計吏謁見儀礼と結合しはじめ、やがて西晋の「咸寧儀注」において明確な位置づけをあたえられるようになった。これとは別に西晋の武帝が地方長吏に対して班布した五条詔書があった。この五条詔書は、いくらか文言をかえながらも基本的には伝承されたらしく、やがて六朝後期の南朝梁や北斉の元会では上計吏謁見勅戒儀礼と結合し、「咸寧儀注」にもられた儀礼は、より具体的に展開していったのである。

問題は、なぜこのような上計吏勅戒儀礼あるいは五条詔書の班布をつうじて、中央政府と地方政府との関係が再生産されなければならなかったのか、である。

三　蘇綽「六条詔書」の民衆・国家観――中国古代国家の成り立ち

漢代以来の勅戒や五条詔書の内容を通観して想起されるのは、著名な西魏（北周）の蘇綽（そしゃく）の「六条詔書」（『周書』巻二三蘇綽伝）である。漢代の勅戒や五条詔書と同様、「六条詔書」は地方官を主たる対象とする。またその条目は、第一条「まず心を治める（先治心）」、第二条「教化を尊ぶ（敦教化）」、第三条「農業奨励（尽地利）」、第四条「賢良なる官吏の選任（擢賢良）」、第五条「司法の公正化（卹獄訟）」、第六条「賦役負担の均等化（均賦役）」であった。このうち具体的な地方行政のありかたを示す第三条から第六条の内容は、北斉の五条詔書第一条の「択良吏・正決獄・平傜役」および第二条の「勧率田桑」と同じである。「六条詔書」が漢代以来の勅戒や五条詔書と同一の系列にあることは明らかである。「六条詔書」の特長は、「治心」と「教化」とを冒頭二条に配して、地方統治の根幹としたところにある。

この「六条詔書」は、「太祖宇文泰が甚だこれを重んじて常に座右に置き、さらに百官にも暗唱させた。六条詔書と計帳に通じない州牧・郡守・県令・県長は、官に居すわることができなかった」（『周書』蘇綽伝）といわれるほど、重視された。西魏・北周の計会受理の日、もしくは元会儀礼において「六条詔書」が班布されたかどうか、記録はなく、分からない。ただ、勅戒や五条詔書と同様の、あるいはそれ以上の意味をもったことは明らかである。

この「六条詔書」については、谷川道雄にすぐれた研究がある。(8) 谷川は、「六条詔書」の各条目が相互関連をもつとし、地方官自身の精神の純化（清心）を基本条件として、道義性と実務性との統一されたはたらきのなかに、地方政治の理想像を示したものが「六条詔書」であり、詔書という形式をとりながらも、「あくまで人びとのつながりの中に身をおき、むしろ自己を虚しくすることによって全体の存立を保証していこうとする」士族階級の倫理の明文化であったと指摘し、士と民との共生関係をみちびき出している。「六条詔書」は、長文であり、しかも具体性に富んでいる。その全体を知りたい人には、谷川の参照をお勧めする。

士族階級の倫理の明文化であるとする谷川の位置づけに異論はない。しかし、いくつか再検討すべき問題がある。第一は、すでに見てきたように、「六条詔書」は、漢代以来追求されてきた地方統治の規範の線上にある、ということである。詔書という形式をとったことも、単に形式にとどまらず、皇帝政治の一環としてとらえる必要がある。「六条詔書」の場合は、蘇綽という卓越した理論家によってものされたために、士族階級の倫理が前面に出ていることは否定できないが、皇帝権力と士族階級との微妙な関係のうちに理解する必要がある。これに関連して第二に問題になるのが、「六条詔書」の中に刻みこまれている蘇綽の人民観と君主論—国家成立の根拠づけである。

「六条詔書」は、「天地の生命のなかで、人間だけが貴い（天地之性、唯人為貴）。中和の心と仁恕の行ないをもち、明らかに木石とは違い、禽獣とも異なるから、貴いのである」（第二条「敦教化」）と言い、また「人は、天地のなかでもっとも貴い物であり、一度死ぬと二度とは生まれ得ないものである」（第五条「卹獄訟」）と述べるように、人間中心主義ともいうべき人間観がある。ただこれは、蘇綽に固有の考えではなく、『孝経』聖治章（天地之性、唯人為貴）にもとづく伝統的な人間観である。天地の生き物のなかで人間一般は貴いとしても、それは平等な人間が存在するということを意味しない。

「六条詔書」は、民衆について「民とは冥（くらい）ということである。[9] 智恵が充分にめぐらず、必ず奨励・教化を待って、はじめてその力を出しきるのである（民者冥也。智不自周、必待勧教、然後尽其力）。諸もろの州・郡・県では、歳の初めごとに、必ず部内の領民に戒勅をあたえ、農具の操作ができさえすれば、老人子供を問わず、皆な農地に行かせ、適時に耕起して、時宜を失うことがないようにせよ」（第三条「尽地利」）と述べている。農民を中心とする民衆は、地方官の教化の客体でしかなく、智恵の回りかねる人間として蔑視される。したがって後段では、「もしブラブラ怠惰で、野良には遅く出て早く帰り、安楽を好んで苦労をいとい、仕事に励まぬ者がいれば、里正・党長はその名を郡県に文書で報告し、郡守・県令は事の次第によって刑罰を加え、一罰百戒とせよ。これこそ賢明なる地方長官の教化である」（第三条「尽地利」）としめくくっている。教化の背景には強制があり、民衆は管理の対象となる。

「六条詔書」は、単に労働のみならず、政治的にも民衆の自治能力を否定している。第四条「擢賢良」の冒頭では、「天は、民衆を生んだが、民衆は自ら統治できないので、必ず君主を立てて治めさせる（天生蒸民、不能自治、故必立君以治之）。君主は一人では統治できないので、必ず臣下を置いて助けさせる。上は帝王から、下は郡国の長吏にいたるまで、臣下に賢者を得れば治まり、失えば乱れる。これこそ自然の道理であり、百王も変えることができぬものである」と述べる。この主張の根幹は、民衆が自ら統治能力を欠いていることによる君主の必然的な存在であり、君主の統治を助ける官僚は副次的な位置にある。民衆が自ら統治するならば、君主は必要なく、君主がいなければ、官僚の存在余地はない。副次的な位置にあるとはいえ、官僚の良否は、君主の統治にとって決定的な意味をもつ。

そこで、その選択が課題とされるのである。

蘇綽は、君主—皇帝権力を必然として肯定し、その根拠を民衆の自治能力の欠如にみいだしている。この君主権力の成立根拠論も、蘇綽に固有の考えではない。すぐれて伝統的な観念である。蘇綽の位置を計るため、少しく時代をさかのぼって、いくつか例をあげてみよう。

「天が民衆を生（天生蒸民）」んだという考えは、尹吉甫が宣王の西周中興を褒めた詩だとされる『詩経』大雅「蒸民」の冒頭に見えるとおり、春秋以前にさかのぼる。しかし、大雅「蒸民」には、君主の樹立は歌われていない。天の民衆創造と君主の樹立とが結合するのは、『春秋左氏伝』からである。左伝文公一三年（前六一四）条の、邾の文公の言葉のなかに「天が民を生じ、そのために君主を立てたのは、民を利するためである（天生民而樹之君、以利之）」とみえる。同じく襄公一四年（前五五九）条の、師曠の言葉に「天は民を生じ、そのために君主を立てたのは、民を統治させて、民が本性を失わないようにするためである（天生民而立之君、使司牧之、勿使失性）」とある。この二人の言葉が、春秋時代の考えをそのまま反映しているのかどうか、問題は残るが、しばらく置いて問わない。ただ、ここには民衆の自治能力欠如という、媒介項はまだ登場しない。

この媒介項は、戦国期に登場する。例として『商君書』君臣篇第二三をあげよう。そこには、こうある。

君臣上下の関係がまだなかったそのかみ、民衆は乱れて治まらなかった（古者未有君臣上下之時、民乱而不治）。そこで聖人は、貴賤を順序だて、爵位を定め、名号を作って、君臣上下の区別を明らかにした。土地は広く、人民は多く、万物は多様であるため、五官を分立して統治させた。人民が多ければ悪弊が生ずるため、法制を作り、限度を設けて禁止したのである。それ故、君臣の区別、五官の分立、法制による禁止については、充分に慎重でなければならない。

ここでは、民衆は秩序を形成しえないもの、悪弊を生ずるものとしてとらえられている。法家系の文献であるため、ここには天のかわりに、聖人が秩序定立の主体として現れる。民衆の自治能力の欠如についての直接的な言及ではないが、左伝の段階に比べて、一層「六条詔書」に近づいていることは明らかである。

つぎに『墨子』尚同下篇第一二をあげよう。尚同篇は上中下の三篇が残っており、その内容はほぼ同じである。尚同下篇をとりあげるのは、使用する言辞が左伝に連なり、しかもより一層「六条詔書」に近づいているからである。尚同下篇は、こう述べている。

いにしえ、天がはじめて民衆を生じたとき、まだ統治者たる正長はなく、人民は個人として向きあっていた。なまじ個人として向きあうと、一人ごとに一義（利）あり、十人で十義、百人で百義、千人で千義あり、人の多くなるにつれて数えることが不可能になり、その主張する義もまた数えきれないものとなる。これらの人びとは皆な、自分の義を是認し、他者の義を非難する。かくして是非が大きい場合は闘争し、小さい場合はいさかいを起こすことになる。それゆえ天は、天下の義を同一にすることを願い、賢者を選んで天子としたのである。天子は、その知力を用いても、一人で天下を統治することができないので、つぎなる賢者を選んで三公とした。三公はまた、その知力を用いても、自分たちだけで天子を補佐することができないので、国土を分割して諸侯を建てた……（古者天之始生民、未有正長也、百姓為人。若苟百姓為人、是一人一義、十人十義、百人百義、千人千義、逮至人之衆、不可勝計也、則其所謂義者、亦不可勝計。此皆是其義、而非人之義。是以厚者有闘、而薄者有争。是故天之欲同一天下之義也、是故選択賢者、立為天子。天子以其知力、為未足独治天下、是以選択其次、立為三公。三公又以其知力、為未足独左右天子也、是以分国建諸侯）。

このあと諸侯の下には、さらに卿・宰、郷長、家君（家長）を立てることが記される。ここでは、民衆の個別化と一人一義（利）の主張による社会の闘争状態が指摘され、共同性の回復（同一天下之義）のために、天子・三公から家君にいたる国家の形成が説かれる。国家の形成を必然化する民衆の自治能力欠如という媒介項は、『墨子』尚同篇では民衆の個別化と一人一義の主張による社会の闘争状態として、より具体的な相貌をもって描かれるのである。

統一国家になると「六条詔書」と同様の観念が、詔勅の文章のなかに現れる。両漢期の二例をあげておこう。

聞くところによれば、天は民衆を生じたが、民衆は統治することができないので、そのために君主を立て、統治させたのである（天生衆民、不能相治、為之立君、以統理之）。君道が達成されると、草木昆虫にいたるまで、皆なその生を遂げることができ、君主が不徳であれば、戒めが天地に現れ、災異がしばしば発生して不統治ぶりを告発する、という。（『漢書』巻一〇成帝紀建始三年（前三〇）一二月詔）

聞くところによれば、天は民衆を生じたが、民衆は統治することができないので、そのために君主を立て、統治させたのである（天生蒸民、不能相理、為之立君、使司牧之）。君道が天下に達成されると、めでたい兆しが天上に現れ、万事その秩序を失えば、戒めの徴しが形に現れる、という。（『後漢書』孝桓帝紀第七建和三年（一四九）五月乙亥詔）

民衆の自治能力欠如論は、漢代の災異説と結合して、ここに完成をみる。左伝にみえる君主成立論には、民衆の自治能力欠如論はなかった。一方戦国期には、民衆の自治能力欠如論を前提にする国家制度形成論が現れる。この自治能力欠如論を伝統的な君主成立論に結合し、より強固な国家成立論にしあげたのが、統一国家漢王朝である。以後、歴代正史をつうじてこの観念は散見する。ここでは一例として、西魏に先行する北魏の高閭の言葉を紹介しよう。太和八年（四八四）に施行された俸禄制の停止を淮南王他が提案した。これに対して、高閭がつぎのような反論を奏上している。

天は民衆を生じ、君主を立てたが、明君でも一人で統治することはできないので、必ず臣下をもちいて助けとするのである（天生蒸民、樹之以君、明君不能独理、必須臣以作輔）。君主は礼によって臣下を用い、臣下は忠によって君主に仕える。かくて臣下の車服・爵秩に区分・等級を設け、徳の尊い者には爵位を高くし、任務の重大な者には俸禄を重くし、下級の官吏には農作の代替となるに足るだけの、上級の官僚には礼義を実践するに足るだけの俸禄を支給するのである。民衆は俸禄の原資となる賦税を均等に負担して、おかみに仕える気持ちをあらわし、君主はこの財物を収斂して、統治の用に供える。君主が俸禄を分配して恵をほどこすこと厚ければ、臣下はこれを受領して恩を感ずること深い。かくして官僚には貪欲残忍な気持ちがおさまり、手柄を尽くそうという誠がふくれあがり、民衆には官僚からの搾取の煩わしさがなくなり、百官は礼容の美を全うすることとなる。これこそ経世の明典であり、政治の至術である。……（『魏書』巻五四本伝）。

高閭の「経済表」は、天が創造した君主─官僚─民衆の国家構造のなかで、民衆の生産物が俸禄の原資であり、これを租税として収取する君主の官僚に対する俸禄分配が国家統治にとって必然であることを言明している。

高閭の「経済表」には民衆の自治能力欠如論は明記されていないが、事実上前提となっていることは明らかである。「六条詔書」の場合、漢代の詔勅の「不能相治」が「不能自治」となっており、自治能力欠如論はより鮮明な表現をあたえられている。古代国家の中枢を占める君主─皇帝権力論は、民衆の自治能力の否定のうえに構築されているのである。念のために申し添える。当時の民衆が現実に自治能力を喪失していたことをここで問題にしているのではない。民衆の自治能力の程度については別に検討を要する問題である。ここでは、君主・官僚を中心とする統治者が国家と民衆との成り立ちをどのように考えていたかを問題にしているのである。

蘇綽の「六条詔書」は、左伝以来の伝統的な君主論のうえに立脚しており、それを不可避の前提としている。それは民衆の蔑視とその自治能力の否定をともない、民衆は統治と教化の客体としてのみとらえられるにすぎない。ここでは教化する主体としての君主・官僚と自治能力を否定された教化の客体としての民衆とは、管理するものと管理されるものとして明確に区別されている。谷川道雄が強調するような、士と民との共生関係をみちびき出しうる要件を、それは欠いていると言わねばならない。民衆を蔑視した共生関係があるとすれば、それは偽善であるほかない。蘇綽の「六条詔書」が士族の倫理を表白したものであるとすれば、それは皇帝権力とともにあり、民衆との隔絶した区別を前提に展開される。[10]「士庶の際に至りては、実に天自り隔」(『宋書』巻四二王弘伝)たるのである。

民衆と直接に接する国家権力は、州・郡・県の地方組織である。民衆に自治能力がないと考える国家にとって、秩序の維持は州・郡・県の行政によるほかない。毎年の元会儀礼において上計吏を謁見し、各級の地方長吏に対して勅戒を授けるのは、地方長吏が心がけるべき行政と規律の指示をつうじて、皇帝による地方秩序の維持を高らかに宣言するものであった。すなわちそれは、地方からの貢納―従属関係をあらわす上計――戸籍・地図・租税・政務報告の上進――に対する中央政府の地方支配と地方秩序維持の宣言をも意味するのである。

ところで、すでに指摘したように漢代から六朝期にいたるまでの国家は、一定の自立性をもって諸行政を遂行する中央・地方の諸官府の重層的連合体系として存在していた。[11]とりわけ地方官府の自立性は高く、各地方官府の長吏である州刺史・郡太守・県令等は、自己の官府の属僚の人事権をもち、属僚とのあいだに第二次的君臣関係をうちたて、独自の属僚編成のもとに行政・統治をおこなった。皇帝と地方とを結ぶきずなは、皇帝と地方長吏とのあいだの第一次的君臣関係であり、このきずなをつうじて地方行政・秩序維持は達成されたのである。第一次的君臣関係というきずなを毎年新たに更新するのが、元会儀礼であり、なかんずく上計吏謁見・勅戒儀礼であった。

この二重の君臣関係をつうじて達成された国家支配は、隋の成立によって根柢的な変化をこうむる。この君臣関係の変貌は、君臣関係再認儀礼を中核とする元会儀礼に対しても大きく影響し、儀礼次第と内容に質的な変化をもたらすことになる。節をあらため、隋唐期の元会儀礼とその特色を観察することにしよう。

注

（1） 元会に用いられる音楽と歌辞の変遷については、『宋書』巻二〇楽志二および『晋書』巻二二楽志上に詳しい。西晋のものとしては、傅玄・荀勗・張華の歌辞が残っている。いま『宋書』楽志によって、荀勗の作詞になる「晋四廂楽歌」一七篇から、章題のみ紹介する。雅楽四章は、「正旦大会行礼歌」四篇で、「於皇」一章四字八句、「明明」一章四字八句、「邦国」一章四字八句、「祖宗」一章四字八句が演奏された。

（2） この音楽は「正旦大会王公上寿酒歌」一篇で、荀勗の作詞の場合、「践元辰」一章八句が演奏された。

（3）荀勗「晋四廂楽歌」一七篇には、登歌楽の歌辞はない。『宋書』楽志二に記す宋代の王韶之「宋四箱楽歌」五篇には、「殿前登歌」三章の歌辞が載せられている。

（4）この音楽は「食挙楽東西箱歌」一二篇で、「煌煌」一章八句、「賓之初筵」一章一二句、「三后」一章一二句、「赫矣」一章八句、「烈文」一章八句、「猗歟」一章一六句、「隆化」一章二八句、「振鷺」一章八句、「翼翼」一章二六句、「既宴」一章一二句、「時邕」一章二六句、「嘉会」一章一二句が演奏された。

（5）『晋書』巻二三楽志下に「鞞舞歌一篇、幡舞歌一篇、鼓舞伎六曲、並陳於元会」とある。

（6）『晋書』巻二三楽志下に「魏晋訖江左、猶有夏育扛鼎・巨象行乳・神亀抃舞・背負霊嶽・桂樹白雪・画地成川之楽」とある。前掲注（5）の鼓舞伎六曲は、このことであろう。音楽にのって演じられる雑技がどのようなものであったのかは、題名からほぼ想像することができる。

（7）西晋の元会儀礼における晨賀と昼会との区別については、『南斉書』巻九礼志上にもみえる。また同書は、東晋から南斉にいたる沿革をつぎのように述べている。

江左多虞、不復晨賀、夜漏未尽十刻、開宣陽門、至平旦始開殿門、昼漏上五刻、皇帝乃出受賀。宋世至十刻乃受賀。

これによれば、東晋以後、晨賀はなくなったかのごとくである。ただし、受賀儀礼は時間がずれただけで存続しており、元会儀礼の基本構成には変化がなかったとみてよい。

（8）谷川「西魏『六条詔書』における士大夫倫理」（『中国中世社会と共同体』第Ⅲ部「士大夫倫理と共同体および国家」第二章、初出一九六六年、国書刊行会、一九七六年）

（9）「民者冥也」は、後漢末の鄭玄の『尚書』呂刑篇「苗民」に対する注釈に「民者冥也、言未見仁道」（『礼記』緇衣篇正義所引）と見える。北朝では『尚書』は鄭玄注がおこなわれたから、蘇綽の解釈が鄭玄にもとづくことは充分に考えられる。しかし、蘇綽の「智不自周」という説明は、「言未見仁道」という鄭玄の解釈よりも、もっと民衆を蔑視していることは明らかである。

（10）この点については、拙著『中国古代国家の思想構造』第一部第三章「清――六朝隋唐国家の社会編成論」（校倉書房、一九九四年）において展開しておいた。

（11）この点については、前掲注(10)拙著第二部「国家機構と政治的イデオロギー」を参照。

（補注3）五条詔書の源流を泰始四年の五条詔書にあると推定したことについて、伊藤敏雄・永田拓治が近出の郴州晋簡の記述によって、その存在を確認している。また五条詔書中第三条の「六極之人」につき元版では「天地四方」と訳した。このことについて二人は、『尚書』洪範篇「六極、一曰凶短折、二曰疾、三曰憂、四曰貧、五曰悪、六曰弱」の六極であり、「鰥寡困乏不能自存者」などを指すと訂正された。指摘は至当で、「天地四方の人びと」をつつしんで「災害にあって困窮する人びと」と改訳しておく（伊藤敏雄・永田拓治「郴州晋簡初探――上計及び西晋武帝郡国上計吏勅戒等との関係を中心に――」、附・郴州晋簡にみる田租」科学研究費補助金・基盤研究（A）プロジェクト「出土資料群のデータベース化とそれを用いた中国古代史上の基層社会に関する多面的分析」『長沙呉簡研究報告　二〇一〇年度特刊』二〇一一年）。

第三節　元会儀礼の展開――第三期・隋唐期

一　『大唐開元礼』の元会儀礼

唐代の元会儀礼を最も詳細に記すのは、玄宗開元年間の太極宮における儀礼次第をあつかった『大唐開元礼』巻九七「皇帝元正冬至受群臣賀」である。これを簡略にしたのが、表4「唐元会儀礼進行表」および図14「太極殿元会儀礼図」である[1]。最初にこの表をにらみながら、唐代の元会儀礼の特徴について、いくつか指摘しておこう。

表には直接あらわれないが、唐代の元会儀礼の規模について見ておこう。すでに言及したように、後漢期の元会には、一万人を収容しうる徳陽殿が会場として使用された。後漢期の元会儀礼がかなりの規模をもって開催されたことは確かである。三国以後の分裂時代にはいっても、この傾向は基本的に変わらなかったとみてよい。たとえば、北斉の「元正

表4　唐元会儀礼進行表（『大唐開元礼』巻97）

前日	尚舎奉御・太楽令等、儀礼用諸施設設営
当日 (1) 朝 賀	(1)王公・群臣・諸親・朝集使・蕃客集合（中厳）①群臣・客使等、東西朝堂内所定位置に集合。②侍中、「中厳」を版奏。 (2)群臣・客使等、門外位に整列（外辨）①群臣・客使等、東西朝堂の門外位に整列待機。②侍中、「外辨」を版奏。 (3)皇帝袞冕を服し、輿輦に乗って出御、御座に就く。 (4)朝賀の儀礼　①王公以下群臣・諸客使、順次殿庭の所定位置に就き、全員再拝。②上公一人、西階より升殿、御座の前で、「某官臣某言す、元正の首祚、景福惟れ新たなり。伏して維みるに、開元神武皇帝陛下、天と休を同にせられん」と、賀詞を奏上。群臣・諸客使等全員再拝。③侍中、進み出て「履新の慶び、公等とこれを同にせん」と宣制。④宣制後、群臣・諸客使等全員再拝、舞蹈して万歳を三唱、さらに再拝。 (5)諸州鎮上表文、祥瑞の上奏、諸州貢物・諸蕃貢物の貢納の準備。 (6)諸州鎮上表文、祥瑞の上奏。 (7)諸州貢物・諸蕃貢物の貢納。①戸部尚書が諸州貢物を貢納。②礼部尚書が諸蕃貢物を貢納。③太府が諸州貢物・諸蕃貢物を受領し、退場。 (8)朝賀終了、皇帝、王公以下群臣・諸客使退出。
当日 (2) 会	(1)朝賀終了後、尚舎奉御・尚食奉御等、会儀の設営。 (2)群臣・諸親・客使、門外位に整列――侍中、「外辨」を版奏。 (3)皇帝、通天冠・絳紗袍を服して出御、御座に就く。 (4)王公以下群臣・諸客使入庭、三品以上文武官・三等以上蕃客升殿、「舒和之楽」演奏。 (5)上寿礼　①上公、爵を御座の前に進め、「某官臣某等、稽首して言す、元正の首祚、臣等大慶に勝えず、謹んで千万

歳寿を上まつる」と称え、再拝。群臣・諸客使も殿上・殿庭で全員再拝。②皇帝が酒を飲み、「休和之楽」演奏。③群臣・諸客使、殿上・殿庭で全員舞蹈し、万歳を三唱。また全員再拝。
(6)行酒礼　①太楽令が登歌楽を殿上・西階に準備。②尚食奉御が酒を進め、皇帝が酒を飲む。群臣・諸客使は、殿上・殿庭で全員再拝し、酒を飲む。③登歌楽が「昭和之楽」を三度演奏。
(7)羞飯・賜酒　①尚食奉御が御飯を進める。②皇帝が食事を始めると、「休和之楽」が演奏され、群臣・諸客使が殿上・殿庭で全員食事をする。③酒が配られ御馳走が並べられる。太楽令が文武二舞を率い、順次演技。④酒が12周すると、会が終わる。
(8)皇帝、王公以下群臣・諸客使退出。

の大饗宴には、一品以下、流外九品以上の官人・官吏が会儀に参列し……、勲品以下は端門(正門)の外で参列した」(『通典』巻七〇)。殿上(一品～正三品、有爵者、州刺史)、殿庭(従三品以下)、端門外(勲品以下)という区別はあるが、中央機構を構成するすべての官僚・職員が参加したのである。

唐代の元会儀礼には、太極殿に入場する参列者だけでも在京の九品以上の官人約二六〇〇人が参加し、これに地方からの朝集使・外国使節団(蕃客)が加わる。正規の参列者は、少なくとも三〇〇〇人以上であったとみてよい。元会参列者のほかに、儀仗兵が隊列を組んで儀礼を盛大なものにした。殿上の供奉仗・散手仗は、貴族の子弟からなる三衛が担当した。このほかに、左右衛・左右驍衛・左右武衛・左右威衛・

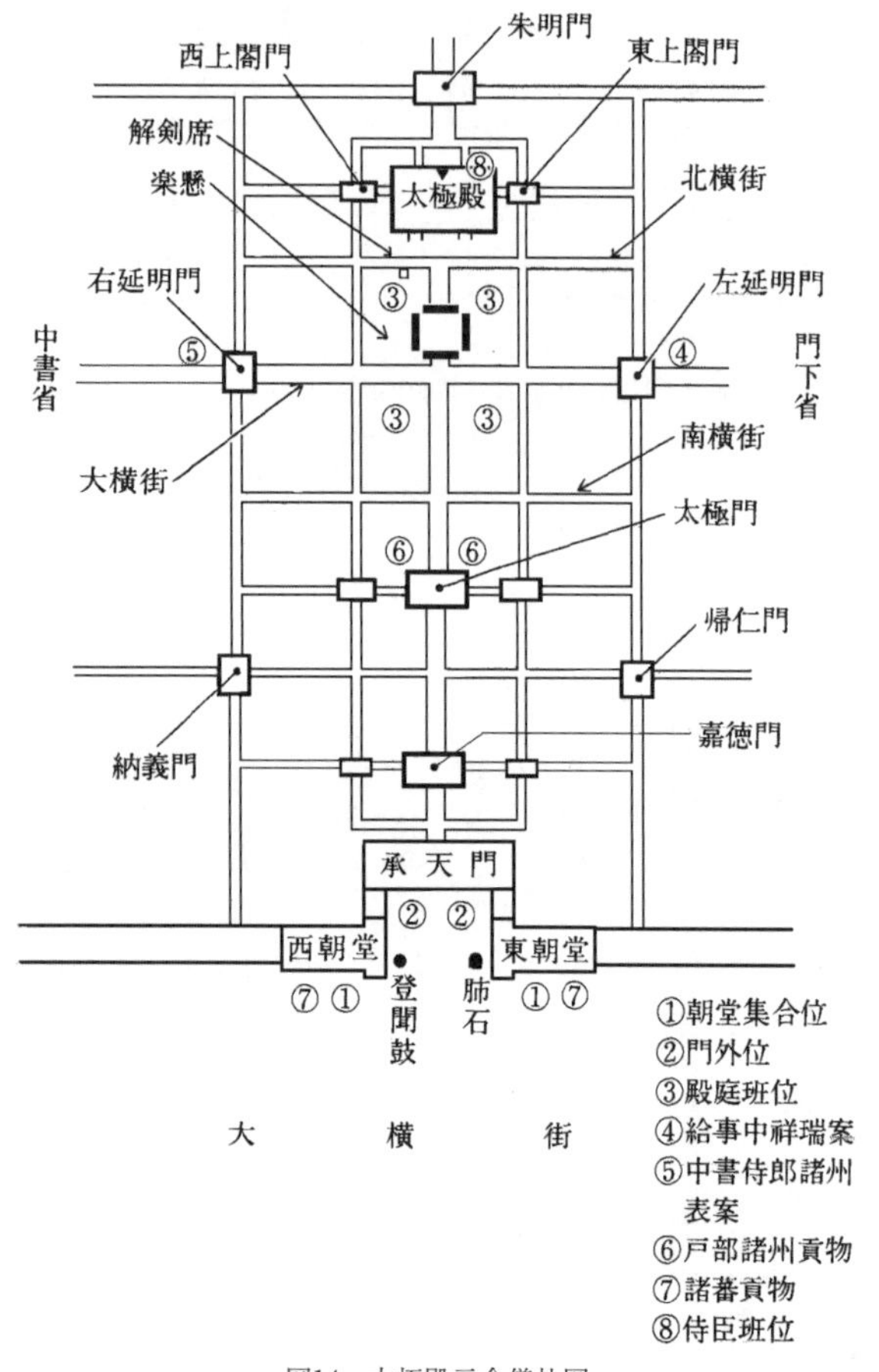

図14　太極殿元会儀礼図

左右領軍衛・左右金吾衛の一二衛府の衛士諸隊が、太極殿左右廂の儀仗、正殿両階の儀仗、正殿東西廊下の儀仗、および太極門・嘉徳門・長楽門・永安門・承天門内外の挟門隊・長槍隊として警備を担当し（『唐書』巻二三儀衛志上、『大唐六典』巻二四）、太極殿横街を塡めた将士たちとともに、諸衛諸仗のしるしとなる黄色・赤色・白色・黒色・青色の甲冑・旗指物をもって、太極殿全体を囲繞したのである。兵士の数は、挟門隊・長槍隊をのぞいて、九千数百人にのぼった（表5「元会儀礼儀仗一覧」）。元会儀礼参加者の総数は一万五千人に及んだと考えられる。それは、歴代の元会儀礼のなかでも飛び抜けて大規模なものであった。

表5　元会儀礼儀仗一覧

仗名・隊名	立　位	衛士数
供奉仗・散手仗	殿上	300
黄麾仗	左右廂	2880
左右衛黄旗仗	両階之次	480
左右驍衛赤旗仗	東西廊下	200
親・勲・翊衛仗	左右廂	210
左右武衛白旗仗	東西廊下	320
鈒隊・戟隊	東西廊下	288
左右威衛黒旗仗	階下	160
左右領軍衛青旗仗	階下	240
殳仗	左右廂	1000
歩甲隊	左右廂	2880
左右金吾衛辟邪隊 清游隊・朱雀隊 玄武隊		340
諸衛挟門隊	諸門	--
諸衛長槍隊	諸門	--
		9298

(出典『唐書』巻23儀衛志上)

『大唐六典』や『大唐開元礼』では、太極宮太極殿における元会儀礼の開催が前提となっている。しかし現実には、第三代高宗の時に造営された大明宮が元会儀礼の場となっていた。唐代の元会儀礼挙行リストは、『冊府元亀』巻一〇七、一〇八帝王部朝会一、二にまとめて掲載されている。これによると、玄宗の開元七年（七一九）以後、唐末にいたるまで、基本的には大明宮含元殿で元会儀礼が開催されている。開元七年以前の記載は簡略であるから、確かなことは言えないが、基本的には玄宗初年以後、太極宮に代わって大明宮が正殿の地位を占めるようになったと考えてよい。宣政殿で挙行された朔望の朝会については『唐書』巻二三儀衛志上にやや詳細な記述があるが、含元殿における元会の儀礼次第は分からない。ここでは、太極殿のそれに準ずるものであったとみておく。

『大唐開元礼』の太極殿における元会儀礼は、詳細を極めている。とくに承天門外・東西朝堂前の門外位および太極殿殿庭の横街を基準とする班位の記述は詳細を極めている（図14、図15「太極殿殿庭班位図」）。従来、この太極殿殿庭横街の班位を誤読して、宮城と皇城とを区切る大横街が元会儀礼の場であったとする人もあるが、完全なまちがいである。元会儀礼は、漢代の成立当初より唐代にいたるまで、正殿を中心に閉じられた空間で挙行される儀礼であった。王公以下群臣にいたる参列者は、まず東朝堂に文官、西朝堂に武官が集合して待機する。ついで、門外位（文官が東側、武官が西側）に整列したのち、太極殿に入場する（図14・15）。儀礼は、庶民とは隔絶した空間において挙行された。

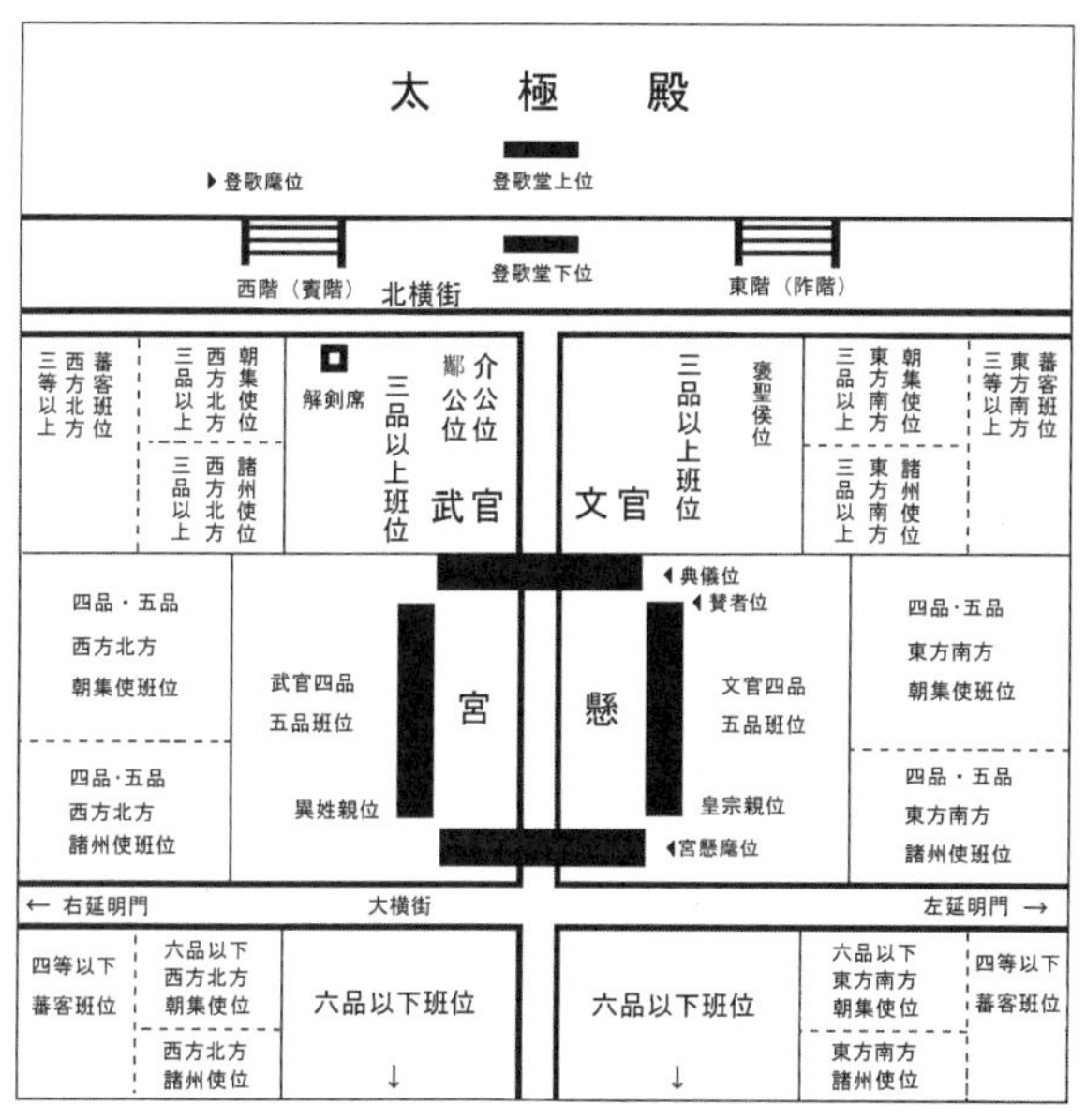

図15　太極殿殿庭班位図

その元会儀礼は、朝と会との前後二部から構成された。このことは、西晋の咸寧儀注の構成と同様であり、さらにさかのぼって漢初の叔孫通が制定した朝会儀礼にも共通する。しかし、この形式上の共通性以上に、漢六朝期の儀礼内容とは根本的に異なるいくつかの相違点を指摘しなければならない。

まず、前半の朝賀儀について見ることにしよう。その中心的な内容は、(1)上公一人が参列者を代表して升殿し、皇帝に賀詞を奏上し、これに対して皇帝が答礼の制詔を宣言すること、⑵諸州からの上表文・瑞祥物を奏上すること、および⑶諸州貢物・諸蕃貢物を貢納することである。⑵上表文・瑞祥物の奏上は、広く⑶諸州貢物のうちに含めてよいであろう。

賀詞を奏上することは、漢初の朝会儀礼から見える。問題は、この過程の根幹をなした君臣関係再認儀礼としての委贄儀礼がなくなったことである。朝賀儀礼は、単に君臣間の賀詞交換の場となってしまったかのごとくである。

また、⑵上表文・瑞祥物の奏上、⑶諸州貢物・諸蕃貢物の貢納儀礼は、唐以前の朝賀儀礼にあっては、儀礼次第のなかに明確な位置づけをあたえられてはいなかった。諸州貢物・諸蕃貢物の貢納は、漢代以来おこなわれていたのであるが、儀礼次第として象徴的におこなわれるようになるのは唐代からである。唐代朝賀儀礼の特質は、君臣関係再認儀礼の排除と諸州・諸蕃との間の従属・貢納関係の強調にある。従属・貢納関係の強調については、次章に本格的な考察をおこなう。

後半の会儀に移ろう。会儀の中心的な内容は、上寿酒礼と饗宴・藝能とである。この点は、具体的な歌辞・楽曲・雑技の違いを別にすれば、漢代以来不変であるといってよい。しかしここでも、晋六朝期の顕著な特色となっていた上計吏勅戒儀礼が廃止されている。後に詳しく述べるが、隋は、戦国期以来の上計制度をあらため、上計吏の代わりに各州から派遣される朝集使制度を創設した。この上計吏から朝集使への転換が、上計吏勅戒儀礼廃止の要因となっていることは明らかである。しかしその背景には、中央政府と地方州県政府との関係の本質的な転換がある。この点については、のちにあらためて述べることにしよう。

総体として言えるのは、唐代の元会儀礼にあっては、委贄儀礼・上計吏勅戒儀礼など、儀礼がもつ象徴的機能が後景にしりぞき、儀式としての形式化がより一層顕著となったことである。この元会儀礼の儀式化は、宋代以後にも引き継がれてゆく。委贄儀礼・上計吏勅戒儀礼の廃止が示す唐代元会儀礼の儀式化の特質をいま少し掘り下げてみよう。

二　唐代元会儀礼の構造的特質

(1)臣従再認儀礼の転換――委贄儀礼から舞蹈礼へ

朝賀儀礼の中心をなした委贄儀礼の廃止は、君臣関係再認儀礼の廃止を意味した。それのみならず、委贄儀礼の廃止は、元会儀礼の構造的転換をも示している。元会儀礼は、朝儀の委贄が象徴する臣下から皇帝への礼物贈与と、会儀の賜物・藝能の下賜による皇帝から臣下への贈答とをつうじて、君臣関係再認と君臣和合とを達成したのであった。この礼物贈与と賜物・藝能の贈答との構造的連関が委贄儀礼の廃止によって断ち切られ、会儀の賜物・藝能が儀礼としての意味を著しく後退させて、儀式・行楽へと変わってゆくのである。

しかしこれは、元会儀礼全体のなかから臣従儀礼が排除されたことまで意味しない。唐代の元会儀礼を注意して見ると、一つの特色ある所作が登場していることに気づくであろう。それは、舞踏と呼ばれる所作である。舞踏は、前半の朝賀にあっては賀詞交換のあとをしめくくる所作として、後半の会儀にあっては上寿礼をしめくくるものとして現れる。つまり、元会儀礼のなかで最も重要な二つの儀礼をしめくくる所作として舞踏が登場するのである。では、舞踏とは何であろうか。

舞踏なる言葉が、『礼記』楽記篇第一九末章の「これを嗟歎して足らず、故に手の舞い、足の踏(ふ)むを知らざるなり」、あるいは『詩経』周南「関雎(かんしょ)」の詩序の「言いて足らず、故に嗟歎す。嗟歎して足らず、故に永歌す。永歌して足らず、手の舞い、足の踏むを知らざるなり」からきていることは、容易に分かる。楽記篇の鄭玄注が「手の舞い、足の踏むを知らずとは、歓びの至りなり」と解釈するように、無上の歓喜を表現する。これらはともに音楽にかかわる。しかし、唐代元会儀礼のそれは、音楽とは直接につながらない。

舞踏については、元会儀礼のほか、『大唐開元礼』の「皇帝千秋節(誕生日)御楼受群臣朝賀」条（巻九七）、「朝集使引見」条（巻一〇九）、「宣赦書」条（巻一二九）、「皇帝遣使詣諸州宣赦書」条（巻一三〇）などにも、儀式のモメントとして組みこまれている。「朝集使引見」条に「もし皇帝から恩をうけ慰問されたならば、ただちに舞蹈し、さらに再拝する」とあるように、それは、皇帝の恩恵に対する無上の歓喜を表わす身体儀礼である。

注意すべきは、赦書の発布にあたって舞蹈が指示されていることである。大赦は、官僚・人民が犯した政治的・行政的・法的過失・犯罪を逓減・免除することによって、社会全体の更新を図るものである。それは、君主たる皇帝だけが行使しうる最高命令権である。皇帝大権の発動たる赦書の宣布にあたって、舞蹈が指示されるのも当然といえる。唐代にあっては、元会儀礼のあと、太極殿であれば承天門、含元殿であれば丹鳳門に皇帝が出御し、大赦の発令されることがままあった。元会儀礼は、外朝における大赦の発令と組み合わされて、皇帝を中心とする政治社会全体の更新を図るものとなる。

唐代の諸史料には、任官・朝見・謝罪など、皇帝から様ざまな恩恵を受けたときに、官僚が再拝舞蹈する例が散見する。それらのなかには、皇帝の恩恵に対する無上の歓喜を表わすことからさらに進んで、臣従を表現することがある。ここではまず、最晩年の蘇威の例をあげておこう。

王世充を平定するに及んで、秦王李世民が洛陽の閶闔門内に座っていると、蘇威が謁見を申し出てきた。老病の身で拝礼することができなかったとの言上である。秦王は、人を遣ってこう非難した、「そなたは、隋朝の宰相であったが、政治が乱れても救うことはできず、あげくに人びとを塗炭の苦しみに陥れ、君主は殺され、国は滅びた。李密や王世充に謁見しては、皆な拝伏舞蹈するありさま。いまやすでに老病の身とのこと、わざわざの謁見にはおよばぬ」と。蘇威は、ついで長安に帰り、朝堂に出向いて謁見を願い出たが、また許されなかった(『隋書』巻四一本伝)。

李密や王世充に対する蘇威の拝伏舞蹈が、無上の歓喜を表現することは勿論、中原一帯にあいついで出現した新たな支配者に対する無節操な臣従を表現していることは明らかである。蘇威は、秦王李世民への臣従を試みて、失敗したわけである。

いま一つ例をあげておこう。玄宗が韋后一派を一掃した、いわゆる玄武門の変のなかの出来事である。事態がおさまり、中宗毒殺のあと新しく立てられていた少帝李重茂が、のちの睿宗である相王の後見のもと、安福門楼に出向いて民衆を慰労した。この時、韋后一派の趙履温が、「安福門楼下に駆けつけ、舞蹈して万歳を唱えたが、その声も終わらぬうちに、相王は万騎兵に命じて彼を斬殺させ」たのである(『資治通鑑』巻二〇九景雲元年(七一〇)六月条)。これも万歳舞蹈が、たとえ傀儡とはいえ、新しい権力者への臣従を誓う身体儀礼であったことを意味している。

つぎの例は、少しく時代はくだるが、より明確な舞踏の意味を伝えている。五代後唐の使者烏昭遇は、「つねに後唐の国情を呉越国に内通しており、銭鏐を殿下と目し、自ら臣と称して、国王銭鏐に拝謁するときには舞蹈の礼をおこなった」(『旧五代史』巻一三三世襲列伝銭鏐伝)。舞蹈が君主に対する臣従儀礼であったことは、もはや喋喋するまでもない。再拝舞蹈、あるいは万歳舞蹈は、皇帝に対してのみおこなわれる所作であり、皇帝の恩愛に対する無上の歓喜を表わすと同時に、皇帝に対する臣従を表現する身体儀礼であった。

無上の歓喜と臣従を表現する舞蹈について、南宋の朱熹が弟子との間につぎのような問答を残している。

朝見のときの舞蹈の礼について、お尋ねします。

何時から始まったのか分からない。北魏末年に、始めてその舞について述べているのをみると、恐らくは夷狄の風習ではあるまいか。(『朱子語類』巻一二八本朝法制)

この問答の前段において、南宋の当時、皇帝への朝見上奏にあたって、升殿に先立つ閤門引見のさいに、官僚が舞蹈礼をおこなったことが記されている。朱熹は、近年この舞蹈礼が省略される傾向にあることを指摘している。ただし元会儀礼にあっては、舞蹈礼は、明代にまでひきつがれた(『明史』巻五三礼志七嘉礼「登極儀」「大朝儀」等)。

朱熹が分からないと答えたように、舞蹈礼の起源について、いまのところ確実なことを言える材料がない。管見の限りでは、隋の開皇二〇年（六〇〇）一〇月、太子勇が子供たちとともに武徳殿殿庭に引き出されて廃嫡された時、去りぎわに文帝に対して舞蹈したのが初見である（『資治通鑑』巻一七九）。また『隋書』巻九礼儀志四は、隋の元会儀礼では、会儀の上寿礼のあと、「皇帝が酒を飲むと、殿上殿庭で舞蹈し、万歳を三唱する」と述べている（『通典』巻七〇も同じ）。朝儀の賀詞交換後の舞蹈万歳については言及していないが、『隋書』礼儀志の記述は簡略であり、省略されたのかも知れない。

隋王朝の儀礼を規定したのは、牛弘・辛彦之を撰者とする『隋朝儀礼』百巻である（『隋書』巻三三経籍志儀注類）。これは、梁および北斉の儀注を継承して編纂したもので（同書巻六礼儀志一）、開皇五年（五八五）正月に発布され、当時は『新礼』と呼ばれた（同書巻一高祖帝紀）。開皇九年（五八九）の陳朝平定の露布（戦勝）宣布にあたり、兵部尚書は『新礼』によって執行することを奏請した。このとき百官および四方からの客使などを広陽門外に集合させて露布宣布をおこなったが、宣布ののち参列者は拝礼のあと三度舞蹈し、さらに拝礼をおこなったと言われる（『隋書』巻八礼儀志三）。この舞蹈は、明らかに『隋朝儀礼』を基礎とする。

隋代の礼学に関する集成書としては、『新礼』のほかに晋王時代の煬帝が江南の儒者に編纂させた『江都集礼』一二〇巻がある。『隋書』巻七六文学伝に載せる潘徽の『江都集礼』序文を見ると、その内容は三礼を中心とする礼学およびその漢代以来の解釈・論著を集大成した編纂物であるらしく、国家儀礼の詳細を記すものではない。また潘徽伝の記述によれば、その編纂は陳朝滅亡以後のことである。特定の所作をともなって皇帝の恩愛に対する無上の歓喜と臣従とを表現する舞蹈礼が元会儀礼に導入されたのは、隋の文帝開皇五年の『隋朝儀礼』からのことと考えてよい。『隋書』巻九礼儀志四に記す隋の元会儀礼は、『隋朝儀礼』にもとづく。ただ、舞蹈礼が隋に入って突然発明されたとは考えられない。六朝末には存在した可能性はあるが、考える素材がないので、いまは闕疑としておく。

では、舞蹈礼はどのような所作をなす身体儀礼であったのか。この点もよく分からない。日常的におこなわれたために、特にその所作を書きとどめる資料がないのである。ただ、いくつか推測するてがかりはある。たとえば開元一七年（七二九）一一月壬寅におこなわれた昭陵（太宗陵）参詣の際、「神祇の参集するがごとくインインたる風が吹きわたり、玄宗皇帝に同行した文武百官は皆な、太宗皇帝が嘆息し、功臣たちが舞蹈する声を聞いた」と伝えられる（『旧唐書』巻二五礼儀志五）。これによれば、舞蹈の際には、なにか音声が発せられたようである。また、さきに紹介した『朱子語類』巻一二八本朝法制でも、「舞手弄脚」と述べている。このように、舞蹈は音声を発しながら手と足とを動かしておこなう所作であったことが分かる。

ところで、我が中世の有職故実書である『拾芥抄（しゅうがいしょう）』巻中「舞踏事」条には、「再拝し、笏を置き、立ちて、左し右し左す。居りて、左し右し左す。笏を取りて小拝し、立ちて再拝す」と、その所作を説明している。『語類』の「手を舞い脚を弄する」所作とはやや開きがあり、この舞踏事が古代中国の舞蹈と同じ所作を伝えていると言えるかどうか、問題は残る。しかし、想像するためのてだてとすることはできよう[(2)]。

中国にあっては、六朝から統一隋唐帝国への転換期に、元会における臣従儀礼が春秋戦国期以来の委贄儀礼から舞蹈礼へと鮮やかに変化した。同じく臣従儀礼ではあっても、委贄儀礼には、官僚身分の高低による差等がともなった。差し出す贄の種類が、官僚の礼制的身分秩序を象徴するからである。しかし、舞蹈礼にあっては一律であり、皇帝に対して臣下一般があるのみである。そこでは統治者集団内部の身分制的指向は排除されている。

想像してみよう。唐代の元会儀礼には、在京の官人・地方からの朝集使・外国使節団（蕃客）など、数千人の参列者があった。この数千人の参列者が、太極殿の奥深くに座す皇帝一人に対して、殿上・殿庭一斉に音声を発し、「再拝し、笏を置き、立ちて、左し右し左す。居りて、左し右し左す。笏を取りて小拝し、立ちて再拝す」るがごとき所作をなすのである。いかにも壮観、いかにも馬鹿げているというべきではないか。

⑵上計吏から朝集使へ――上計吏勅戒儀礼の消滅

もう一つの転換、すなわち上計吏勅戒儀礼の消滅について考えてみよう。上計吏勅戒儀礼の消滅は、上計吏から朝集使への転換にともなうものである。まず朝集使について、その出現と役割について考察することにしよう。[3]

朝集使は、管見の限りでは、隋の開皇元年(五八一)一〇月に、文帝が諸州朝集使に対して、徳州司馬房恭懿を地方官の模範として顕彰し、彼を海州刺史に抜擢したことを嚆矢とする(『資治通鑑』巻一七五陳太建一三年一〇月条)。同条の胡三省注は、「隋志に、元会ごとに、諸州はすべて使を派遣して首都に赴いて朝集させる。これを朝集使と言う、とある」と解説している。胡三省が朝集使の解説をこころみたのは、これが最初の事例だからであろう。隋が北周から政権を奪ったのは、この年の二月のことである。したがって、上計制度が朝集使へ転換したのは、隋の成立を機とするものであったことが分かる。(補注4) 朝集使は、もともと元会への朝集を目的として派遣される地方使節団であった。しかし、唐代の史料によって判明する朝集使の任務は、もっと多様である。

唐の朝集使について、まとまった記事を残しているのは、『大唐六典』巻三戸部尚書である。まずこれを参照しよう。

凡そ天下朝集使は、すべて都督・州刺史およびその上佐(司馬・長史)に、交替して当たらせる。辺要の州の都督・刺史、および一定の割合で自然災害にあった諸州については、他の官吏が任務を代替する。すべて一〇月二五日に首都に到着し、一一月一日に戸部尚書によって皇帝に引見せられたのち、尚書省都堂において群官と礼見する。そののち尚書省の考堂に集合し、考績（人事考課）に応じる。元日には、その貢篚（貢献物）を殿庭に陳列する。

朝集使は、都督・州刺史をはじめとする地方州府の幹部が一年交替で担当し、一〇月二五日に全員が首都到着、一一月一日に全員で皇帝への挨拶、および九品以上の京官への挨拶をおこなった。太極殿での皇帝引見儀礼は『大唐開元礼』巻一〇九に、尚書省都堂での九品以上京官との礼見儀礼は『大唐開元礼』巻一二六に見える。儀礼次第は省略する。

一〇月二五日に到着した朝集使の任期は一年であった。我が『養老令』考課令に「凡そ（太宰府）大貳以下、および国司は、年毎に分番朝集す」とあり、『令集解』巻二二同条に引く穴記は、これを解説するにさいし、「朝集使が一年間在京したことは、唐の選叙令の官人解代条文に見ることができる」と、唐令を参照している。朝集使が一年間在京したことは、開元二〇年（七三二）二月と二二年（七三四）九月に、朝堂において玄宗が朝集使を饗宴したことからも分かる（『玉海』巻一六〇所引『実録』）。

一年間滞在する朝集使の主要な任務は、つぎの三点であった。第一の任務は、各地方を代表して大礼に参列することである。すでに見たように、もともと元会への参列が朝集使の基本任務であった。しかし唐代では、元会・冬至の大朝会のみならず、『大唐開元礼』の冬至祀円丘儀・正月上辛祀穀儀・孟夏雩祀・仲春仲秋大社儀・太廟時享（一歳五享、四孟月・臘月）・皇帝元服儀・皇帝納后儀・皇太子納妃儀などの大礼の参列者のなかに朝集使が見える。大礼への参列は通年にわたっており、朝集使が在京一年の交替制であったことを裏書きしている。

第二の任務は、先の『大唐六典』巻三戸部尚書条の引用で見たように、尚書省の考堂に集合し、各州府が管轄する地方官の人事考課に応じることである。朝集使が考使とも呼ばれたことは、尚書省での人事考課に応じることが、最重要の任務であったことを示している。この任務に関連して、各州の「孝悌・力田者については、考使が（尚書省考堂に）集合する日に、名前を書きあげて奏聞する」規定があり（『大唐六典』巻三〇州刺史条）、地方人民の有徳者の名簿が上奏されたのである。

第三の任務は、これも先の『大唐六典』巻三戸部尚書条の引用で見たように、各州から貢物を輸送して、元会儀礼に陳列することである。この時には貢物だけでなく、朝集使はまた、各州からの貢挙人（科挙受験者）をもともなって上京した。武則天・長寿二年（六九三）一〇月に提出された左拾遺劉承慶の上疏に、こうある。

伏して思いまするに、近年以来、天下諸州からの貢納物は、元日の元会にあたり、皆な皇帝の御前に陳列されますが、ただ貢挙人だけは門外の朝堂にて拝列いたします。しかし孝廉・秀才たちは、歳貢に充てられましたるものにて、王庭に参列するのが事宜にかなっております。金帛羽毛が玉階のもとに並べられながら、賢良・文学の士は金門（応天門）の外にうち捨てられたままということがありえましょうや。恐らくは、いわゆる財を尊んで義を卑しみ、物を重んじて人を軽んずるというもの。貢挙人を元日に引見し、地方の貢物の前に参列させて充庭の礼に備えられますよう、伏して願い上げます（『唐会要』巻七六貢挙中「縁挙雑録」）。

この上奏は制可されたから、これ以後は、貢挙人も元会儀礼に参列したはずである。朝集使は、諸地方の人と生産物とを皇帝に対して貢納したのである。

このように見てくれば、唐代の朝集使は、おおよそ漢六朝期の上計吏と同じものだと考えてよさそうである。事実、唐の賈公彦も、『周礼』地官・小宰の「冢宰を賛（たす）けて歳会を受け、歳終われば、則ち群吏をして事を致せしむ」に付す鄭玄注の「今（漢）の上計の如し」に対し、その疏のなかで「漢の朝集使は、これを上計吏と言った。一年間の計会文書と功状（人事査定書）を上申することを言う」と敷衍している。しかし、漢の上計吏と唐の朝集使との間には、かなり重要な点で相違がある。

『大唐六典』巻一尚書都省・都事条に、「およそ全国の制勅・計奏・省符・宣告など、文書の受理・発給の数量と処理に関する年間集約について、年末を区切りとし、中央諸官司にあっては、皆な四月一日までに尚書都省に納める。地方諸州にあっては、州司が推校して勾官に授け、勾官がこれを審査したうえ、連署して封印し、計帳使に付して、尚書都省に納める。常に六月一日に、都事が諸司の令史を集めて対校覆勘し、もし隠匿・遺漏・相違があれば、皆な考課に付す」と述べている。このことは、諸州から朝集使とは別に計帳使が派遣され、計奏をはじめとする文書の年間集約が六月一日までに中央政府に上申されていたことを物語っている。問題は、一〇月二五日に首都に到着する朝集使とは別に、五月末日までに到着する計帳使が各州から派遣されたことである。

上申すべき集約文書のうち注目したいのは計奏である。この計奏について、計帳使が具体的にどのような集約文書を上申したのか分からない。ただ計帳とある点から類推して、籍帳に関する文書の上申が根幹を構成したと考えて大過ないであろう。唐代では、年末に百姓が提出する戸ごとの手実にもとづいて郷帳が作成され、これにもとづいて毎年一度計帳が作られ、次年度の課役の割当が準備された(『唐書』巻五一食貨志一)。さらにこの手実・計帳にもとづいて、三年に一度戸籍が作成された。手実・計帳には、戸口・年齢のみならず、農民が保有する田土面積・四至が記入された(『唐書』巻五一食貨志一、および

『唐会要』巻八五籍帳条に引く武徳六年三月令、開元一八年一一月勅、天宝五載六月一一日勅など[4]）。ところが、この戸口・墾田の上申こそ、すでにみたように漢六朝期の上計制度の重要任務であった。唐代にあっては、漢六朝期の年末上計制度の根幹は、五月末日までに首都に到着する計帳使に継承されたのである。

考使とも呼ばれたように、唐代朝集使の最重要任務は考課の基礎となる功状の上申と対勘とにあり、財政・政務報告を重点とした漢六朝期の上計吏とは力点が異なると言わなければならない。換言すれば、歳末・元旦における上計吏制度から朝集使への変化は、財政から人事への力点の転換を意味したのである。では、なぜこの転換がおこったのか。これに答える前に、元会における勅戒儀礼の消滅の直接的な原因と、朝集使のゆくすえについてみておきたい。

元会における勅戒儀礼は、地方から派遣された上計吏をつうじて、地方長官である州刺史・郡太守に対して遵守すべき職務規範を宣布する儀礼であった。これに対して朝集使制度は、州刺史・上佐自身が直接参加した。勅戒儀礼の消滅は、朝集使制度の形成にともなって、地方政府の長官もしくは高級幹部（上佐）が元会儀礼に直接参加することによって、不必要になってしまったのである。しかし、この地方長官および高級幹部の元会儀礼への直接参加は、中央政府と地方政府との相互関係の根本的変化を背景にしている。勅戒儀礼消滅の原因は、元会儀礼の場をこえた政治社会全体の変化である。これについては項を改めて述べることにしよう。

隋の開皇元年に始まった朝集使制度は、あまり長くは続かなかった。八世紀の半ばに起きた安史の乱をさかいに、朝集使制度も消滅してしまうのである。その経緯を一瞥しておこう。『旧唐書』巻一二徳宗本紀建中元年（七八〇）一一月一日条に、こうある。

辛酉朔、朝集使および貢士（もと貢使に作るが、『玉海』巻一六一唐考堂条所引旧紀により改める）が大明宮宣政殿で皇帝に朝見した。安史の乱が起こって以来、地方州府は上計せず、内外ともに朝会しないことが二五年におよんだが、この年になって始めて旧制が復活したのである。

安史の乱が起こって諸州府からの朝集がとだえたのは事実であろうが、いま少し説明がいる。制度的に朝集使の廃止が決定されたのは、「今年冬の入考刺史について、今よりのち、並びに停止するがよい」という、乾元元年（七五八）六月六日の詔勅によってである。その後、大暦一四年（七七九）六月一日の「諸州刺史・上佐は、並びに毎年入計することを許す」という、徳宗の詔勅によって朝集使の復活が決定される（以上『唐会要』巻六九都督刺史已下雑録）。『旧唐書』建中元年一一月の記事は、これらをふまえた総括的な記事である。ところが、二五年ぶりに復活された朝集使制度も、やがて貞元三年（七八七）三月庚寅の詔勅によって、ふたたび停止されてしまう（『旧唐書』巻一二徳宗本紀）。そうして、翌貞元四年正月一日の勅文によって「今よりのち、刺史はみだりに任地を離れてはならぬ」こととなり、別に派遣する「司使によって文書・計会をゆだね、州の行政にかかわる情報をあまねく上申することを許」されるようになる。徳宗期に朝集使復活の動きがあったとはいえ、朝集使は事実上、安史の乱によって廃止されたのである。朝集使制度は、六世紀末に始まり八世紀半ばに終わったといってよい。

委贄儀礼と上計吏勅戒儀礼の廃止は、皇帝と中央官僚との君臣関係、および中央と地方との関係の変化を背景とする。では、この変化はいかなるものであったか。

三　構造変化の原因

元会儀礼の構造変化をもたらした根本要因は、隋初における政治的諸改革である。とりわけ、地方諸機構の改革によってもたらされた中央集権化への指向である。隋初の中央集権化については、浜口重国の古典的研究があり、筆者もその驥尾に付して言及したことがある。(5) ここでは、地方諸機構の改革と中央集権化とが、元会儀礼に構造変化をもたらした要因であったことについて考察しておきたい。

文帝は、即位するとただちに国制全般にわたる改革に着手した。地方改革についていえば、開皇三年（五八三）一一月に郡を廃止し、漢末以来の州―郡―県三級制から州―県二級制へ簡素化した。それは、単に郡の廃止にとどまらず、より根本的な変化をともなうものであった。この点について、『隋書』巻二八百官志下は、こう述べている。

郡を廃止し、州に県を統括させ、州の佐官である別駕・賛務を長史・司馬に改めた。そのかみ、北周・北斉時代の州・郡・県の職員のうち、州は州都、郡・県は郡正・県正以下の属吏については、すべて州・郡の将（長官）や県令が現地に着任したのち人事をおこない、かれら属吏に行政を担当させた。郡が廃止されると、属吏には行政を担当させず、単に郷官と呼んだ。そのかわり別に品官を設置し、すべて中央の吏部尚書が人事を担当し、毎年人事考課をおこなった。刺史・県令は三年毎に、佐官は四年毎に異動することとなった。

すでに述べたように、漢代以来の国家は、皇帝と皇帝が直接任命する命官との間の第一次的君臣関係と、国家機構を構成する諸官府の官長と彼が任命する属吏層との間の第二次的君臣関係との、二重の複合的な君臣関係によって運営されていた。とりわけ地方諸官府の属吏人事は、各地方長官がおこない、長官と属吏との間には第二次的君臣関係が形成され、長官が異動したのちも故主―故吏関係が終生にわたって続いた。この開皇三年の郡廃止にともない、地方長官が任命する属吏は郷官と呼ばれて名誉職化し、行政実務から排除されたのである。開皇一五年（五九五）には、この州県の郷官まで廃止され（『隋書』百官志下）、地方長官の属吏人事権が最終的に否定された。換言すれば、第二次的君臣関係が否定されたのである。郷官の替わりには、中央尚書吏部が統一的に人事をおこない、皇帝の任命する品官が地方上級属吏として派遣され、地方行政を担当することになった。皇帝を頂点とする君臣関係は、地方上級属吏にいたるまで一元化されたのである。

この結果、開皇六年（五八六）二月丙戌には、「刺史・上佐（長史・司馬）に、毎年末に交替で入朝し、人事考課を上申させる」よう制勅が出されている（『隋書』巻一高祖帝紀）。つまり、地方上級属吏が品官化したため、これまで必要なかった人事考課の中央への上申が義務づけられることとなった。この刺史・上佐（長史・司馬）による人事考課の中央上申こそ、朝集使（考使）の最重要任務の成立である。朝集使は、開皇元年には存在していたが、開皇三年の地方改革とそれにともなう開皇六年の人事考課の中央上申制度導入によって、漢六朝期の上計吏制度とは根本的に異なるものとなったのである。隋唐朝集使の本格的成立は、開皇六年であると断言してよい。

この地方上層属吏の品官化は、もう一つの重要な側面をもっている。このことを認識するために、ふたたび西魏の蘇綽の言い分に耳を傾けよう。かれは、こう言っている。

現在、州刺史・郡太守・県令には、ことごとく属吏が配置され、皆なその統治を助けている。刺史の府官は朝廷から任命されるが、州吏以下はすべて官長がみずから選任する。昔から州郡属吏の上層（州郡大吏）は門閥より選任し、おおむね賢良を選ばず、属吏下層（末曹小吏）は、ただ書記能力だけを試し、けっして志行を問題にすることはなかった。

門閥とは代々の爵禄にほかならず、愚昧な子孫が出るのを妨げない。書記能力とは身外の末技であって、悪い性向の持ち主を排除できない。もし門閥のなかから賢良が得られるなら、これこそ騏驎に鞭打って千里を走るようなものであるが、門閥のなかから愚昧をえるならば、土や木の牛馬同様、形は似ていても役には立たず、道を歩くこともできない。もし書記のなかから志行のある人材を得るならば、これこそ内外ともに金玉の形質をそなえた真の宝であるが、書記のなかから性悪るをつかむならば、絵画で飾りたてた朽木同様、一時眼を喜ばせはすれ、建材の役には立たぬものである。

……（『周書』巻二三本伝、『六条詔書』四「擢賢良」）。

六朝期の地方官長は、通常将軍号を帯びて軍府を開き、本来の民政系属吏（州吏）のほかに軍政系属吏（府官）を部下としてもっていた。蘇綽によれば、府官系属吏はすでに中央任命になっており、州吏系属吏だけが旧来どおり各官長の人事によって選任されたのである。隋の改革は、州吏系属吏を否定し、地方官長の軍事権をも中央に回収したうえで、すでに中央任命化していた府官系属吏を民政担当の属吏として品官化したのである。

より注目すべきは、改革によって品官化された地方上層属吏（州郡大吏）が、六朝期にあっては地方門閥によって独占されており、書記実務担当の下層属吏（末曹小吏）とはっきり区別されていたことである。蘇綽は、この門閥による上層属吏独占を人材（賢良・志行）登用によって打破することを提言したのである。隋初の地方改革こそ、地方上層属吏の人事権を中央に集中することによって、蘇綽の提言の実現をめざしたのであった。地方における門閥制への一撃は、中央集権化への重要な階梯をなした。

しかしながらこの中央集権化は、別に新たな弊害をもたらすことになる。「北魏・北斉時代には、令史はのんびりしたものだった。今はかえって尻を落ち着ける余裕もない。何故なのか」という牛弘の質問に答えて、劉炫（りゅうげん）がつぎのように述べている。

北斉は数十州を建てたにすぎず、太尉・司徒・司空の三公府と行台尚書がこれらを相互に統括し、下行する文書も一〇条以下でした。今や州は三〇〇もあります。これが政治の煩雑になった第一の理由です。昔は州にはただ長史・司馬を置き、郡には太守・丞を置き、県にはただ令だけでした。その属吏は、長官が自ら人事し、詔勅を受けて赴任するのに毎州数十人を越えませんでした。現在はさにあらず。大小の官は、すべて吏部が人事し、些細な事柄も、皆な考功郎中の人事査定の対象となります。これが政治の煩雑になった第二の理由です。官府を削減するには、行政を削減するにしかず。行政を削減するには、心を清らかにするにしかず。行政が削減されもしないのにのんびりしたく思っても、さてかないましょうや（『隋書』巻七五儒林伝本伝）。

令吏は、中央諸官府の下級吏員（流外官）である。地方官府の量的増大と地方上層属吏人事の中央化にともなって、令吏に休息をも許さぬ文書行政の増大と人事・考課行政の煩雑化が進行し、官僚・官吏数の急激な膨張と官界の混乱がもたらされた。この混乱は、唐代にはいってさらに悪化し、高宗・武則天期に最高潮に達したのである(6)。

このような混乱を背景にしながらも、漢代以来の二重の君臣関係が一元化されると、皇帝は、地方上層属吏にいたるまでの官僚と直接的な君臣関係を結んで、中央集権的行政を指向することができるようになった。この一元的君臣関係は、臣下内部の身分的差等を前提とする委贄儀礼を廃止して、一律の臣従儀礼である舞蹈礼を導入させ、他方で刺史もしくは上佐が朝集使として元会儀礼に直接参加することを可能にして、上計吏制度にとって替わらせたのである。委贄儀礼と上計吏勅戒儀礼の廃止を基調とする元会儀礼の構造変化は、隋初の地方機構改革を要因とし、地方上層属吏の品官化による君臣関係の一元化とそれにともなう人事考課の中央上申を本務とする朝集使の成立によってもたらされたのである。

注

（1）『大唐開元礼』は、開元一四年（七二六）の通事舎人王嵒の提起をうけて開かれた、集賢院学士詳議における尚書右丞相張説の奏議によって編纂されたものである。編集に手間どり、頒行されたのは開元二九年（七四一）である（『唐会要』巻三七 五礼篇目）。

なお、日本古代史では律令制の比較史的研究のなかで様ざまな角度から元会儀礼がとりあげられている。近年の研究としては、儀制令の比較を基軸とする大隅清陽「儀制令と律令国家——古代国家の支配秩序」（池田温編『中国礼法と日本律令制』東方書店、一九九二年）がある。また、太極殿をめぐる儀礼についての全般的な研究として、古瀬奈津子「儀式における唐礼の継受——奈良末～平安初期の変化を中心に」（同右所収）がある。本節をまとめるにあたり、両者を参照すること最も多かったことを申し添える。

（2）古代日本では、弘仁九年（八一八）の全面的な唐風宮廷儀礼の導入にともない、日本古来の拝礼である四拝・拍手から再拝・舞蹈へと変化した（西本昌弘「古礼から見た内裏儀式の成立」『史林』第七〇巻第二号、一九八七年）。律令法の継受に比べ、儀礼の導入がはるかに遅れるのは特徴的である。また、『弘仁式』式部式では、「（正月）二日皇后受賀」「二日皇太子受賀」において群官の「再拝舞蹈」を載せている。中国では皇帝以外に舞蹈をおこなうことはなく、異例である。『延喜式』巻一九式部下の同条は、舞蹈を削除し、中国なみになっている。舞蹈の意味が当初理解できなかったのであろうか。あるいは、皇后・皇太子の国制上の位置づけが異なっていたのであろうか。

（3）朝集使の基本的かつ先駆的研究として、坂本太郎「朝集使考」（一九三一年、のち『日本古代史の基礎的研究（下）』吉川弘文館、一九六四年）がある。

（4）手実・計帳とその財政運営上の位置づけについては、池田温『中国古代籍帳研究 概観・録文』第三章「古代籍帳制度の完成と崩壊」二「唐代の造籍」（東京大学出版会、一九七九年）および大津透「唐律令国家の予算について——儀鳳三年度支奏抄四年金部旨符試釈」（初出一九八六年、のち『日唐律令制の財政構造』岩波書店、二〇〇六年）参照。手実の具体例としては、『吐魯番文書第七冊』（文物出版社、一九八六年）に載せるアスターナ三五号墓文書（64TAM35：61a）「武周載初元年（六九〇）西州高昌県寧和才等戸手実」があり、戸主以下戸口の姓名・年齢および保有する耕地の面積・四至が一筆ごとに記されている。

（5）浜口『秦漢隋唐史の研究』下巻第三「隋の天下一統と君権の強化」、第四「所謂、隋の郷官廃止について」（東京大学出版会、一九六六年）、拙著『中国古代国家の思想構造』第二部第七章「『臣軌』小論——唐代前半期の国家とイデオロギー」第八章「小結——中国古代専制国家論」参照。

（6）前掲注(5)拙著第七章「『臣軌』小論」参照。

（補注4） 朝集使が開皇元年にはじまったという論述に対し、中国の雷聞は、『資治通鑑』の記述を再検証して、開皇六年（五八六）の設置であると再確認している。従うべき見解である。詳しくは、雷聞「隋唐朝集制度研究――兼論其与両漢上計制之異同」（『唐研究』第七巻、二〇〇一年）参照。

おわりに

第一章第二節「朝政の構造」において、我われは、漢代から隋唐期にいたるまでの朝政構造の根幹をなす二つのモメントとして皇帝と高級官僚とを区別してとりだし、朝政の実現においては皇帝の側に決定的な重心があったことを見た。皇帝に朝政の決定権を付与したのは、その前提に儼存する君臣関係である。本章では、この君臣関係の特質を、漢代から隋唐期にいたるまでの元会儀礼の分析をつうじて明らかにした。

元会儀礼の構造的根幹をなしたのは、朝賀委贄をつうじて達成される皇帝と中央官僚との間の君臣関係の年ごとの更新である。この君臣関係再認儀礼は隋の地方機構改革にともなって消滅し、舞蹈礼に転換する。漢六朝のような統治者集団内部の身分的差等をともなう委贄儀礼から、臣下一般が一律の所作をもって皇帝に対する無上の歓喜と臣従を表現する舞蹈礼に転換したとはいえ、そこに共通する基調は、皇帝に対する臣従を具体的な身体行為をつうじて表現するところにあった。とりわけ舞蹈礼は、元会という時間的空間的な制約をこえて、皇帝から恩を受けたときに、ただちにおこなう儀礼であった。こうして無上の歓喜と臣従の表現は、官僚士大夫がおこなう中国的な皇帝礼讃儀礼を構成することとなる。

君臣関係再認に内在するもう一つの構造的特質は、皇帝と官僚との互酬性にもとづいて、その調和・和合が図られた点である。元会は、委贄儀礼を中心とする朝儀と上寿酒礼・饗宴・藝能を中心とする会儀との二部構成をとっていた。委贄儀礼は官僚の身分を表わす礼物を皇帝に贈与して君臣関係形成の誓約を表明し、饗宴・藝能は委贄に対する贈答を表現し、新たに形成された君臣関係の和合を図る役割を果たした。委贄と饗宴・藝能との互酬性をつうじて、君臣関係の更新と和合とを達成するのが元会儀礼である。ただ隋朝以後、委贄儀礼が舞蹈礼へ転換するとともに、互酬性は消滅し、元会儀礼全体が賀詞交換の儀式と娯楽の場へと変化していった。

元会儀礼の構造的根幹は臣従儀礼と互酬性による君臣和合であったが、その外郭を構成したのが、地方使節団の参加と貢物・貢士をつうじて実現される、皇帝と地方政府との間の貢納―従属関係である。それらは、漢六朝期にあっては上計吏の参加と戒勅儀礼をつうじて果たされたが、隋唐期には朝集使の参列と地方官の人事考課上申によって実現された。

元会儀礼の構造には、皇帝と地方政府との間の貢納関係のさらなる周辺に、不可欠の構成要素として外国使節団（蕃夷）の参列と貢物陳列が組み込まれていた。元会儀礼は、皇帝—中央官僚間の君臣関係再認・和合を中核に、皇帝と地方政府との間の貢納—従属関係、および皇帝と外国諸種族との間の貢納—服属関係から構成されていたのであり、総体として言えば、皇帝が支配する全帝国的秩序の更新をはかるものであった。

我われのつぎなる課題は、外国諸種族との関係を分析対象に導入することによって、皇帝が実現する帝国的秩序の儀礼的特質を解明することである。

第三章　帝国の構造——元会儀礼と帝国的秩序

はじめに

たとえば、西嶋定生『中国古代帝国の形成と構造』（東京大学出版会、一九六一年）や谷川道雄『隋唐帝国形成史論』（筑摩書房、一九七一年）など、戦後の中国史研究に一時期を画した研究が「帝国」を表題に掲げるように、中国古代国家は「帝国」を自明のこととしてきたかのごとくである。しかも、両著のどこにも「帝国」でなければならぬ明快な論及はない。「帝国」は、なお自明の与件でしかない。「帝国」は、説明されなければならない。

前章で見たように、元会儀礼には中央官僚のみならず、州もしくは郡からの地方使節団（上計吏・朝集使）、および外国（蕃夷）使節団が参列し、皇帝を中心とする世界的秩序が目に見えるかたちで再現された。元会儀礼が象徴する中央—地方州郡—外国諸蕃夷からなるこの重層的な世界的秩序構造を、さしあたり帝国的構造と呼んでおきたい。本章の課題は、この帝国的構造の内的編成を明らかにするところにある。

帝国とは、今日の国民国家（nation-state）理念に代表されるような一民族・一言語・一宗教にもとづく国家的統合とは異なり、多種族・多言語・多宗教をふくんだ広大な領域を統合する政治システムである。世界史的には、ローマ帝国、ビザンツ帝国、オスマン朝、ムガル帝国などをもちだすまでもなく、このような帝国的構造によって政治的統合を達成していた国家のほうがむしろ普遍的であった。前近代中国の諸王朝が東アジアにおける卓越した帝国であり、秦漢帝国成立以来、二〇世紀初頭にいたるまで二千年余りにわたって同一地域に存続した世界史上まれにみる帝国であったことは、あらためて言うまでもないことである。

しかし、一般的に帝国といっても、その内部編成や統合イデオロギーは、各帝国によって異なるのであり、同一の帝国においても時代による変化がある。ここでさしあたり帝国的構造と呼んでいる政治的統合のありかたを歴史学の概念とするためには、世界史上の各帝国の具体的分析とそれらの比較史的検討が必要である。とはいえ、この課題をただちに達成することは不可能であり、筆者にもその能力はない。ここでは、典型的な帝国的構造をもっていた古代中国を対象とし、その内部編成を明らかにすることによって、比較史的な検討素材を提供するにとどまる。

中国を中心とする古代東アジアの世界的秩序を総括する概念としては、西嶋定生が提唱した冊封体制論がある。冊封とは「冊を授けて封建する」ということであり、冊封体制とは、冊書と印章の賜与をつうじて形成される、中国の中央集権的国家と周辺諸国の諸君長との間の国際的な政治秩序の総体である。冊封体制の特徴は、(1)皇帝と周辺諸国の君長との間に君臣関係が形成され、(2)義務（「職約」）として歳貢、助兵などが課される点にあるが、冊封体制形成のイデオロギー的背景には中華（華夏族）と夷狄とを差別する中華思想（礼）と、この差別を融合する王化思想とが存在する。つまり天子（皇帝）に徳がそなわり（徳治主義）、夷狄がその徳を慕って来貢することをつうじて融合が達成されるのである。[1]

冊封体制論は、古代東アジアの国際秩序を解明したみごとな説明である。しかし、ここで述べる帝国的構造の直接的な説明にはならない。それは、中国の中央集権的国家と周辺諸国・諸種族との関係を説明するものであり、冊封による君臣関係の形成によって中国と周辺国家との間に従属関係が形成されはするが、基本的には国家間の国際的関係の構造的特質の解明が中心になっている。したがってその原理も、中国王朝内部の郡県制的支配とは質を異にする封建制的関係が導入されているのである。郡県制と封建制とが内部と外部とを区別する制度原理になっている。冊封体制論は、中国内部と周辺諸種族とに一貫する全体構造を説明するものとしては、不充分なのである。

帝国的構造は、この国際的関係と部分的に重なりながら、それとは別に存在し、あくまでも中国を中心として形成される秩序のあり方である。それは、帝国の中心部から周辺へむかって無限にひろがる可能性をもち、多種族・多言語・多宗教をふくんだ広大な領域を統合しうる政治システムである。統合を達成するためには、冊封体制とは異なって、中心から周辺にまで一貫する普遍的な原理が前提されなければならない。この普遍的原理によって帝国的構造が秩序化されるのであり、この普遍的原理の発見とそれによる内部編成の解明が本章の具体的な課題である。冊封体制論とは異なる視点から、皇帝を中心とする政治的秩序のあり方を探ってみたい。

注

（1）西嶋定生「六―八世紀の東アジア」（初出一九六二年、のち『中国古代国家と東アジア世界』東京大学出版会、一九八三年）、その後に発表された冊封体制関係論文は、『邪馬台国と倭国』（吉川弘文館、一九九四年）にまとめられている。西嶋の冊封体制論に反対するものとしては、鬼頭清明『日本古代国家の形成と東アジア』（校倉書房、一九七六年）があり、一部容認しながら中華的世界秩序としてとらえなおすのは、堀敏一『中国と古代東アジア世界』（岩波書店、一九九三年）である。

第一節　元会儀礼の帝国的秩序

一　漢六朝期の元会儀礼における帝国的要素

帝国的構造の普遍的原理を発見するために、いま一度漢六朝期の元会儀礼にたちもどることにしよう。前章に紹介した張衡『東京賦』（『文選』巻三）は、後漢初期の元会儀礼をつぎのように描写している。

さて孟春元日には、諸侯が四方から来朝し、朝廷の百官もそれにつづきます。諸侯の藩国からは聘物を奉じ、遠方の夷狄の地からは人質を納めます。これらはともにすべて皇帝の臣下であり、そのしるしとして玉などの礼物を供えるのです。このときには、正殿の下に朝謁する者はあらまし数万人もあり、東西二つの隊列に分けます（於是孟春元日、群后旁戻、百僚師師、于斯胥洎。藩国奉聘、要荒来質。具惟帝臣、献琛執贄。当覲乎殿下者、蓋数万以二)。

元会には四方の諸侯、遠方の夷狄が参列し、皇帝に拝謁して臣従を誓うのである。元会は、前章で述べた皇帝と中央官僚との君臣関係更新、中央政府と地方郡国との従属—貢納関係の再生産のみならず、異種族の臣従をも包括する帝国的秩序を象徴する儀礼であった。この臣従を誓う象徴的行為が「献琛執贄」である。これについて三国呉の薛綜は、「献とは貢である。琛とは宝である。……藩国から来貢することを言うのであるが、その土地に産出する宝物を貢納することを意味する(謂随土所出宝而貢之)」と解説している。「随土所出」は、『尚書』禹貢篇序に言う「任土作貢」につうじ、貢納関係を表わす常套句である。この点についてはあらためて問題にするが、少なくとも薛綜は、元会儀礼の貢納を『尚書』禹貢篇に関連させて理解していたことが分かる。

班固『両都賦』「東都賦」(『文選』巻一)も、後漢初期の元会儀礼をつぎのように叙述している。

……春、王の三朝、漢京に会同す。この日、天子は四海の図籍を受け、万国の貢珍を膺(う)け、内は諸夏を撫(な)で、外は百蛮を綏(やす)んず。爾して乃ち礼を盛んにし楽を興し、供帳して雲龍の庭に置き、百寮を陳ねて群后を賛け、皇儀を究めて帝容を展ぶ。是に於て庭実千品あり、旨酒万鍾あり、金罍を列ね、玉觴を班かち、嘉珍は御(すす)められ、太牢は饗(そな)えらる。……

元会の日に、皇帝は天下・万国から地図と戸籍を受理し、あわせて貢献物を受け取る。これによって、内は中華、外は諸蛮族を綏撫し、全世界を秩序だてるのである。張衡『東京賦』と同様に、ここでも元会は、帝国的秩序を象徴する儀礼として描写されている。

「東都賦」は、天下・万国からの図籍・貢献物の贈与に対して、皇帝から礼楽・饗宴の贈答があり、互酬性によって儀礼がなりたっていることを示している。贈答部分にあたる引用後半の「庭実千品」について、『後漢書』班固列伝第三〇下の「東都賦」に付す唐の李賢の注は、「庭実は、貢献の物なり。……千品は多きを言うなり」と解釈している。天下・万国からのあまたの貢献物は、元会儀礼が挙行される殿庭にところせましと並びたてられるのである。庭実—貢献物についてはなお多くの検討が必要であり、のちにあらためて問題にしよう。

成立してまもない後漢初期の元会儀礼について、張衡『東京賦』・班固「東都賦」は、ともに中華・夷狄の参加とそれを秩序だてる貢献物の貢納を描写している。貢献物の貢納は、第二章で述べたように、郡国の上計吏あるいは州の朝集使が中央への従属をしめす象徴として貢納するものであった。この貢献物の貢納が、ここでは諸種族の臣従をしめす象徴として出てくるのである。

元会儀礼自体をはなれてみても、貢献物の貢納が諸種族の臣従を示すことは、つぎのいくつかの例からも分かる。後漢の光武帝・建武二四年（後四八）一〇月、匈奴が南北に分裂した。翌二五年正月には、はやくも「匈奴南単于が使者を派遣し、闕門にいたって貢献し、蕃を奉じて臣と称（詣闕貢献、奉蕃称臣）」している（『後漢書』光武帝紀第一下）。これは、明らかに元会儀礼への参加と中国への従属を意味している。他方の北匈奴も、和帝の永元一六年（一〇四）一一月に「使者を派遣し、臣と称して貢献（称臣貢献）」している（『後漢書』和帝紀第四）。また、魏の文帝が王朗に与えた書簡には、「孫権が重ねて使者を派遣し、臣と称して貢献物を奉じて来た（称臣奉貢）」が、その内訳は明珠・黄金・二頭の象・鸚鵡などの宝物であり、あまたの品物が船舶に充満している、と述べている（『太平御覧』巻六二六貢賦条所引）。貢献─臣従は、諸種族のみならず分裂期の国家関係をも象徴する事象であった。諸種族の貢納・貢献は史乗に頻出するが、漢代から五代までについては、『冊府元亀』巻九六九から巻九七二までの外臣部・朝貢一から五に整理された記事がある。

元会儀礼には諸種族の参加と貢献物の貢納が不可欠であった。晋の「咸寧儀注」においても昼漏上水の六刻後に諸蕃夷・胡客の入庭を規定しているし（一八九頁）、『建康実録』巻七は、東晋・成帝の咸和八年（三三三）「春、正月辛亥朔、万国を建康新宮に朝見し、四夷が参列した」ことを伝えている。また、「梁の元会儀礼は、未明にかがり火を設置し、文物を殿庭いっぱいに陳列する（文物充庭）。……群臣と諸蕃客が集合し、それぞれその班位に就いて拝礼をおこなうと、侍中が『中厳』を奏上」することになっていた（『隋書』巻九礼儀志四）。殿庭に陳列される文物には、諸蕃客の貢献物が含まれていたことは明らかである。

北魏には、より端的な例がある。太和一七年（四九三）元旦、孝文帝は、新築された平城宮太極殿において百官に饗宴を賜った。このあと正月一四日に、元会儀礼に参加した諸種族の首長たちに対し、つぎのような詔勅をくだしている。

> 駿馬を走らせて朝覲するのは臣下の常法であり、これに対して車乗を賜与するのは君主の変わらぬ恩恵である。このたび辺境諸蕃夷の君長・世子たちは、皆なつつしんで象魏（闕門）のもとに集合し、玉の音を響かせながら殿庭に進み出て、元会に参列した。貢献と饗宴が終わったうえは（貢饗既畢）、ほどなく帰国の途につくであろう。それぞれその身分により車馬・旗幟・衣錦を下賜し、その優遇に務めよ（『魏書』巻七高祖紀下）。

詔勅は、つづいて武興氐・宕昌羌・白水羌・吐谷渾に対する具体的な物品数を指示している。皇帝と諸種族の首長との間の君臣関係は、諸種族の元会儀礼への参列および貢献物の貢納と、これに対する皇帝からの饗宴と賜物とをつうじて達成されたのである。

元会儀礼は、⑴中央百官の委贄儀礼による君臣関係の定立、⑵地方郡国からの上計と貢献物貢納による中央への従属関係の定立、および⑶蕃夷の参列と貢献物貢納による中国への従属関係の定立、という三層の重層構造からなる。この重層構造をつらぬくのは礼物の皇帝への献上であり、とりわけ中央―地方関係と中華―夷狄関係とをつらぬく貢献物の貢納である。元会儀礼が象徴する帝国的秩序は、貢献物の貢納原理によって基礎づけられていたのである。我われは、つぎにこの貢納原理について検討しなければならない。その手がかりは、さきに保留しておいた庭実である。

二　貢納原理――あるいは庭実について

さきに見た班固「東都賦」は、元会儀礼にあたって天下・万国からの図籍・貢献物の貢納があり、それらが殿庭に陳列されたことを「庭実千品」という句をもちいて表現していた。『後漢書』班固列伝第三〇下の「東都賦」に付す唐人李賢の注は、「庭実は、貢献の物なり」と解釈し、そのあと「左伝に、孟献子曰く、臣聞くならく、聘して物を献じ、是に於てか庭実旅百あり、と」と、『春秋左氏伝』の参照を指示している（『文選』李善注も同じい）。貢献物―庭実の意味をより深く理解するために、あらためて左伝を参照することにしよう。

『春秋左氏伝』宣公一四年（前五九五）には、つぎのようにある。

孟献子が宣公に言った、「それがしの聞くところ、小国が大国からの侵略を免れるのは、使者を使わして玉帛・皮幣の礼物を献上するからであり、かくして大国からも殿庭いっぱいに積み上げた礼物が用意されるのです。小国の君主が直接大国に出向いて、統治と軍事に関する功績の報告をおこなうから、大国のほうも威儀・容貌をただし、車服を飾りたて、美辞によって賞賛し、さらに礼物の加増をおこなうのです。侵略を免れないことを恐れて対処しながら、誅伐されてのち礼物を進上しても、とりかえしはつきません。いま楚王は、宋を囲んで戦争しています。とくとお考えくださいますよう」。宣公は得心した（孟献子言於公曰、臣聞小国之免於大国也、聘而献物、於是有庭実旅百。朝而献巧、於是有容貌・采章・嘉淑、而有加賄。謀其不免也、誅而薦賄、則無及也。今楚在宋。君其図之。公説）。

この翻訳は、晋人杜預の注釈とそれを敷衍する唐人孔穎達の正義によった。「庭実旅百」を大国（主人）から小国（賓客）への返礼とする杜預・孔穎達の解釈に対して、これを小国（賓客）からの礼物だとみなす隋人劉炫の反論がある。正義に引用する劉炫『春秋左氏伝述義』の「庭実旅百」の解釈は、つぎのとおりである。

これらのことは皆な小国（賓）の事である。「聘して物を献ず」とは、国内の物を献上することを言うのであり、そこで献上した物を庭中に陳列するのである。百品有り（旅百）とは、聘享の礼に亀金竹箭の類が百品用いられることを言う。

杜預（孔穎達）の解釈は、小国からの貢献物贈与に対する、大国からの贈答としての「庭実旅百」である。劉炫の解釈は、小国からの貢献物がそのまま「庭実旅百」として殿庭に陳列されることである。二つの解釈にはそれぞれ支持者があり、今日にいたるまで解釈は二分している。ここでは解釈史に深入りはしない。

この問題については、最終的に杜預に左袒する朱大韶『春秋伝礼徴』巻六の理解が正しいと思う。朱大韶は、庭実には二つの場合があることを指摘する。第一は『儀礼』聘礼第八・覲礼第一〇・左伝荘公二二年（前六七二）条に見える「庭実」「庭実旅百」であり、諸侯からの礼物を国君が庭中に陳列する場合である。第二は『儀礼』公食大夫礼第九・左伝僖公二二年（前六二八）条・『国語』晋語に見える「庭実旅百」であり、国君が賓客をもてなすときに礼物を庭中に陳列する場合である。朱大韶は、二つの場合を指摘したあと「左伝の意図は、小国が礼によって大国に仕えれば、大国もまた礼によって待遇することを言うのであって、杜預が正しく、劉炫は間違っている」と判定している。[1]

朱大韶が指摘する「庭実」の二つの場合は、別個の事柄ではない。二つは深くかかわっており、それ故解釈に分裂が生じるのである。では、どのようにかかわるのか。

孔子が陳に滞在していた時、矢に射貫かれた隼が陳の朝廷に飛来して死んだ。陳の恵公が人を使わして問うたところ、孔子はつぎのように答えている。

隼が飛来したのは、遠くからです。これは肅慎氏の矢です。そのかみ武王は、商（殷）に勝利すると、九夷・百蛮にまで道を通じ、かれら各おのにその地方に産する物資（方賄）をもって来貢させました。職責（職業）を忘れないようにするためです。かくして肅慎氏が矢を貢納しましたが、その石製のヤジリは一尺八寸でした。先王は、その令徳が遠方からの貢納を将来したことを明らかにし、これを後世の人びとに示して長く戒めとするよう、その矢柄に「肅慎氏の貢矢」と刻銘させました。これを、長女大姫に与えて虞の胡公に嫁がせ、胡公を陳に封建したのです。古は、同姓諸侯には珍玉を分配して親族の親しみを広げ、異姓諸侯には遠方の貢献物（職貢）を分配して服属（服）を忘れないようにさせたのです。だから陳には肅慎氏の貢献物を分配したのです。公がもし、担当官を古い倉庫にやって探させるなら、見つけることができるでしょう（『国語』魯語下）。

肅慎氏の矢は結局見つかって、落ちとなる。この説話が示す貢納原理は重要である。貢献物の貢納は、諸侯・夷狄の王権に対する服従を明らかにするための職責（職業・職貢）である。それは、一定の道筋を通って貢納される。こうして王権のもとに集められた貢献物は、また諸侯の従属義務を確認するために再分配されるのである。説話では夷狄と異姓諸侯に光りをあてて強調しているが、以下に述べる「庭実」の諸例から推して、同姓諸侯に対しても事態は変わらないとみてよい。ここには「庭実」は出てこないが、貢献物の貢納・集積とその再分配が周王の朝廷で儀礼を通じておこなわれたことは明らかである。

「庭実」は、王権のもとへの貢献物の貢納・集積と王権によるその再分配の両側面を表現する具体的な儀礼空間を構成する。貢献物の貢納とその再分配を儀礼のなかの「庭実」としてとらえると、それは、賓客からの礼物の贈与とそれに対する主人の贈答との互酬性として現れる。左伝宣公一四年の事例は、賓客たる小国の礼物贈与に対して、主人たる大国からの礼物贈答の側面に重心を置いて、「庭実」の意味を伝えるのである。

これらによって貢献が表わす貢納原理は、西周・春秋前期以来の伝統をもつことが分かる。西周・春秋期の貢納は、天子（周王）もしくは大国（覇者）に対する小国からの礼物の贈与とそれに対する礼物贈答からなる互酬性が根柢にあり、この互酬性をつうじて王権に対する諸侯・夷狄の政治的秩序が形成されるのである。この互酬性の両側面を端的に表現するのが「庭実旅百」である。「庭実旅百」の内容は、しかし贈与の側面においてよりよく理解できる。貢納原理をさぐるために、贈与としての「庭実」について、いますこし掘り下げてみよう。

『儀礼』覲礼第一〇には、諸侯が天子に対して礼見（覲礼）をおこなったのち、礼物を献上する三享の礼に移るくだりがある。経文は、それについて「三享は、皆な束帛の上に璧玉をそえて献上し、庭実にはその国に産出するものだけを用いる（四享〔鄭玄注。四当為三〕、皆束帛加璧、庭実唯国所有）」と述べる。鄭玄は、この経文について、つぎのように注釈している。

初享には、馬を用いる場合、あるいは虎豹の皮を用いる場合がある。次享には三牲（牛・羊・豕）・魚腊（獣）、籩豆（竹製・木製の器）に充たして進めるもの、亀・金・丹漆・絲纊・竹箭を用いる。九州以外の夷狄の地には特に指定された物産はない（その国に産出するものを進上する）。これら土地の産物は、一国ではそろえられない。その国に産出するものだけを、分割して三享とし、皆な束帛・璧玉にそえて献上するのである（初享、或用馬、或用虎豹之皮。次享、三牲・魚腊、籩豆之実、亀也、金也、丹漆・絲纊・竹箭也。其余無常貨。此地物非一国所能有。唯所有、分為三享。皆以束璧致之）。

ここで重視したいのは、諸侯の天子に対する享礼には、束帛・璧玉とともにその国に産出するものが献上される点である。『儀礼』覲礼の経文では、馬一〇匹が用いられている。

『周礼』春官・小宗伯にも、その職掌として「大賓客には、其の将幣の齎を受く」とある。鄭玄注は「齎来する所の貢献の財物を謂う」と注解し、唐人賈公彦の疏はさらに「これは、諸侯が来朝して、覲礼が終わると、諸侯国ごとに宗廟において国に産出する物を貢献し（毎国於廟、貢国所有）、三享の礼をおこなう。諸侯は玉幣を進めて享礼をおこない、終わったあと、その庭実の物は、小宗伯が受理して陳列することを言っている。それ故『其の将幣の齎を受く』と云うのである」と敷衍する。三享の礼における庭実は、諸侯国に産出する特産物を貢献物として貢納したものと理解されていることが分かる。

ところで、『儀礼』覲礼鄭玄注の次享三牲以下は、『礼記』礼器篇第一〇を援用して注解している。もうすこし我慢して、礼につきあうこととしよう。礼器篇には、こうある。

大饗（先王の祫祭・合祀）は王事（天子のマツリゴト）である。三牲・魚腊は、四海・九州の美味である。籩豆に盛る供物は、四時の和気が生成したものである。諸侯が貢納する金は和を示し、束帛の上に璧玉をそえるのは、徳を尊ぶのである。亀を庭実の前列に供えるのは知を先にするのであり、金を次列に供えるのは情を示すのである。丹漆・絲纊・竹箭は、衆人が共通に所有するものである。九州より外の夷狄の地には特に指定された物産はなく、各おのその国に産出するものを用いて来貢し、遠方物産を献上することを示すのである。礼が終わって退出するに際し、陔夏（がいか）の楽章を演奏して送り出す。（大饗にさいしてこのような設定がおこなわれるのは）つまり重大な礼なのである。

『礼記正義』は、「此の一節は、天子による大饗の祭事と、諸侯が各おのその方物を貢献し、祭事を助けて礼制をとり行なうことを明らかにす」るものだと解説している。三牲・魚腊以下は、諸侯・夷狄が天子の祭事執行に際して貢献し、祭事を荘厳するものであった。

諸侯・夷狄がもたらす貢献物は、馬乗・獣皮、三牲・魚腊、籩豆之実、亀・金、丹漆・絲纊・竹箭などであった。それらは、特定された物とそうでない物とにかかわらず、その国、その地方に産出する未加工の素材であり、そのままでは無意味であると同時に特殊な限定性をもっている。これらの特殊な地方的諸産物が貢納され、庭実として殿庭に陳列されると、全体として天子・大国の君主の祭事を荘厳するものとなる。個別的に将来される諸侯・夷狄の貢献物は、庭実となることによって統合され、全体性と意味を獲得するのである。「庭実旅百」が表現する貢献物の贈与・贈答の互酬性は、天子・大国の君主による諸侯・夷狄の統合を象徴し、天下九州はもとより、その外方にまでおよぶ帝国構造の内的編成を表わす基本原理であった。

漢六朝期の元会儀礼に構造化された帝国的秩序は貢献物貢納を内的統合原理とする。それは、『春秋左氏伝』『国語』および『儀礼』『礼記』諸篇に見える西周・春秋前期以後の祭祀・儀礼における「庭実」の互酬性に淵源するものであった。

ところで庭実―貢納原理は、『儀礼』覲礼が「唯国所有」と規定するように、各国・各地に産出するものを貢献するのが原則であった。すでに確認したように、張衡『東京賦』に叙述する元会での「献琛執贄」について、三国呉の薛綜は、「その土地に産出する宝物によって貢納することを意味する（謂随土所出宝而貢之）」と解説している。「唯国所有」「随土所出」は、『尚書』禹貢篇序に言う「任土作貢」とつうじる貢献物貢納の常套句である。貢納原理に基づく帝国秩序の重層的編成は、『尚書』禹貢篇を一つの到達点とする。『尚書』禹貢篇から、あらためて帝国構造の原理を検討することにしよう。

注

（1）『春秋左氏伝』僖公二三年条に、「楚子入饗于鄭、九献、庭実旅百、加籩豆六品」とあり、『国語』「晋語」第一〇に、「（重耳）遂如楚。楚成王以周礼享之。九献、庭実旅百」と見える。

第二節　『禹貢』の帝国的秩序

一　『禹貢』とその制作年代

『禹貢』は、中国歴史地理書の鼻祖とされ、『尚書』(『書経』)の夏書にふくまれる一篇である。[1]『尚書』諸篇のなかでは比較的長いほうであるが、一二〇〇字たらずの小篇である。『禹貢』の内容は四つの部分からなる。第一は、禹が洪水を平定したのち、全土を冀州・兗(えん)州・青州・徐州・揚州・荊州・豫州・梁州・雍州の九州に区画編成したこと、および各州ごとにその領域、山川、土壌、田・賦、貢献物(貢・篚・包)、夷狄、貢納の道筋を記した部分で、『禹貢』の大半をしめる。たとえば徐州は、つぎのように描写される。

海浜・岱(泰)山一帯から淮水にいたる地域は、徐州である。淮水・沂(き)水が治まり、蒙山・羽山には作物が植えられた。大野沢に水が貯(たま)り、東原一帯は水が退いて平地になった。その土壌は赤くて粘り気があり、草木は背が高く叢生している。その田税は上の中（第二等級）で、賦税は中の中（第五等級）である。その貢献物（貢）は、五色の土、羽山の谷の夏翟（雉）の羽根、嶧山の南麓に生える一本桐、泗水沿岸から出る軽い磬石、および淮夷の献上する真珠と美魚であり、箱に盛る貢献物（篚）は極細の絹糸で織りあげた黒と白の反物である。これらは、淮水・泗水を航行し、黄河に達して貢納される。

九州の領域区画と各州の土壌・田賦・貢献物・夷狄については、図16「禹貢九州図」と表6「禹貢九州田賦貢献物一覧」（二七九頁）を参照されたい。

『禹貢』の第二の部分は、禹の治水事業を山脈（導山）と水脈（導水）とにわけて記し、その結果「九州が同一になり、四方の果てまで居住することができるようになった。九州の名山は、樹木が切りはらわれて旅祭され、九州の河川は、水源を疎通して流れが滞ることがなくなり、九州の大沢は、堤防が施されて決壊することはなくなり、四方の果てから京師に朝見するようになった。六つの官府が立派に整い、様ざまな土地がともに正常になったので、慎んで財貨の租税を納めることとなり、みな土壌の性質を基準に賦課を定めたのである」と結ぶ。

第三の部分は、中心部の天子の国から周辺へむかって五百里ごとに、甸服・侯服・綏

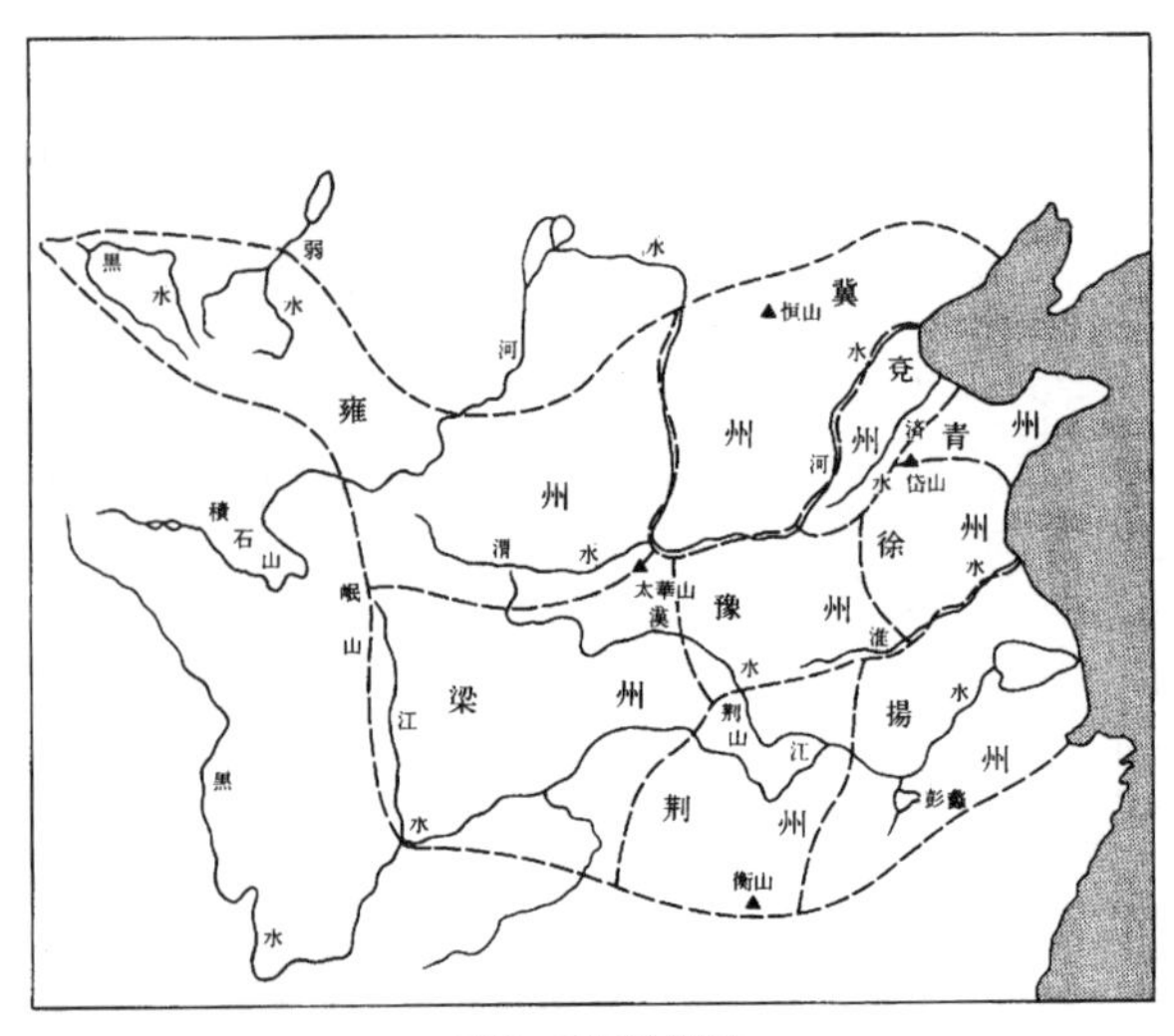

図16　禹貢九州図
（李長傳『禹貢釈地』1983年の付図にもとづき作図）

服・要服・荒服の五服の領域を設定し、さらにそれぞれの内部をいくつかに区分して、中央への服属の内容を規定する。この五服の規定は、九州の領域編成とは全く異なる基準によっており、本来別個に成立した記述を挿入したと考えられる。

第四の部分は、全領域の極限を記して、まとめとする部分であり、「東は海に入り、西は流沙に及び、北と南も天子の声教にあずかり、四方の果て（四海）におよんだ。ここに帝堯は、禹に玄圭を賜り、その功績を天地に告げられたのである」と結してておこう。

ぶ。『禹貢』の内容は、あらまし以上のとおりである。つぎにその制作年代について検討しておこう。

『尚書』諸篇については、テキストの真偽問題および今文・古文問題がうるさくつきまとう。『禹貢』は、そのほぼ全文が『史記』巻二夏本紀・『漢書』巻二八地理志序にも収められており、秦の焚書のあと、漢初の伏生が壁中に禁蔵して伝えた『今文尚書』二九篇に含まれていたとみなされている。したがってその成立年代は、遅くとも『史記』成書のまえ、すなわち漢の武帝期以前のことになる。

『禹貢』の成立年代に関する近人の見解は、西周前期説から漢初説にいたるまで、かなりのはばがある。ここでは、穏当と思われる蔣善国と宮崎市定の考えを紹介し、それに私見を加えておきたい。

蔣善国は、近五〇年来の諸説を紹介したのち、(1)九州の観念の成立、(2)九州の名称の由来、(3)古書中の九州名の異同、(4)『禹貢』にのみ梁州があって幷州・幽州がないこと、(5)五服制度、(6)墨子・孟子の禹の治水故事、(7)梁州の鏤鉄貢納記事、(8)全篇の体例、(9)南北二至説の九つの論点を立ててはば広く検討する。とりわけ、『禹貢』九州のなかに初めて梁州が登場することから、梁州に特別の関心をもつ者、すなわち秦人の手になるもので、秦が梁州の領域にふくまれる蜀を滅ぼした恵文王の更元九年（前三一六）以後、『呂氏春秋』が編纂された秦王政の八年（前二三九）以前と考える。このなかでは、とくに前二四五年前後の可能性を指摘している（『尚書綜述』第五章「禹貢的著作時代」上海古籍出版社、一九八八年）。

宮崎市定も、とくに『周礼』職方・『爾雅』・『呂氏春秋』に見える九州と『禹貢』とを比較し、『禹貢』で幽州が抹殺されて梁州が入ったのは、梁州の近くに居住していた者、すなわち秦人の編纂にかかることを示すとし、同じ秦人でも幽州を九州にふくめる『呂氏春秋』よりも『禹貢』のほうが後にできたと考える。さらに秦の地である雍州の田税を上上の第一等級とする点に注目し、関中の地を沃土にかえた鄭国渠の完成以後のこととし、『禹貢』の成立は、鄭国渠築造と逐客令が発布された秦王政一〇年（前二三七）以後のことで、漢初までさげるほうが適当であると指摘する（「古代中国賦税制度」原刊一九三三年、『アジア史研究』第一所収、東洋史研究会、一九五七年）。

『禹貢』の成立を、秦が梁州―蜀を領有した恵文王更元九年（前三一六）以後とみなすことは動かないであろう。問題はその下限である。『禹貢』は、中国を九つの行政区画に編成して統一的な観点から叙述を進めている。したがって、秦による全国統一が現実のこととして展望できるようになった戦国末期、前三世紀後半以後のことであることも、ほぼまちがいない。筆者が注目するのは、先に例示した徐州に淮夷の存在が記述されていることである。この淮夷について、『後漢書』東夷列伝第七五の序文は、淮夷をふくむ東夷と中国との歴史的関係を回顧するなかで、「秦が六国を統一すると、淮夷・泗夷は散らばって民戸となった（淮・泗夷、散為民戸）」と述べている。『後漢書』は、七家後漢書と総称される先行の諸文献をもとに南朝宋の范曄（はんよう）が編纂した正史で、時代はくだるが、なにか基づくところがあったと考えられる。『禹貢』に淮夷の貢納を記す以上、その成立を秦の全国統一以後に下げることはできない。戦国末期、とくに始皇帝の親政が開始され、鄭国渠によって関中が沃土となったその一〇年（前二三七）以後、全国統一のなった二六年（前二二一）までの、ほぼ一五年間が『禹貢』撰述の時期とみてよいであろう。

『禹貢』九州説には、前項で見た『春秋左氏伝』『国語』『儀礼』などの庭実の互酬性を基軸とする帝国的秩序から、さらに発展した帝国的構造が記述されており、『禹貢』制作年代の新しさを示している。つぎに、その帝国構造を問題にしよう。

二　『禹貢』の帝国理念とその構造

(1)『禹貢』の貢献物

『禹貢』の第一部分をなす九州説は、統一帝国が展望しうるようになった戦国末期の理念的な帝国構造を記述している。その内容を表6「禹貢九州田賦貢献物一覧」をにらみながら検討してみよう。

『禹貢』は、中華としての九州を行政的に区画編成するとともに、冀州を除く各州には、それぞれその土地の産物を貢・篚・包として貢納すべきことを記述している。そうしてさらに、各州に付属する夷狄とその貢献物に言及する。それらは、冀州の鳥夷、青州の嵎夷・萊夷、徐州の淮夷、揚州の鳥夷、梁州の和夷、雍州の三苗および西戎である。『禹貢』が夷狄をふくんで成り立つ帝国的構造をもっていることが分かる。

九州からの貢献物は、一目瞭然である。説明が必要なのは、これら夷狄が貢納する貢献物についてである。淮夷が真珠と美魚とを貢納したことは、文脈から見て動かない。問題は、その他の夷狄にかかわる冀州の「鳥夷皮服」、揚州の「鳥夷卉服」、青州の「萊夷作牧」、雍州の「織皮昆崙・析支・渠捜西戎」の解釈である。

冀州の鳥夷ついて、『禹貢』経文は「鳥夷皮服」と記述する。偽孔安国伝・孔穎達正義は、この皮服について毛皮の衣服を着ることと解釈している。また、揚州の鳥夷についても、『禹貢』経文に「鳥夷卉服」とあり、偽孔伝・正義ともに卉服を草の繊維で作った衣服（葛布）を着ることと理解する。これらは、服を衣服ととらえ、皮や卉をその素材と考えている。これは、「文を望んで義を生ずる」たぐいであって誤りである。

表6　禹貢九州田賦貢献物一覧

州名	土	田	賦	貢	篚	包	夷狄〔貢篚〕
冀州	白壌	中中⑤	上上錯①②				鳥夷〔皮服〕
兗州	黒墳	中下⑥	貞正⑨	漆・絲	織文		
青州	白墳	上下③	中上④	塩・絺・海物・絲・枲・鉛・松・怪石			嵎夷 莱夷〔作牧〕
徐州	赤埴墳	上中②	中中⑤	五色土・夏翟・孤桐・浮磬	玄纖縞		淮夷〔蠙珠・暨魚〕
揚州	塗泥	下下⑨	下上上錯⑦⑥	金三品・瑶琨・篠簜・歯革・羽毛・樹木	織貝	橘柚	鳥夷〔卉服〕
荊州	塗泥	下中⑧	上下③	羽旄・歯革・金三品・樹木・礪砥・丹朱・大亀	玄纁・璣・組	菁茅	
豫州	壌・墳壚	中上④	錯上中②①	漆・枲・絺・紵・磬錯	纖纊		
梁州	青驪	下上⑦	下中三錯⑧⑦⑨	鏐・鉄・銀・鏤砮・磬・熊・羆・狐・狸・織皮			和夷
雍州	黄壌	上上①	中下⑥	球・琳・琅玕			三苗・西戎〔織皮〕

卉服について、『尚書』正義に引用する鄭玄は、「この州は、土地が低く湿気が多いので、草服を着る。その服を貢納するのは、天子の官に供給するのである（貢其服者、以給天子之官）」と注解している。まだ衣服にこだわった理解であるが、卉服を鳥夷からの貢献物として理解していることは明らかである。前述した粛慎氏の矢に関する孔子の言葉に「異姓に分かつに遠方の職貢を以てするは、服を忘るること無からしむるなり」とあったように、服は天子への服従をしめす言葉であり、その象徴である貢献物（職貢）の貢納と深く関連する。したがって卉服とは、服従を示すための貢献物であり、花卉もしくは花卉を素材とする単純な生産物の貢納義務を意味する。卉服をこのように理解することができるとすれば、冀州の「鳥夷皮服」も、当然に獣皮もしくは皮製品の貢納義務を意味するとみてよいだろう。

青州の「萊夷作牧」について、偽孔伝は「萊夷は地名、放牧ができるようになった」と注解するが、やはり誤りである。清人・江声は、『漢書』地理志によって萊夷を萊山の夷とし、「作牧とは、牧畜を生業とし、鳥獣を貢納するものである（作牧、以畜牧為業、貢鳥獣者）。『周礼』（閭師）に『牧に任ずるに畜事を以てし、鳥獣を貢せしむ』とある」と解釈している（『尚書集注音疏』）。江声によって、「萊夷作牧」は、萊夷が牧畜を生業とし、鳥獣の貢献義務を有したことと理解すべきであろう。

雍州の「織皮昆崙・析支・渠捜西戎」について、偽孔伝は、織皮を「毛布（毛織物）」とし、昆崙・析支・渠捜・西戎を荒服の外、流沙の内にある四つの国と解釈し、全体として毛織物を着る西方の戎狄諸国と理解している。織皮は、梁州の貢献物にもふくまれており、これも「織皮（毛織物）を貢納義務とする昆崙・析支・渠捜など西方の戎狄」と理解すべきである。皮服・卉服・作牧は、すべて夷狄の名称のあとに記述されるが、この織皮の場合は、戎狄諸国が列記されているために倒叙されたとみたい。

すこしく微細にわたったが、『禹貢』諸州に付属する夷狄は、それぞれその生業にしたがって貢献物を貢納していたのである。『禹貢』は、九州・夷狄からなる帝国構造をもって叙述されるが、その帝国構造をつらぬく原理は、ここでも貢献物の貢納であった。つぎに、この貢納原理から見た『禹貢』の帝国構造の特質について検討しなければならない。

(2)貢献物の構造的特質

前節では、貢献物が「庭実」となることによって、礼物の贈与・贈答の互酬性を作りだし、王権もしくは大国による政治的秩序を構成したことを指摘した。ここでは『禹貢』によって、これとは異なる貢献物の構造的特質を見いだすことができる。注目すべきは、揚州の「鳥夷卉服」についての鄭玄注である。鄭玄は、「この州は、土地が低く湿気が多いので、草服を着る。その服を貢納するのは、天子の官に供給するのである」（『尚書』正義所引）と述べている。注目したいのは、貢納物が天子の官に供給されると指摘している点である。ここでは、貢献物は諸侯に再分配されず、天子の百官に供給され、朝廷で使用されるのである。

貢献物は、朝廷の百官がもちいる衣服となるだけではない。たとえば、徐州の篚である「玄繊縞」について、鄭玄は「繊は細である。祭服の材料には細糸を貴ぶ（祭服之材、尚細）」（『史記』夏本紀集解所引）と注釈し、また荊州の包である「菁茅」についても、「トゲのある茅で、宗廟の祭祀にもちいる酒を縮らせてカスを濾すのに供給する」（『史記』夏本紀集解所引）と注釈している。「菁茅」は、楚が周王室に貢納すべき貢献物であり、鄭玄注は、この故事をふまえている。(2) これらは、貢献物が天子の主催する祭祀のなかで祭酒の製造や祭服としてもちいられたことを指摘しているのである。

『禹貢』の兗州条に「その篚は織文」と、はじめて篚が出てくる。鄭玄は、この貢と篚との違いについて「貢は、百功（百工）の府が受理して貯えるものである。篚に盛るものは、女功にいれる。それ故、貢と篚とを区別するのである（貢者百功之府、受而蔵之。其実於匪者、入於女功。故以貢匪別之）」（『尚書』正義所引）と解説する。貢・篚ならびに包（包んだり束ねたりして貢納するもの）はすべて貢献物であるが、鄭玄によれば、貢納形態と納入先が異なるのである。

鄭玄は、貢篚をふくむ貢献物が百工の府・女功に受理されるものと理解する。百工は様ざまな技能をもつ工人たちであり、百工の府とあるように、かれらは官府の工人である。『周礼』考工記冒頭の百工について、鄭玄は、「百工は、司空に仕える官属である。……司空は、城郭を経営し、都邑を建造し、社稷・宗廟を造立し、宮室・車服・器械を製作するに際し、百工を監督することを職掌とする」と注解する。ここから端的には、司空府の工人たちであると、鄭玄は理解していたとみてよい。女功も、家庭内の女性労働と見るよりは、宮廷内にあって紡績・機織り・裁縫などをつかさどった『周礼』天官の典絲・典枲(し)・内司服、およびその総括官長としての典婦功を、鄭玄は念頭においていたと考えられる。つまり百工の府・女功に受理された貢献物は、工人たちによって加工され、都城・宗廟の建築材料となるほか、天子・百官が祭祀の執行や宮廷生活で使用する宮室・車乗・衣服・器物となるのである。

清人丁晏の『尚書余論』によって、魏の王粛の偽作とされた偽『古文尚書』旅獒(りょごう)篇に、つぎのようにある。

（武王が）商（殷）に勝利し、道を九夷・八蛮に通じると、西戎の旅国が獒という大犬を貢献してきた。太保の召公が旅獒篇を作り、王への訓戒とした。曰く、ああ、明王は、徳を慎んで遠方を懐柔されたので、四方の夷狄は皆な賓服し、遠近にかかわらず、ことごとく方物を貢献しました。それらは服食・器物に用いるものばかりでした。明王は、かくして将来された貢物を異姓の諸邦に分与し、その徳によることを明らかにし、その服従を忘れないようにさせました。同姓の伯叔の諸侯には宝玉を分与して、ここに親族としての親しみを広げられたのです。……

一読して分かるように、この文章は先に引用した『国語』魯語下の粛慎氏の貢矢にかかわる説話を下敷きにしている。偽『古文尚書』は偽作ではあるが、比較的古い説話や叙述を用いており、東晋期に偽作されたといわれる偽孔安国伝とともに、六朝以前の古文献・古注であって、検討の素材にはなる。

ここで注目したいのは、『国語』魯語下には見えなかった「四夷咸賓。無有遠爾、畢献方物。惟服食器用」という経文である。偽孔伝は、これを「天下の万国は、遠近有ること無く、尽く其の方土の生ずる所の物を貢ぐ。惟れ以て服食・器用に供す可き者のみ。耳目の華侈の為にせざるを言う」と解釈している。この「惟れ以て服食・器用に供す可き者のみ」をさらに敷衍して、孔穎達の正義は、「『服食・器用に用いるものばかり』とは、玄纁絺紵を衣服に供し、橘柚菁茅を食物に供し、羽毛歯革や瑤琨篠簜を器物に供することである」と述べている。言うまでもなく、ここに見える「玄纁絺紵」「橘柚菁茅」「羽毛歯革」

「瑤琨篠簜」は、すべて『禹貢』に見える貢献物である。しかも鄭玄によれば、菁茅は、宗廟の祭酒を製造する素材として使用されたのである。

また隋人劉炫も、さきに述べた左伝宣公一四年条の「庭実旅百」および「容貌・采章・嘉淑」の解釈にかかわって、「采章とは、小国が朝聘して享礼するのに、その国に産する玄纁・璣組・羽毛・歯革を貢献し、皆な衣服・旌旗の飾りに充て、容貌・物采・文章とするのである。……皆な賓たる小国が貢献するもので、これも亦た庭実である」と解説している。庭実の理解に問題は残るが、「玄纁・璣組・羽毛・歯革」などの貢献物が『禹貢』にもとづいて理解され、それらが大国（主）の威儀・容貌を修飾・荘厳する衣服・旌旗となることを述べているのは、興味深い。旌旗の飾りとともに記述される衣服は、単なる衣服ではなく、儀礼に用いられる朝服もしくは法服が念頭におかれていることは確かである。

『禹貢』・偽『古文尚書』旅獒篇・鄭玄注・偽孔伝・正義を総合するならば、王権のもとに集積される貢献物の、その一部分は、百工・女功によって加工され、天子・百官が祭祀をはじめとする宮廷生活で用いる衣服・器物・食物となるのである。九州・夷狄から貢納される『禹貢』の貢献物は、個別で特殊な素材、もしくは半製品であり、それ自体では意味をもたず、自立した用をなさない。これらが王権のもとに貢納・集積され、官府の百工や内廷の女功の手によって加工されることにより、朝廷の天子・百官が用いる衣服・器物・食物として、意味をもつようになる。

衣服・器物・食物は、もっとも基本的な生活手段であり、身体を再生産する基礎となる。その生活手段は、王権・朝廷がもつ祭祀執行の主体であるという政治的特殊性によって、祭酒の製造や祭服という公的政治形態をとらざるをえない。王権・朝廷の政治的身体そのものを再生産する素材が、貢献物である。四方の果てから貢納される無機に近い個個の貢献物は、王権・朝廷に集積されたのち加工され、王権の祭祀執行をつうじて、その政治的身体を構成する有機的総体として顕現するのである。

貢納原理は、「庭実」に象徴される貢献物の集積と再配分によって王権を中心とする諸侯・夷狄との間の政治的秩序を構成するだけでなく、その中心をなす王権・朝廷の政治的身体自身をも有機的に総合する原理でもあった。

(3)田・賦の重層

『禹貢』には、もう一つ注意すべき論点がある。それは、これまで問題にしてきた貢納原理とは別に、それに重層する形で、しかも九州の行政的空間編成に独自の事柄として田・賦が叙述されていることである。『禹貢』では、田・賦の有無が九州―中国と夷狄とを区別する基準になっている。しかも田・賦の等級区分による九州―中国の編成は、他の先秦諸文献には見られない。『禹貢』の帝国構造の歴史的な位置を計るために、春秋期の貢献を媒介とする政治的秩序と『禹貢』の理念とをあえて対比しながら検討することにしよう。

春秋期には貢献―職業のみが、王権もしくは大国と諸侯・夷狄との政治的秩序を構成する原理であった。ここでそのことをもう一度確認するために、『春秋左氏伝』僖公七年（前六五三）条を参照することにしよう。そこには、こう見える。

管仲が斉侯（桓公）に、「離れてゆくものは礼によって招き寄せ、遠方のものは徳によって懐柔するのだと、それがし聞いております。徳と礼とを大切にすれば、誰しも懐かぬ者はありません」と申し上げた。斉侯が、礼によって諸侯を服従させたので、諸侯の官吏が天子への貢献物について指図をうけにやってきた（斉侯修礼於諸侯、諸侯官受方物）。

これは、杜預の注釈による翻訳であるが、孔穎達正義は、さらにつぎのように敷衍している。

周王室が全盛であった時、国ごとに規定された貢献の義務があった（貢有常職）。天子の勢力が衰えると、諸侯は貢納の事をゆるがせにし、定準がなくなった。それ故、覇王が諸侯をひきいて天子を尊崇し、各国の大小を計って、貢納する物を号令したのである。注釈に、諸侯が各おの官司を使わして、その地方から天子に貢献すべき物について、斉の命令（約束）を受けとらせたと述べるが、その意図は、諸侯がもっぱら斉の命令に従ったこと、斉侯が礼によって諸侯を服従させたことを褒めるところにある。

杜預・孔穎達の解釈に対して、諸侯が斉国に対する貢献物の指示をうけに来たことと解釈する立場がある（陸粲『左伝附注』・安井衡『左伝輯釈』等）。この場合は、貢献物の貢納を媒介とする、覇者への直接的な政治的従属関係の形成を意味する。解釈としては、このほうが正しいと思う。いずれにせよ、重視すべき問題は、春秋期までにあっては、諸侯国からの方物（貢献物）の貢納が周王室もしくは大国（覇者）に対する従属の象徴であり、それが覲礼や聘礼などの儀礼をつうじておこなわれたことである。

『儀礼』覲礼にみえる貢献が馬一〇匹であるように、貢献物の貢納は、量が問題ではなく、その地方に産出する物を、素材のまま、もしくは半製品として貢納する点に特質がある。それらは、すでに述べたように、それ自身は意味をもたず個別的なものであり、王権のもとに集積されることにより総体としての意味をもつようになるのであった。

ところが春秋後期になると、この貢献物の貢納は、かなり重い負担として現れ、その再編が課題となる。晋を覇者とする平丘の会盟で、貢献物の貢納の指示を受けるにあたって、鄭の子産が、その状況をつぎのように語っている。

そのかみ天子が貢献の順位を定められたとき、その軽重は爵位を基準としました。爵位が尊ければ貢献の負担が重くなるのが、周の制度なのです。爵位が低いのに貢献物の負担が重いのは、畿内（甸服）の諸侯である場合です。鄭は、伯・男の爵位にあります。なのに公・侯の貢献物負担を命ぜられました。負担しきれないことを恐れます。あえて再検討をお願いする次第です。いま諸侯は戦争をやめ、友好を大事と心がけています。なのに晋の使者は、月ごとに到着し、貢献の督促には限度がありません。貢献物の貢納ができなくなると、小国はその罪を問われることになります。諸侯が会盟をおこなうのは、小国を存続させるためです。貢献に限度がなければ、小国の滅亡は目の前です。存亡の危機は、いまこの時にあります（『春秋左氏伝』昭公一三年（前五二九）条）。

この論争は、日中から夕方にまでおよび、晋が折れて一旦収束した。このように貢献物の貢納は、身分による差等をともなっていた。身分秩序が解体し始めると、その負担に軽重の不公平が現れ、政治的秩序にも影響がでてこざるをえない。貢献物の貢納を唯一の政治的従属原理とする西周から春秋期にいたる政治的統合は、その後期にはその負担の増加とともに解体に瀕していたとみてよいであろう。

『禹貢』九州の田・賦は、この春秋期の貢献物とは異なる位置づけをもっている。第一に、それらは九州・夷狄に共通する貢献物の貢納原理のうえに重層して、九州にのみ賦課される租税であった。

ただ、田・賦については、すこしく説明がいる。田について、たとえば鄭玄が田土の高低を等級で表わしたのだと考えるように、旧説は、田土の高低あるいは肥沃度の表示であると理解してきた。(3) また賦についても、井田制を単位として賦課される穀物租税であると理解し、田土の等級を穀物租税である賦税を課税するための前提条件であると考えたのである。これらの説を根柢からくつがえしたのが宮崎市定である。宮崎は、田の等級と賦の等級とがバラバラで全く一致せず、両者のあいだにいかなる関連もみられないことから、これを田租と賦税の二系統の課税を表わしていると考えた(前掲「古代中国賦税制度」)。

宮崎説は、中国古代の租税体系を田租と賦税の二系統に整理してとらえ、その淵源を力役にもとめる。すなわち賦は、軍事力役から展開したもの、田租は、助と呼ばれた祭祀に関する力役にかわって納められるようになった穀物に由来するものと指摘し、『禹貢』の田・賦をこの歴史的展開のなかに位置づけたのである。田・賦の歴史的展開に関する宮崎説の当否については、ここでは問わない。田租と賦税の課税が、貢献物の貢納とは異なる起源をもち、それに重層する課税原理であり、戦国期以後に特有の事柄であったことを確認すれば足りるのである。

第二に、春秋期の貢献物が爵位の差等によって賦課の軽重を異にしていたのに対し、田租と賦税は、州を単位としてそれぞれ九等級に区分されはするが、全国一律に行政的に賦課される。また、貢献物が少量多品種を集積するのに対して、一律かつ大量の集積を前提にする。

第三に、貢献物と賦税との関係について、鄭玄が注目すべき解説をおこなっている。すなわち『詩経』小雅甫田の孔穎達正義が引く『鄭志』に、「およそ貢献する物は、皆な税物によって買い入れ、時にしたがって価格を調べ、その国の賦税にあてる（凡所貢篚之物、皆以税物市之。随時物価、以当邦賦）」と述べる。貢献物は、賦税の一部を割いて購入されるのであり、王権に対する租税納入の本体は賦税であると考えられている。

『鄭志』一一巻は、その子鄭小同が編纂した著作であるが（『隋書』経籍志一）、今日散逸していて、輯本がいくつか作られている（孔広林『通徳遺書所見録』等）。輯本から分かる『鄭志』の内容は、おおむね経義に関する鄭玄と弟子たちの問答を記しており、上記の一節もその一環であるとみてよい。貢献物が賦税の一部を割いて購入されるとの説は、弟子に対して理解しやすくするために、漢代の制度に比況したものであろう。ここでは、『禹貢』九州にあっては、賦税が中央に納入する租税の本体であり、貢献物がそのなかの付属的部分であったと考えられていたことを確認することができれば、充分である。

すなわち、西周期から春秋期にあっては、貢献物の貢納が中国・夷狄をつうじる唯一の政治秩序構成原理であったのに対し、『禹貢』の帝国理念にあっては田租・賦税が九州―中国に重層して一律に賦課され、鄭玄によればむしろ本体に転化しているということである。貢納単一構造から田・賦―貢納重層構造への政治的秩序の転換である。『禹貢』は、その帝国構造自体によっても、戦国末期の作品でなければならない(4)。

(4)『禹貢』の帝国と漢王朝

『禹貢』の帝国は、九州―中国と諸夷狄とに一貫して賦課される貢献物の貢納と、九州にのみ賦課される田租・賦税の二系統の租税負担とからなる重層的な編成構造をもっている。『禹貢』篇冒頭に付された書序は、「禹は、九州を別かち、山を隋し川を濬え、土に任って貢を作す(任土作貢)」と、一篇の主題を述べる。「任土作貢」は、『禹貢』の帝国構造を端的に表現している。

『尚書』諸篇冒頭に記される書序の成立時期については議論があって一定しない。ただ『漢書』地理志序には、『禹貢』本篇の引用に先立って、「堯が禹に洪水を治めさせた結果、水陸が平らいだので、更に九州を区画し、五服を列ね、その土地に有るものにしたがって貢賦の差等を定めた（任土作貢）」と述べられており、遅くとも前漢末までには「任土作貢」の常套句―観念ができあがっていたと考えられる。

「任土作貢」の原則にもとづく『禹貢』の帝国理念は、実は漢王朝の帝国構造をも理念的に写し出している。漢王朝は、農民・手工業者・商人を戸籍によって編成し、農民からは、漢代中期以後、収穫の三〇分の一の田租、一五歳から五六歳までの成年男女から一人一年一二〇銭の算賦を収取するほか、成年男子が負担する更徭とよばれる年間一月の地方的力役や兵役などを徴発した。このような租税は、直接中央に運ばれるのではなく、基本的には一〇〇余りあった郡・国を単位に地方行政区ごとに蓄積された。中央政府は、この蓄積のなかから、各郡・国の人口数に一律六三銭を乗じて得られる銭額を賦（賦輸とも言う）として上供させたほか、地方に蓄積された田租のなかから関東地方の諸郡を中心に約四〇〇万石の穀物を毎年漕運させて、全体で前漢後期には年間約四〇億銭、後漢期には約六〇億銭相当の銭もしくは布帛・穀物などの財物を中央財政の基幹部分を構成するものとして編成したのである。[5] 郡・国という行政単位から上納される賦と穀物は、まさしく『禹貢』の田・賦にほかならない。

また貢献物についても、すでに紹介した「朝会上計律」によって、「常に正月旦には、群臣から朝賀を受け、天下の郡国は一年間の会計・政務報告（計最）と貢献を奉納する」

（『玉海』巻一八五食貨・会計所引）ことが決められていた。安帝が「詔して郡国の貢献と太官の食事を削減せよ」（『後漢書』孝安帝紀第五、永初五年（一一一）二月条）と命じているのは、貢献が郡・国を単位に貢納されたことを示している。

太官は皇帝の飲食を司る官府であり（『続漢書』百官志三）、この詔勅は、郡・国の貢献物が皇帝の食材料となっていたことを示す。郡・国からの個別具体的な貢献物の事例はほとんど残っていないが、例えば会稽郡からは蘄（茱萸を煎った調味料）一斗・鮚醤二斗が貢献されている（『説文解字』一篇下蘄字、一一篇下鮚字条所引漢律）。これらは、鄭玄の『鄭志』が述べるように「およそ貢献する物は、皆な税物によって買い入れ、時にしたがって価格を調べ、賦税にあてる」よう規定されていたに違いない。漢代の各郡・国からの税物の貢納としての賦は、献費とも呼ばれており（『漢書』巻一高祖本紀下高祖一一年（前一九六）二月条）、貢献物をふくんでいたことは明らかである。

周辺諸種族が中国王朝に臣従するために貢献物を貢納したことについては、前項で具体例をあげた。ここでは、光武帝の中元二年（後五七）正月に「倭の奴国が貢献物を奉じて朝賀した」ことをつけ加えておこう（『後漢書』光武帝紀第一下、東夷列伝第七五）。貢献物をたずさえて元会儀礼に参加することが、漢王朝への政治的従属とその帝国的秩序への参入とを示すことは、海東の小国にさえ知れわたっていたのである。貢献物は、中国内地の郡・国のみならず、周辺諸種族からも貢納され、皇帝を中心として無限にひろがりうる漢王朝の帝国的構造を秩序化する普遍的原理として機能したのである。

貢納原理の一つの特質は、中国内地（郡国制）と周辺諸種族とにかかわらず、まとまりのある一定の政治的諸領域が、皇帝権力に対してその地域に産出する素材的産物を差し出し、政治的従属を表現する点にある。それは、貢納主体となる政治的諸領域が高度な生産段階にあることを必要としない。それは、皇帝権力を中心に発展段階や生産様式、あるいは生活様式を異にする多様な諸地域を統合しうる原理であり、中心から周辺へと無限に拡大しうる政治的統合原理であった(6)。

こうして我われは、「春、王の三朝、漢京に会同す。是の日や、天子は四海の図籍を受け、万国の貢珍を膺け、内は諸夏を撫で、外は百蛮を綏んず」と詠う班固「東都賦」の元会儀礼の背景に『禹貢』の帝国理念が儼存し、貢献物の貢納をつうじて全帝国領域が構造化されていたことを知ることができるのである。

『禹貢』の帝国構造が漢王朝の帝国理念の背骨をなしていたことは、我われの断片的な史料収集と考察をつうじて明らかになることである。しかし、唐王朝は、『禹貢』の帝国構造を自らの帝国理念として宣明するとともに、さらにそれに重層する帝国構造を作りだした。そのことを検討するためには、節をあらためねばならない。

注

（1）『禹貢』の解釈にあたっては、焦循『禹貢鄭注釈』を中心に、江声『尚書集注音疏』、孫星淵『尚書今古文注疏』などを参考した。また、安井衡『尚書摘要』（崇文叢書第一輯）は、今文二九篇について、鄭玄などの漢注を収集し、さらに江・孫・段玉裁等の注釈の要点を抄録し、時に自ら案語を付しており、『尚書』研究の水準が手際よくまとめられていて、便利であったことを申し添える。

（2）『春秋左氏伝』僖公四年（前六五六）条に、「楚子使与師曰……。管仲対曰……爾貢苞茅不入、王祭不共、無以縮酒、寡人是徴。……対曰、貢之不入、寡君之罪也、敢不共給……」とあり、杜注に「束茅而灌之以酒、為縮酒」とある。束ねた茅に酒をしたたらせて滓を濾すのである。『礼記』郊特牲第一一「縮酌用茅」に付す鄭玄注をも参照。

（3）田の等級については、鄭玄が土地の高低説をとり、王粛が土地の肥瘠説をとり、偽孔安国伝が両者折衷説をとっている。冀州の経文「厥田惟中中」について、偽孔伝は「田之高下肥瘠、九州之中、為第五」と述べ、その正義は「鄭玄云、田著高下之等者、当為水害備也。則鄭謂地形高下為九等也。王粛云、言其土地各有肥瘠。則粛定其肥瘠以為九等也」とある。江声『尚書集注音疏』は、鄭玄の田土高低説により、各州が九州の中で占める地勢の高低差でその等級が決まるとし、中国の地勢は西北地方が高く、東南地方が低いために、西北地方の雍州の田土が上上の第一等、東南地方の揚州が下下の第九等となっているのだと敷衍している。ただ鄭玄も、賦の九等級の決定は土地の肥瘠によったと考えている。同じ冀州の経文「夾右碣石、入河」の正義所引鄭注では、「治水既畢、更復行之。観地肥瘠、定貢賦上下」と述べている。

（4）貢納原理から貢納―田・賦重層原理への転化・発展については、田・賦の末端負担者である小経営農民層の形成、戦闘形態・軍事編成の変化、政治的統合の変化などについて、周到な実態分析をおこなって解明する必要がある。ここでは、『禹貢』の帝国理念に反映される限りで、問題のありかを指摘したにとどまる。

（5）拙著「漢代の財政運営と国家的物流」（初出一九八九年、『中国古代の財政と国家』第一章、汲古書院、二〇一〇年）参照。

（6）貢納制概念は、中村哲の『奴隷制・農奴制の理論』（東京大学出版会、一九七七年）によれば、「もっとも広くいえば、征服などによって、搾取関係が成立しても、支配者が征服された社会または国家をそのまま残して、それを外部から支配するとき成立する関係であ」（一五二頁）り、また「氏族共同体（母系制）が解体する以前における貢納制は、原始共同体の副次的関係にとどまるのであり、それをもって社会構成の発展の独自の一段階とすることはできない」（一五五頁）ものである。貢納制は、原始共同体社会をもふくめて社会構成の諸段階における副次的関係である。この点は、本文で述べたことにもつうじる規定である。ただし、古代中国における具体的な貢納関係は、中国内部の州・郡についても、戸籍制度を媒介にする小農民支配に重層する副次的関係として存在するのであり、外部からの支配としてのみとらえることはできない。また西周・春秋期の貢納制も、原始共同体社会の副次的関係としてとらえるにはあまりにも複雑な様相を示している。貢納制は、具体的な歴史的諸事例に即してよりゆたかな規定が与えられるべきである。

第三節　唐王朝の帝国的秩序

唐王朝の元会儀礼には、中央百官とともに地方からの使節団である朝集使、および蕃客とよばれる外国使節団が参加した。『大唐開元礼』に記す元会儀礼の進行表によれば、すでに見たように諸州朝集使と諸蕃客が貢献物を貢納し、諸州貢献物は太極門の東西廂に、諸蕃客の貢献物は東西朝堂に陳列され、皇帝の裁可をへたのち太府寺によってひきとられることになっていた。『大唐六典』は、このことを「元正・冬至の日には、大いに燕会を開催し、罪過を赦免し、旧弊を除き新政を施す。皇帝は、万国からの朝貢、四夷からの賓客を受けいれ、承天門におでましになって、政治をおとりになる」（巻七工部尚書）と、総括的に記述している。

元会儀礼は、皇帝の支配する全世界が更新される特別な儀礼空間であり、貢献物の貢納を媒介とする地方政府・諸種族との間の政治的従属関係の再形成によって、帝国的秩序があらたな一歩を踏み出す日でもあった。ここでも貢献物の貢納原理は、帝国的秩序の基礎をなした。元会儀礼によって毎年更新される帝国的秩序の構造が如何なるものであったのか、まず『大唐六典』によって宣言される帝国的秩序の様相を瞥見することにしよう。

一　『大唐六典』の帝国的秩序

『大唐六典』三〇巻は、玄宗皇帝の命令によって開元一〇年（七二二）に編纂が開始され、同二六年（七三八）に完成した勅撰書である。[1] その記述は、三省六部を中核とする唐王朝の律令制的国制を『周礼』の六官制にあてはめて、形式的に再構成したものである。その内容は、令・式などの国法文献を基礎にし、それらを経文とそれを補う注釈とによって再編集している。経と注からなるその記述は、単なる官僚制・国制の記録ではなく、明らかに西周の古典的伝統をうけつぐ唐王朝の礼制を宣明する経典としての位置づけをもっている。

経典としての『大唐六典』が唐王朝の帝国的秩序を自ら宣言しているのは、その巻三戸部尚書条である。戸部尚書は、尚書省の六部の中にあって、王朝支配の基礎となる戸籍管理と財政活動全般を統括する中央官庁である。中央財政の根幹をなす租税収取は、租・調・正役（庸）である。このうち、穀物収取である田租をのぞく、調・正役（庸）の収取とその全国的編成とにかかわって、帝国的秩序が記述される。しばらく、『大唐六典』の記述を参照することにしよう。

戸部尚書条の経文に、まず「凡そ天下の十道、土の出だす所に任いて、貢賦の差を為す」と述べ、ついで関内道・河南道・河東道・河北道・山南道・隴右道・淮南道・江南道・剣南道・嶺南道の十道について、それぞれ、(1)州名・州数〔注に羈縻州を補記〕、(2)道の境域、(3)名山、(4)大川、(5)賦、(6)貢、(7)貢納する遠夷を記載する。たとえば関内道について、経文はこのように記述している。

> 第一を関内道と曰う。古の雍州の境域にあたる。いま京兆府・華・同・岐・邠・隴・涇・寧・坊・鄜・丹・延・慶・塩・原・会・霊・夏・豊・勝・綏・銀、およそ二二州がこれに所属する〔注　原・慶・霊・夏・延州は、さらに降伏してきた蕃夷の諸集落を管轄し、羈縻州とする〕。東は黄河にへだてられ、西は隴坂にいたり、南は終南山により、北は砂漠を辺境とする。名山として、太白山・九嵕山・呉山・岐山・梁山があり、西嶽華山がここに位置する。大川としては涇水・渭水・灞水・滻水がある。その賦は絹・綿・布・麻であり、その貢献物は代赭・塩山・角弓・龍鬚席・蓯蓉・野馬皮・麝香である。遠夷については、北蕃突厥の朝貢を統御する。

いま全一〇道について、境域・山川を除いてこれを一覧表にしたのが、表7「唐代道州

表7　唐代道州貢賦一覧（『大唐六典』巻3戸部）

道	州	賦(調・庸)	貢　献	遠　夷	羈縻州
関内道	22	絹・綿・布・麻	代赭・塩山・角弓・龍鬚席・蓯蓉・野馬皮・麝香	北蕃突厥之朝貢	119
河南道	28	絹・絁・綿・布	紬・絁・文綾・絲・葛・水葱席・蔿心席・瓷器之器	海東新羅日本之貢献	
河東道	19	布・繭	麹扇・龍鬚席・墨・蠟・石英・麝香・漆・人参		
河北道	25	絹・綿・絲	羅・綾・平紬・絲布・綿・鳳翮席・葦席・墨	契丹奚靺鞨之貢献	60
山南道	33	絹・布・綿・紬	金・漆・蜜蠟・蠟燭・鋼鉄・芒消・麝香・交梭・白縠・紬・紵・綾・葛・綵綸・蘭干布		
隴右道	21	布・麻	麩金・礪石・碁石・蜜蠟・蠟燭・毛毼・麝香・白氎・鳥獣之角・羽毛・皮革	西域胡戎之貢献	249
淮南道	14	絁・絹・綿・布	交梭・紵・絺・孔雀布・熟絲布・青銅鏡		
江南道	51	麻・紵	紗・編・綾・綸・蕉・葛練・麩金・犀角・鮫魚・藤紙・朱砂・水銀・零陵香	五溪之蛮	51
剣南道	33	絹・綿・葛・紵	麩金・羅・綾・錦・紬・交梭・弥牟布・絲布・葛・麝香・羚羊角・犛牛尾	西洱河群蛮之貢献	261
嶺南道	70	蕉・紵・落麻布	金・銀・沈香・甲香・水馬・翡翠・孔雀・象牙・犀角・亀殻・綵藤・竹布	百越及林邑扶南之貢献	92
10	316				832

貢賦一覧」である。一瞥して明らかなように、これは『禹貢』にもとづく編纂であるといえる。表6「禹貢九州田賦貢献物一覧」(二七九頁)に対比してみれば、それは歴然としている。『大唐六典』戸部貢賦条前文の「任土所出、而為貢賦之差」自体が、『禹貢』篇序の「任土作貢」に付す偽孔安国伝を典拠としており、戸部貢賦条は、『尚書』を意識して編纂されている。秦漢帝国以来、歴史的に形成されてきた現実の律令制的国制は、『周礼』と『禹貢』の二つの古典によって、夏・周の古典的国制の伝統をうけつぐものとして権威づけられるのである。(補注5)

一覧表にみえる賦は、調と年間二〇日の正役の代償として納入される庸とを合わせたもので、庸調物とも呼ばれる。調は、絹産地であれば正丁一人あたり絹二丈、付加物として綿三両が徴収される。庸は一日の代償三尺で年間六丈(六〇尺)、庸調物としては正丁一人あたり八丈＝二匹と綿三両が収取される。庸調物は、「任土所出」を原則とするから、州ごとに品目が指定され、州ごとに中央に納入される。『大唐六典』の一覧表は、それを道ごとに概括して記載したものである。(2)

貢(貢献物)も、「任土所出」原則により、その地方の特産物が賦課される。これについては、さきに紹介した『大唐六典』戸部貢賦条前文「任土所出、而為貢賦之差」に付す注に、つぎのごとく記している。

その物産について、経文にはすべてを記載することができないので、具体的には下文に注記する。旧来の規定による貢献物の多くは、その土地の産物ではなく、なかには当地に産出しないので余所で購入して納入したもの、その土地にうってつけなのだが納入規定がないので沙汰止み、という場合があった。開元二五年（七三七）、宰相府（中書門下）に詔勅がくだされ、朝集使と合議して穏当な物産に逐一改めて、定準とした。それ故、つぶさに記載することができるのである。

現在、『唐書』地理志の各州の土貢条、『通典』巻六賦税下「天下諸郡毎年常貢」条に具載される貢献物リストは、この開元二五年の改定にもとづき、開元二五年令もしくは式に規定されたものであると考えられる。

各州の賦（庸調物）と貢献物との間には、一定の相互関係が令文に規定されていた。『通典』巻六賦税下「天下諸郡毎年常貢」条の原注に、こう述べられている。

令文によると、「諸郡の貢献物は、皆な当地に産出するものを収取する。絹を基準にして価格とし、絹五〇匹相当額を超えてはならない」とある。すべて地方政府所有の反物（官物）によって購入するので、貢献する量はいたって少なく、その産物も納入し易い。我が聖朝の制度は、ここに本質がある。これ以上に必要なときも、また田租・庸調物から割り当て、別に徴収することはしない。(3)

貢献物は、地方財政のなかから絹五〇匹以内を割いて購入し、それを超える量が必要な場合にのみ、田租・庸調物の収取額内で調整される。つまり、租賦の中央への送付と貢献物の貢納とは、基本的に別のものなのである。貢献物は、一旦地方財源となった反物を貢献物の購入経費として支出したものである。この地方経費としての貢献物が絹価格五〇匹相当をこえる場合にのみ、租賦収取の一部が貢献物の購入に充当される。租賦のなかに、定額絹五〇匹の貢献物購入経費をこえる部分が可変財源として組み込まれていたのである。

租賦と貢献物とが基本的に違うものだということを前提にしたうえで、あえて二者を対比してその特色を考えてみたい。一州からの貢献物絹五〇匹相当は、これを庸調物に対比すれば、正丁二五人分に当たる。天宝年間の全国課税正丁総数は、八二〇余万人であり、かれらが負担する庸調物（絹・綿・布）の総額は、一九六〇余万匹屯端であった。全国三一五州からの貢献物は、絹を基準にして毎州二五丁で、合計七八七五丁分、総額一万五七五〇匹に相当する。貢献物の全国庸調物総額八二〇余万丁（一九六〇余万）に対する比率は、〇・〇九六（〇・〇八）％にすぎない。穀物・銭その他をあわせた天宝期の国家総収入は五七〇〇万貫石匹屯端であるから、国家総収入に対比すれば、さらに微微たるものになる（『通典』巻六賦税下）[4]。「貢献する量はいたって少なく、その産物も納入し易い」と述べるのは、ウソではない。

この微微たる額の貢献物が、唐王朝の帝国的秩序を構造化する。一つは、すでにみた元会儀礼の場である。それは、西周以来の伝統に基づく礼制的秩序の再構築であり、その量的側面からみてもイデオロギー的統合の側面が強い。しかし貢納された貢献物は、元会に庭実として陳列されるだけではなく、中央政府の財庫に貯備され、素材的価値物として現実に消費される。この消費がもたらすいま一つの意義については、さらに迂回しながら考察をつづけなければならない。

それはじめた考察の筋を、本来の軌道にもどそう。『通典』原注に引用する令文について、いま一つ注意すべき点がある。それは、指定された貢献物は、各州政府が州内の特産物を、交易をつうじて購入したものであり、「市場」を介在させていることである。これは、前節で紹介した鄭玄の『鄭志』に「およそ貢献するものは、皆な税物によって買い入れ、時にしたがって価格を調べ、その国の賦税にあてる」(『詩経』小雅甫田正義所引)とある手続きと、まったく同じである。『鄭志』は、『禹貢』の貢献物に関する言及であるが、明らかに漢王朝の貢献物規定をふまえている。唐王朝の貢献物規定は、漢代以来の伝統をうけついでいると見るべきであろう。中央政府と地方州政府との間の貢納—従属関係は、各州内部においては、その地で生産される特産物の交易関係を基礎にしてなりたっていたのである。

唐王朝の帝国的秩序は、諸州と遠夷とが将来する貢献物の貢納を基本原理とし、そのうえに諸州からの賦（庸調物）の上供が重層するという構造をとっていた。この構造は、『禹貢』の帝国理念において、すでに構成されていたものである。唐王朝の帝国構造は、さらにもう一つの層が加上され、三層構造をとるようになる。それは、『大唐六典』所載の各道の一定の州に注記された羈縻州の存在である。

羈縻州の成立について、『唐書』巻四三地理志下「羈縻州」序がつぎのように述べている[5]。

唐が興った時、四方の蕃夷にかかわる余裕はまったくなかった。太宗が突厥を平定して以後、西北の諸蕃やその他の蕃夷がすこしずつ内属するようになった。そこで蕃夷の集落ごとに州県を設置し、その大規模なものを都督府とし、その首長を都督や刺史に任命し、それぞれ世襲させたのである。かれらは、多くの場合貢賦（庸調物・貢献物）や版籍（地図・戸籍）を戸部尚書に上申・送付しなかったけれど、国家の威令と教化が及ぶ領域ついては、辺境の州刺史・都督や都護の支配領域についても、令や式に規定されたのである。

これを見れば、羈縻州は、諸州と遠夷との中間に位置することが分かる。羈縻州は、名目上州県制をとるが、その長官である刺史（県令）は蕃夷の諸首長の世襲である。また、州には庸調物と貢献物（貢賦）および戸籍の尚書省への送付が期待されているが、『唐書』地理志「羈縻州」序は、羈縻州からは定期的な送付がなかったと記している。

こうして唐王朝の帝国的秩序は、⑴貢賦（庸調物・貢献物）と版籍（地図・戸籍）とを定期的に中央政府に納入する内地諸州、⑵王朝に服属した蕃夷が貢賦（庸調物・貢献物）と版籍（地図・戸籍）とを不定期に納入し、長官を世襲する羈縻州、⑶貢献物のみを不定期あるいは定期に貢納する遠夷の三層構造をとっていたことが分かる。唐王朝は、貢献物・庸調物・地図・戸籍の収取と把握をつうじて、その帝国的支配を実現していたのである。そのなかにあって貢献物は、租賦の収取とは独立して存在し、内地諸州・羈縻州・遠夷の全帝国領域に一貫して存在する内的編成原理であり、歴史的にももっとも本源的な政治的従属形態を表わす事象であった。

武則天の聖暦三年（七〇〇）六月に公布された詔勅は、蕃国からの使節団に対する食糧支給についてそれぞれ式の規定に依るべきことを指示した文書であるが、その前提として「東は高（句）麗国、南は真臘国、西は波斯（ペルシア）・吐蕃・堅昆（キルギス）都督府、北は契丹・突厥・靺鞨に至るまでを、並びに『入蕃』とし、それ以外を『絶域』とする」（『唐会要』巻一〇〇雑録）と述べて、七世紀末の帝国領域（入蕃）とそれ以外の地域（絶域）との区別をおこなっている。上記の叙述をふまえて、唐王朝の帝国領域とその内部構造を

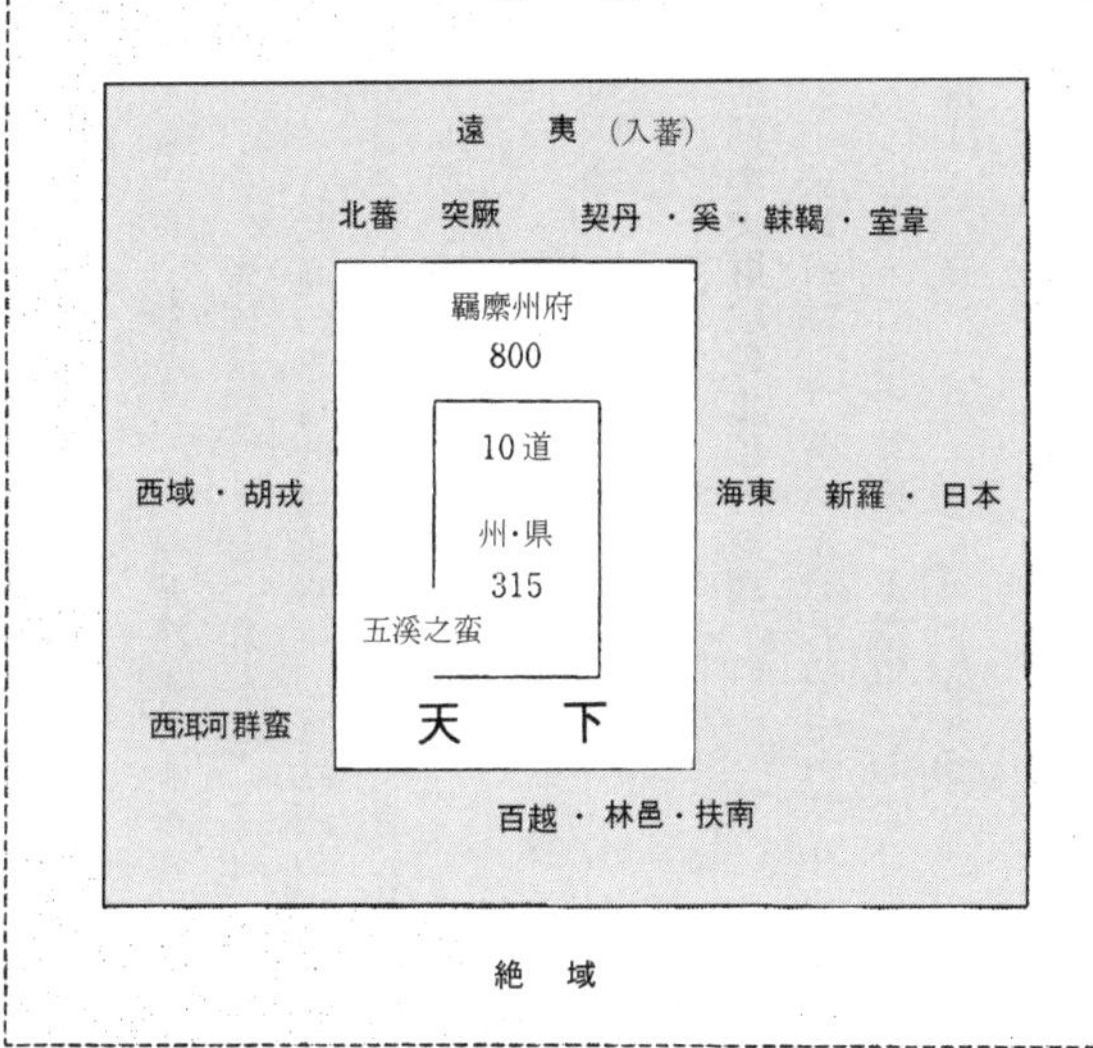

図17　大唐帝国概念図

概念的に示せば、図17「大唐帝国概念図」のようになる。

われわれは、『禹貢』の帝国理念とそれを基礎にする『大唐六典』の帝国構造について概観してきた。唐王朝の帝国を構造化するのは、貢献物の貢納であり、それを目の当たりに象徴する元会儀礼の執行であった。貢献物の貢納は、すでに見てきたように西周・春秋期以来の伝統をもち、それ自体が政治的従属関係を表現する事象であった。しかし貢献物・庸調物(賦)が表現する事柄は、それだけにとどまらない。それらは、「任土作貢」原則のもとに編成・収取され、皇帝権力のもとに集積されるとともに、消費された。皇帝権力による貢献物の消費がもたらす意味について考察しなければ、その帝国構造を十全に理解したことにはならない。貢献物の多くは素材的価値物である。これらの素材的価値物は、宮廷内の工房において新たに有用な価値を形成するために消費される。その価値物の意味をつぎに検討して、唐王朝の帝国構造をより一層闡明しなければならない[6]。

二 「帝国オイコス」の帝国的編成

(1)唐代前期中央財政の集積と財庫

唐王朝の中央政府は、三省六部に代表される中央諸官庁とそこに勤務する官僚・下級吏員・官賤人、宮殿・首都を警備する禁軍、および皇帝とその一族、後宮からなりたっていた。その数は、官僚が二六二〇人、下級吏員(流外・番官)と百姓から徴発する雑任役とが三万五一七七人で、合計約三万八千人(『通典』巻四〇)[7]、一二衛府・六率府の南衙禁軍と万騎・羽林軍などの北衙禁軍とをあわせて約一五万人、これに皇帝一族・後宮、官賤人を加えると総勢約二〇万人にのぼったと考えられる。この二〇万人にのぼる人間と宮殿・官庁などの物的諸装置は、日日に再生産されなければならない。

これら中央政府の再生産は、首都長安が位置する京兆府はもちろん、関内道一帯にひろげても維持できなかった。中央政府の再生産のためには全国からの財物の集積が必要であり、租税を中心とする全国的な物流の編成を不可欠とした。中央財政を担当する戸部尚書には、戸部・度支・金部・倉部の四つの部局（四司）が所属した。このうち唐帝国の物流編成を担当したのは、度支である。度支による財政の全国的編成の特質については、『大唐六典』巻三戸部尚書・度支郎中条に、つぎのように記されている。

およそ財物のなかで精巧なものと首都に近い地方のものは、中央に納入する（凡物之精者与地之近者以供御）。〔注　司農寺・太府寺・将作監・少府監等に納入・支出するものを言う〕。粗悪なものと首都から遠い地方のものは、軍隊に納入する（物之固者与地之遠者以供軍）〔注　辺軍および諸都督府・都護府に納入・支出するものを言う〕(8)

このように、唐代前期の中央政府財源は、財物の品質と各州の空間的配置とを基準として集積された。すなわち、全国から送付される品質のよい穀物・庸調物と、首都に近い諸州からの穀物・庸調物が司農寺・太府寺・将作監・少府監等に集積されたのである。貢献物は、これら財物とは異なり、そのすべてが全国三一五州および羈縻州・遠夷から、主として元会での陳列をめざして年末に首都に貢納されたのである。

中央政府財源として集められた財物は、一旦中央政府財庫に貯備され、必要におうじて消費される。この中央政府財庫としては、穀物を集積する司農寺所管の太倉、金銀銭帛を集積する太府寺所管の左蔵庫・右蔵庫があった。

これら三つの財庫のうち、太倉に集積・貯備される穀物は、中央官僚の禄米や下級職員・雑任役などの公糧に支給された（『大唐六典』巻一九司農寺条）。また、「首都に送付すべき諸州庸調物と江南の折租布（田租の代納布）などは、皆な左蔵庫に貯備され」た（『大唐六典』巻二〇太府寺条）。左蔵庫に貯備する財物は、官僚の俸秩や国家祭祀の幣物、官僚への賞賜など、国家の基本財政を構成した。日日に再生産すべき中央政府所属の人間のうち、官僚・下級吏員・雑任役・禁軍兵士・官賤人の直接的な生命の再生産にかかわる私生活部門の財物は、禄米・俸秩・公糧・賞賜として、司農寺太倉・太府寺左蔵庫から支出された。国家祭祀の幣物など、国家の基本財政部門も太府寺左蔵庫から支出された。我われにとって問題になるのは、残る右蔵庫である。

(2) 右蔵庫とその集積物の特色

「首都に送付すべき諸州庸調物と江南の折租布（田租の代納布）などは、皆な左蔵庫に貯備され」たと記したあと、『大唐六典』太府寺条は、つづけて「雑送物については、皆な右蔵庫に貯備する」と述べている。雑送物とは何であろうか。

『六典』太府寺の右蔵署令条は、その職掌について「邦国の宝貨の事を掌る」と述べ、注に「雑物州土」として特定の州府の特定物産を記載する。それを表にまとめたのが、表8「唐代雑物州土一覧」である。「雑物州土」が雑送物に関連することは明らかであるが、ただちに等置することはできない。

右蔵署令条の注は、さらにつづけて「凡そ四方から献上する（四方所献）金・玉・珠・貝、玩好の物は、皆な右蔵庫に貯蔵する。出納の規則は、左蔵庫の職務と同様」だと述べている。「凡そ」ではじまる注文であるから、「雑物州土」と異なるものであることは明らかである。注目したいのは、「四方所献」とある点である。これが貢献物を指していることは疑いない。そこで、この「唐代雑物州土一覧」の財物と「唐代道州貢賦一覧」、および『唐書』地理志の各州土貢条、『通典』天下諸郡毎年常貢条の貢献物とを対比してみると、まったくといってよいほど一致しない。両者は性格の異なる財物である。右蔵庫に貯備される雑送物は、「雑物州土」の財物と貢献物とによって構成されたとみてよい。

貢献物については、すでに詳しく述べた。問題は、雑送物の性格である。雑送物については、管見の限りではこれ以外の中国文献を見いだしえない。ただ、近出天聖倉庫令不行

表8　唐代雑物州土一覧（『大唐六典』巻20太府寺）

雑物名	州　名	雑物名	州　名
玉	安西・于闐	大小黄白麻紙	益州府
銀	饒・道・宣・永・邕州・安南	弓弩弦麻	益州府
蘇木	揚・広等州	上細黄白状紙	杭・婺・衢・越等州
象牙	揚・広等州	大模紙	均州
零陵香	永州	案紙	宣・衢等州
沈香	広州府	次紙	宣・衢等州
藿香	広州府	百日油	蒲州
薫陸香	広州府	細薄白紙	蒲州
鶏舌香	広州府	兎皮	河南府・許・衛・懐・汝・沢・潞等州
艾納香	京兆府	狸皮	鄜・寧・同・華・虢・晋・絳・汾州等州
紫草	京兆府	竹管	越州
空青石	宣・簡・潤・郴・鄂・衡等州	蠟	涇・寧・邠・隴・蓬等州
碌青	宣・簡・潤・郴・鄂・衡等州	氈	蒲・絳・鄭・貝等州
硃砂	辰・渓州	膠	河南府・同・鄧・許等州
白粉	相州	席	蒲・同・虢等州
雌黄・雄黄	岩州	麻	涇・丹・鄜・坊等州
墨	絳・易等州	木燭	京兆府・岐・華等州
梔子	金州		
黄檗	金州		
高昌礬石	西州		

唐令第一九条に、「贓贖物及び雑附物等は、年ごとに庸調車に付託して輸送せよ。もし多く官物を支給し、輸送労働者を雇う必要があるときは、またこれらの贓贖物及び雑附物を転用して、運送費用に充当せよ（下略）（諸贓贖及雑附物等、年別附庸調車送輸。若多給官物、須雇脚者、還以此物、迴充雇運）」とある。(9) ここにみえる雑附物は、毎年庸調の輸送に附して各州から中央に送付される物品である。それは、正税としての庸調物や貢献物とも異なる地方から中央への輸送物である。確実なことはなお言えないが、天聖倉庫令不行唐令条にみえる雑附物が『大唐六典』右蔵署令条の雑送物・「雑物州土」として残されたとみておきたい（補注6）。

司農寺太倉・太府寺左蔵庫が唐代中央財政の一般財源を集積する財庫であったとすれば、太府寺右蔵庫は、正規の庸調物の代わりに特定の州に対して納入することを指定された雑送物（雑附物）と全国三一五州・羈縻州・諸蕃夷から貢納される貢献物とを集積する財庫であった。雑送物と貢献物とは、それぞれの一覧表を見れば分かるように、金銀などの高級鉱物資源、皮革羽毛、香料、紙、特殊織物などの素材もしくは半製品がほとんどである。これら右蔵庫は、これら特殊素材・半製品を貯蔵し、出納することを職掌とする。では、これらの特殊素材・半製品は、何処に対して出納されるのか。それは、どのように消費されるのか。

(3) 貢献物・雑送物の生産的消費——少府監と将作監

雑送物と貢献物は、唐王朝の二大製作官庁である少府監と将作監によって生産的に消費された。その様相を、まず少府監から見ることにしよう。

少府監は、「百工・伎巧の政令を司り、中尚・左尚・右尚・織染・掌冶の五署を統括し、五署に所属する工徒を統御して、製作に精勤する」官庁である（『大唐六典』巻二二少府監）。少府監五署が製作にもちいる素材的価値物は、表9「少府監五署と素材の地方編成」に整理したとおり、「金玉・歯革・羽毛」（中尚署）、「金帛・膠漆・竹木」（左尚署）、「綾絹・金鉄・毛革」（右尚署）、「草木・花葉・茎実・根皮」（織染署）、「銅・鉄」（掌冶署）である。これら素材的価値物は、つぎのような手続きをへて調達された。

凡そ少府監五署が製作する器物の素材に用いる金石・歯革・羽毛・竹木などについては、尚書省に上申する。尚書省は、これを担当官司（所由司）にくだして供給させる。凡そ五署が倉庫に受け入れた物産は、それぞれの名数と生産した州土（州土所生）を帳簿に記し、四季の末ごとに担当官司に上申する。その副本は少府監にとめ置く。支給する場合は、そのたびに支給先を注記し、押印・署名する（『大唐六典』巻二二少府監丞条）。

少府監五署が用いる素材は金石・歯革・羽毛・竹木などであり、生産した州土が記帳さ

表9　少府監五署と素材の地方編成（『大唐六典』巻22少府監）

署　名	製　作　物	素　　材	所出州土
中尚署	祭祀用玉器 乗輿・玩器 宮中服飾	金・玉・歯・革・羽毛之属 琥珀・碧玉・金鋼鑽等 紫檀・象牙・翡翠・真珠・水銀等 麝香 銅 赤生銅	産出州 波斯・涼州 広州・安南 蘭州 代州 銅源監
左尚署	皇帝専用車輌 華蓋 扇・翰	金・帛・膠・漆・材木・竹之属 漆 竹 松 文栢 梓・楸 紫檀 黄楊	産出地方 金州 司竹監 嵐州・勝州 隴州 京兆府 広州 荊州
右尚署	皇帝専用馬鞍轡 五品三部の帳 刀剣・斧鉞・甲冑 紙筆・茵席・履物	綾・絹・金・鉄・毛・革等 皮革・材木・金属素材 白馬尾・白捧牛尾 翟尾・孔雀尾・白鷺鮮 貂皮	産出地方 京兆・河南 隴右諸州 安南・江東 諸軍州
織染署	皇帝・百官の冠冕	草木・花葉・茎実・根皮	産出地方
掌冶署	金属製器物	銅・鉄	諸州産地で購入

れる点から考えて雑送物と貢献物であることは疑いない。素材的価値物は、掌冶署が用いる銅・鉄が全国の生産地で購入されるのを除いて、「産出する州土より（任所出州土）、時節ごとに送納」（左尚署・右尚署）、「特産地があるので（出有方土）、時節ごとに採取」（織染署）させるものであった。

表現はそれぞれ異なるが、明らかに「任土所出」原則にもとづいて納入されるものであり、それらは、雑送物と貢献物であるほかない。また素材は、五署に直送されるかのごとく記すが、調達手続きを見れば、担当官司から納入されるものであり、この担当官司が、太府寺右蔵署であることも明らかである。

以上をふまえて、もう一度素材的価値物の出納手続きをまとめておこう。少府監は五署が必要とする素材を文書で尚書戸部に上申する。尚書戸部は、この必要素材リストを検討したのち、指令文書を担当の太府寺右蔵署に下降し、右蔵庫から少府監五署に各素材が支給され、一旦貯備して帳簿に管理される。これを支出するときには、どの部署に支出したかを注記し印署する。これらの帳簿・諸文書は、四季ごとにまとめて季末に右蔵署に上申されるのである。このように、貢献物・雑送物として右蔵庫に集積された特殊素材・半製品は、少府監にむけて支出された。さきに挙げた『大唐六典』度支郎中条の中央政府財源の指定に関する注に「司農寺・太府寺・将作監・少府監等に納入・支出するものを言う」

と述べるのは、まさにこのことを指して言ったものである。

問題は、少府監五署の製作物である。それらは、表9「少府監五署と素材の地方編成」に整理したとおり、皇帝の衣服・乗輿、百官の儀礼用服装品、祭祀用器物、儀礼用儀仗などである。これらは、『旧唐書』巻四五輿服志、あるいは『唐書』巻二三儀衛志・同巻二四車服志などに詳細に記される物品であり、皇帝・官僚の公的な政治生活の再生産にかかわる諸製品である。

ここで元会儀礼を想起してみよう。そこには、各州・各外国蕃夷から貢納された貢献物が庭実として陳列されるだけではない。そこに参列する皇帝・官僚・儀仗兵の服飾・装備、儀礼を荘厳する車乗・旗幟・調度などは、過去の貢献物・雑送物を素材として生産されたものである。皇帝を中心に進行する元会儀礼は、皇帝と官僚との君臣関係、皇帝と諸州・諸外国蕃夷との政治的従属関係が再生産されるだけでなく、唐王朝の帝国的な政治的身体そのものを具現する儀礼として現れる。

唐朝国家は、(1)皇帝の公用に必要な服飾・乗輿・装飾品、(2)官僚の公用に必要な服飾・装飾品、(3)儀礼・祭祀の執行に必要な諸価値物の生産と消費をつうじて、はじめて国家自身の自己再生産を可能にする。国家支配は、皇帝の即位、官僚の任命、軍隊の派遣、雨請いなど社会生活に直接かかわる祭祀・儀礼の執行をつうじて達成された。その国家の公的生活部門の再生産をささえるための有用な諸価値物を製作するのが少府監五署であり、その素材が全国の特定諸州から納入される雑送物と全国諸州・羈縻州・諸蕃夷から貢納される貢献物であった。唐朝中央政府の公的政治生活部門の再生産は、雑送物・貢献物の帝国的編成を前提にして成り立つものであった。

換言すれば、皇帝を中心とする唐朝中央政府の公的政治生活部門の自己再生産自体が、帝国的秩序の再生産を維持する中枢として現れるのである。なぜなら、全帝国領域から運ばれる各産物は、それ自身では自立性をもたない特殊な一素材にすぎず、それらは長安の太府寺右蔵庫に集積され、少府監五署の手によって意味のある価値物となり、儀礼・祭祀執行をつうじて、はじめてその全体性を獲得するものとなるからである。この皇帝をはじめとする国家中央の公的生活部門の自己再生産装置を「帝国オイコス」と呼んでおきたい。

この「帝国オイコス」は、もう一つの製作官庁によっても維持される。それが、将作監である。将作監は、「邦国の修理・建造、土木の工匠に関する政令を司り、左校署・右校署・中校署・甄官（けんかん）署、百工監・就谷監・庫谷監・太陰監・伊陽監など四署・五監を統括し、その職務を遂行する」製作官庁である（『大唐六典』巻二三将作監）。その製作は、表10「将作監四署・五監一覧」にまとめたように、主として宮殿・諸官庁の建造・維持にあり、それに必要な材木・石材・陶器・瓦などの切り出しと製作、その他儀礼用オーケストラ（宮

表10　将作監四署・五監一覧（『大唐六典』巻23将作監）

署名	製作物	素材	所出州土
左校署	宮殿造営 楽器 儀制用器具 葬送用器具・明器 官司什物	雑材	
右校署	版築等土建・左官	毎年麦藁３万囲・麦麵百車・麻穣２万斤 石灰・赤土	京兆・河南・諸州 購入
中校署	船車・兵仗 閑厩用雑具 内外造営用雑器 車牛用飼料管理物		
甄官署	石製品・陶器 葬送用明器	石材	産出地方
百工監 就谷監 庫谷監 太陰監 伊陽監	材木伐採		岐州陳倉県 京兆府盩厔県 京兆府鄠県 河南府陸渾県 河南府伊陽県

懸）の楽器製作、葬礼用の諸器物の製作、諸官庁の調度品の製作を手がけた。それらは、儀礼・祭祀・行政などが執行される物理的空間や物的諸装置を構成した。少府監が「帝国オイコス」――国家の公的政治生活部門の自己再生産――の機能的諸装置の製作を担当したのに対し、将作監は、この諸機能が発揮される物理的諸装置の再生産を担う製作官庁であ

った。この二つの製作官庁の手をへることによって国家支配が可能となるのである。ただ、将作監の場合は、版築・左官工事に用いる麦ワラ・麻穰（ワラ）などを京北・河南および諸州から送付させる以外は、購入するか、自ら製作した。この点は、少府監の素材とは異なっている。

(4)「帝国オイコス」概念について

オイコス（Oikos）の概念は、通常荘園領主や君主の大家計の需要の調達を、交換によらないで、従属的な給付義務者に割り当てる場合の、家計類型として用いられる[10]。ここで用いる「帝国オイコス」の概念は、皇帝の家計や家産制的支配を表わすのではなく、祭祀・儀礼を中心とする中央政府の公的政治生活部門における機能的・物理的諸需要が、主として政治的従属関係にある地方政府（州）や羈縻州・諸外国からの貢納物および特定送付物（雑送物）を素材に自己生産―自己消費されることを指している。

唐朝国家支配の基本部分をなす軍事・行政費やそれらを執行する官僚・下級吏員・兵士等の給与は、「帝国オイコス」とは別に、司農寺太倉・太府寺左蔵庫に貯備される一般財源によってまかなわれる。また「帝国オイコス」は、唐朝国家支配の本質をなす、戸籍を媒介とする人民支配、主として小経営農民からの租調役収取を媒介とする剰余生産物の収取関係とも異なる。

「帝国オイコス」は、それ自体で唐朝国家支配の根幹を表わす概念ではない。ただ、「帝国オイコス」の生産素材は、唐王朝が直接支配する領域を越えて政治的影響がおよぶ全帝国領域から貢納されてくる貢献物を主たる基礎とし、その生産物は、皇帝を中心とする中央政府の政治的身体を荘厳し、再生産するものであった。「帝国オイコス」は、皇帝を中心とする唐王朝の帝国構造の特質を規定し、唐朝国家支配の属性を総体的に表現する。口髭やあご髭は、それ自体なにものをも表わさない。しかし、王様のたくわえるゆたかな髭は、王権になくてはならない属性の一つである。王様は、裸ではいられないのである。

「帝国オイコス」は、唐王朝によって創始された事象ではない。それは、『禹貢』の帝国理念の分析において示したように、戦国末・漢代の国家にもその実態の存在が認められたし、古くは「庭実」に象徴される貢献物の貢納が政治的秩序形成の媒介をなしていた西周・春秋前期にまでさかのぼりうる。中国においては、「帝国オイコス」をその属性とする伝統的政治支配のうえに、国家による人民―小経営農民支配、軍事・行政的支配などが重層し、専制国家が形成されたのである。それらがどのような歴史的過程をへて重層し、専制国家に転化してゆくのかという問題が生じるが、それには独自の探究が必要であり、ここでは問題の所在を指摘するにとどめる。(補注7)

また「帝国オイコス」は、唐代について言えば、官戸・雑戸・官奴婢・工戸・楽戸・太常音声人などの官賤人と百姓の強制的義務としての雑任役（約三〇万人）の一部、刑徒の労役および工匠などの正役によってまかなわれた。これらの労働編成・技術編成の特質、およびこれら労働者の再生産と社会との関係についても充分な検討をおこなわなければ、「帝国オイコス」概念は十全なものとはならない。これらはしかし、唐代身分制や徭役編成の構造的理解をも要請するのであり、本稿の枠組みをはるかに超えている。ここでは、素材となる貢献物の帝国的編成とこれらの素材的価値物を生産的に消費する二大製作官庁の介在にかかわって、国家の公的政治生活部門の自己再生産装置を「帝国オイコス」として概念的に提起し、大方の批判を期待するにすぎない。

注

（1）『大唐六典』およびその成立事情については、玉井是博「大唐六典及び通典の宋刊本に就て」（原刊一九三四年、『支那社会経済史研究』所収、岩波書店、一九四二年）参照。

（2）唐代前期の道制については、井上以智為「唐十道の研究」（『史林』第六巻第三号、一九二一年）、田尚「唐代十道和十五道的産生及其性質」（『中国古代史論叢』一九八二年第三輯、福建人民出版社）を参照。道は、天宝年間以前は、州のうえに置かれた非常置の監察機関と領域で、行政権をもたない。道制と諸蕃夷との関係については、入貢の道筋の関係だけなのか、その意味についてさらに考えてみる必要がある。

（3）この令文は、近出の天聖令賦役令中の不行唐令第二七条に、「（唐27）諸朝集使赴京貢献、皆尽当土所出。其金銀珠玉犀象亀貝、及諸珍異之属、皮革羽毛錦罽羅縠紬綾絲絹絺布之類、漆蜜香薬、及彩色所須、諸是服食器翫之物、皆准絹為価、多不得過五十疋、少不得減二十疋。通以雑附及官物市充、無則用正倉。其所送之物、但令無損壊穢悪而已。不得過事修理、以致労費」とある。

録文は、李錦繡校録本（天一閣博物館・中国社会科学院歴史研究所天聖令整理課題組『天一閣明鈔本天聖令校証』中華書局・天一閣博物館、二〇〇六年）により、私案にもとづき若干の字句を変えてある（補注）。

（4）唐代玄宗期の財政総体については、浜口重国「唐の玄宗朝に於ける江淮上供米と地税との関係」（初出一九三四年、『秦漢隋唐史の研究』下巻所収、東京大学出版会、一九六六年）、清木場東『唐代財政史研究（運輸編）』序論（初出一九八七年、九州大学出版会、一九九六年）、および拙著『中国古代の財政と国家』第一四章「唐代後半期の中央財政――戸部曹財政を中心に」（初出一九八八年、汲古書院、二〇一〇年）参照。

なお唐一代にわたる貢献制度の実態と変遷については、宮薗和禧『唐代貢献制の研究』（九州共立大学地域経済研究所、一九八八年）参照。本書については、京都大学の礪波護から教示を得た。

（5） 羈縻州に関する近年の概括的研究としては、前掲堀敏一『中国と古代東アジア世界』第八・九章「中華的世界帝国――隋唐⑴興隆期、⑵変貌期」があり、魏晋南北朝の冊封体制から唐代の羈縻州支配体制へと強化されたことを主張する。

（6） なお、「任土作貢」「郷土所出」主義については今津勝紀に専論があり、諸州貢献物の進上が皇帝による領域支配の確認の意味をもち、また国家が特定の物資を指定し、それを収取―再分配することによって、国家的物流を媒介とする社会的統合機能を果たしていたことを指摘する（「古代専制国家の財政と『郷土所出』主義」初出一九九三年、のち『日本古代の税制と社会』第一章「古代税制の「郷土出所」主義」塙書房、二〇一二年）。本稿をまとめるにあたり、基礎的な観点となったことを申し添える。

（7） 本節が対象としている開元年間は、唐代府兵制度ならびに軍事制度が大きく変化する時期である。南衙禁軍については、開元一一年（七二三）一一月に「選府兵及白丁十二万、謂之長従宿衛、一年両番」とし、さらに開元一三年二月には、これを「更命長従宿衛之士、曰彍騎。分隷十二衛、総十二万人、為六番」とする（『資治通鑑』巻二一二）。北衙禁軍もこの時期に大きく成長する。開元二年（七一四）一〇月の対吐蕃戦の行軍編成は、「其差取後軍四万人、諸色蕃兵二万人、京兆府兵一万人、飛騎二万人、量追三百里内兵留当下人充万騎五万一千人、幽隴兵各二千人、岐州兵五千人」であった（『冊府元亀』巻一一八帝王部親征三）。このなかの飛騎二万人と万騎五万一千人が北衙禁軍にあたる。臨時の行軍編成であるから、通常の北衙禁軍であるとは考えられない。南衙禁軍一二万人とあわせて、約一五万人とみておく。唐代兵制については、浜口重国「府兵制より新兵制へ」(初出一九三〇年、『秦漢隋唐史の研究』上巻所収、東京大学出版会、一九六六年)、および前掲注(4)拙著『中国古代の財政と国家』第一一章「唐代前期における農民の軍役負担——歳役の成立によせて」参照。

(8) 庸調物の精巧・粗悪については、『大唐六典』巻二〇太府寺条に「凡絹出有方土、類有精粗。絹分為八等、布分為九等、所以遷有無和利用也」とあって、絹には八等級、布(麻・葛等)には九等級の格付けがあった。『六典』太府寺条は、その注に具体的な州名と絹布の等級について注記している。ただ、何等級以上が中央に送付されたのか、いまのところ分からない。

なお、この『六典』経文の内容にかかわる論文として、大津透『日唐律令制の財政構造』第一部第一章「唐律令国家の予算について——儀鳳三年度支奏抄・四年金部旨符試釈」(初出一九八六年・一九九〇年、岩波書店、二〇〇六年)がある。この論文は、大谷・トルファン文書の綴合・復元を基礎にする近年出色の一連の研究成果である。このなかで大津は、唐代の財政運営の特質は、中央財政を維持しうる庸調物を確保したうえで、度支の指示によって主に軍事的使途に応じて各地に庸調物を直接配納させるシステムが構築されているところにあったと指摘している。この結論は正しいと思うが、大津は、何故かこの『六典』経文には言及していない。この経文は、まさしく中央財政と辺境軍事財政との区別とその内訳とを指示しており、『六典』の性格からして、令もしくは式などの法令にもとづくものであろう。この経文と大津の成果とにもとづいて、さらに詳細で総合的な唐代前期財政の特質を考察することも可能である。

（9） 雑附物は、前掲注（3）天聖令賦役令不行唐令第二七条にもみえる。

（10） オイコス概念については、世良晃志郎訳・ウェーバー著『支配の諸類型』（創文社、一九七〇年）第三節「伝統的支配」九ａ「伝統的支配と経済」および訳者注（二）、並びに拙著『中国古代の財政と国家』第一三章「唐代前期律令制下の財政的物流と帝国編成」（汲古書院、二〇一〇年）を参照。

（補注5） この古典的国制については、そのごの研究の深化のなかで異なる考えをもつようになった。『大唐六典』の記述形式が『周礼』の六官制を踏襲していることは明らかであるが、その内容は、『周礼』とは異なり、前後漢交代期に成立した中国の古典国制を継承・発展させたものである。漢制を主体とする中国の古典的国制の形成と内容については、拙著『中国古代の王権と天下秩序――日中比較史の視点から』（校倉書房、二〇〇三年）、『中国古代国家論』（汲古書院、二〇二三年）を参照。

（補注6） 元版では、この段落は、養老令賦役令によって記述したが、一九九九年、戴建国によって発見された北宋天聖令に遺存する開元二十五年令倉庫令の関連部分を利用して書きなおした。天聖倉庫令と内容については、前掲注（3）『天一閣明鈔本天聖令校証』、ならびに渡辺「天聖倉庫令訳注初稿」（『唐宋変革研究通訊』第一輯、二〇一〇年、日本学術振興会科学研究費補助金基盤研究Ｂ（課題番号21320132）報告書）参照。

（補注7）　この点については、前掲（補注5）拙著『中国古代国家論』参照。

おわりに

中国古代国家の帝国的構造は、貢献物の貢納を普遍的原理とする。貢献物の貢納は、王権もしくは皇帝権力に対し、直接的支配諸地域（州・郡）、外国諸国家・周辺諸種族から、その地域的特産物（方賄・任土所出）を礼物として贈与したものである。王権もしくは皇帝権力は、この礼物を集積し、その一部を諸外国・周辺諸種族への贈答物として再分配した。これらの贈与―贈答関係は、儀礼的諸場面においては「庭実」として眼に見えるかたちで確認され、この互酬性をつうじて王権もしくは皇帝権力と外国諸国家・周辺諸種族との政治的従属関係が更新・再生産された。

集積された貢献物の一部分は、別に国家の製作官庁によって生産的に消費され、皇帝および官僚の公的政治生活部門を荘厳する衣服・食物・乗輿・儀仗、および宮殿などの物理的諸装置を構成した。王権もしくは皇帝権力は、全帝国領域から貢納される諸素材の生産的消費によって荘厳されたのであり、とりわけその公的政治生活部門の再生産は、貢献物の帝国的編成を前提にして成り立つ。換言すれば、貢献物の帝国的編成と製作官庁による生産的消費とをつうじて帝国的秩序が構造化されたのである。その中心をなす王権・皇帝は、こうして帝国的秩序を具現する政治的身体として現れる。

貢献物の貢納は、西周時代以来の伝統的起源をもち、西周から春秋期にかけては、王権と諸侯国・周辺諸種族との政治的従属関係を具体的に表わす唯一の物的関係であった。それは、春秋戦国期に専制国家が形成される過程で、新たに重層して賦課されるようになった田租・賦税収取に従属するようになったが、周辺の諸外国・諸蕃夷からの貢納をも加えて、皇帝による帝国的秩序の構造原理となった。

唐代にはいると、直接的支配諸地域（州）からの毎年の貢献物の貢納および田租・賦税収取と、外国諸国家・諸種族からの定期的・不定期的な貢献物の貢納とのうえに、さらに重層して租賦・貢献物を不定期に貢納する羈縻州体制が加わる。それは、戦国期をつうじて形成された『禹貢』の帝国理念を自覚的に表現し、漢代以来の帝国構造の一貫した発展形態を表示したのである。

唐王朝の帝国秩序の内的原理をなした貢献物の貢納は、安史の乱以後、中国内地に出現した藩鎮体制の成立とともに変化し、解体する。貢献物は、諸州朝集使によって中央政府に貢納された。この朝集使制度が、第二章で述べたように徳宗期には解体する。朝集使の解体とともに出現したのが進奉と内庫の形成である。

安史の乱以後、唐朝国家機構は、使職の増加と律令官制の形骸化を中心に急速に変化してゆく。とりわけ、財政部門の変化と肥大化がめだち、戸部尚書の一部局であった度支司が独立の財政官司として財政を統括するようになり、その財庫として左蔵庫の機能も肥大化した。度支使─左蔵庫による国家財政の掌握である。これとともに節度使・州刺史・中央財政官司などによる皇帝への財物進奉が、月進・日進と言われるように常態化し、それらを貯備する内庫が肥大化することになる。内庫は、皇帝直属の財庫であり、宦官が統括し、その内実と運営は、度支使─左蔵庫による国家財政の運営とは切り離されてしまう。貢献物の貢納原理は、安史の乱以後、基本的には崩壊したと言える。

『宋会要輯稿』第一四二冊食貨四一「歴代土貢」条によれば、北宋期にも官物によって貢献物を購入し、中央政府に貢納する制度があった。「歴代土貢」条の神宗熙寧元年（一〇六八）一二月条には、各州の貢献物リストが掲載されている。しかし、元豊三年（一〇八〇）一二月一二日になされた詳定朝会儀注所の上言は、宋代には大朝会に貢献物を陳列することが名目化していることを指摘し、これを是正するために改めて土貢物リストを作成している。この改善も充分な効果をもたらさなかったらしい。徽宗崇寧三年（一一〇四）二月四日の講議司箚子には、「ちかごろ殿中監六尚が製作し、皇帝陛下に御使用いただく物を検討してみましたるところ、おおむね諸州にて購入したものにて、至尊を奉じて偉大なる統治を顕彰する目的とは、はなはだ乖離しております（非所以奉至尊彰洪業也）」と指摘し、とくに担当官に命じて「ことごとく天下土貢の法を講じて執行し、各地の坊場銭（酒の製造販売免許税）を用いて購入する」よう上奏している。

上記のことどもは、宋代にも土貢制度がひきつづき存在し、諸州貢献物が元会儀礼に陳列されたことを示している。しかしそれらは名目化しており、伝統的な儀礼という以上に積極的な意味をもたなかったように見うけられる。また、それらを素材とする「帝国オイコス」の「至尊を奉じて偉大なる統治を顕彰する」意義自体は追求されてはいるものの、かなり重大な岐路に立っていたことを示している。西周・春秋期以来の伝統をもつ貢納原理、前漢期に成立した元会儀礼は、唐末北宋期の変革のなかで、その歴史的な意味を大きく変えつつあった。

附論二　中華帝国における礼的秩序と法的秩序

はじめに

現在、中華帝国論と東アジア世界論が盛んである。例えば「アジアのなかの日本史」や「アジアから考える」というシリーズがある。両者ともに全七巻で、その第四巻の帯に「単一民族・国家の幻想」とか「脱〈国家〉へ」というコピーが書いてある。それらが象徴するように、そこに含まれている諸論考には国民国家の相対化、あるいは東アジアの地域的世界システム、国境を越えた境界領域、周辺諸地域の独自性、地域社会論の重視を提起する論調が目立っている(1)。

八世紀の律令国家形成以来、「民族国家」的な経験をもつ日本人にとって、国家の研究は「民族国家」次元での国家論、あるいは国制史研究におのずと収斂しがちである。少なくとも私自身にも、こうした傾向がかなりある。そのことを反省させる素材として、近年の中華帝国論ないし東アジア世界論は、無視しえないものをもっている。そこで中華帝国論、東アジア世界論の背景をさぐりながら、今後、中国前近代の国家史研究をすすめるにあたって、留意すべき問題の枠組みを考えてみたい。

一　中華帝国論と東アジア世界論の背景

周知に属することであるが、これらの背景には七〇年代から八〇年代にかけての環太平洋経済圏、とりわけ西太平洋、東アジアの目覚ましい発展がある。日本・アジアＮＩＥＳ・アメリカの三極の貿易量は、すでに一〇年前にＥＣ・アメリカの環大西洋貿易圏の貿易量を上回ったという。また近年の主要先進国の経済成長率が三％から一％に低迷しているのに対して、アジア全域の成長率が六％から七％と非常にめざましい。とくに近年の中国沿岸部を中心とする市場経済の発展、例えば九二年・九三年には経済成長率が一二％というように、アジアＮＩＥＳの五％から七％の安定成長に比較しても突出した現象になっている。これは七九年以後の対外開放政策、とりわけ九二年の第一四期中国共産党全国代表大会における社会主義市場経済の提起、および沿海開発戦略の復活を機にもたらされたものである。

中国は現在、資本の本源的蓄積期と高度成長期を同時に迎えていると言ってよい。その一方では人口の爆発的流動——盲流現象、現在は民工潮という——がおこり、黒社会（暴力団）が形成され、さらに凶悪犯罪の多発、インフレの進行など、資本の本源的蓄積期と高度成長期に特有の否定的現象も顕在化している。

また、一九八九年の天安門事件の民主化運動弾圧に象徴されるような強権政治と経済社会との軋轢もあり、沿海部と内陸部、さらにその奥地との経済的格差の進行など、楽観を許さない状況もある。政府の発表によると、八～九％の成長率維持を今後進めて、インフレも緩和をめざすということであるが、問題はかなり深刻である。

もとより成長率だけですべての事柄を測ることはできない。しかし、かつて西欧や日本の植民地、あるいは従属国であったアジアNIESやASEAN、ならびに中国がめざましい発展を遂げつつあるということは、世界史の発展や文化の見方にかなり重大な反省を迫るものである。例えば、フランスの東洋学者レオン・ヴァンデルメールシュが『アジア文化圏の時代』（福鎌忠恕訳、大修館書店、一九八七年）のなかで、「近代とは完全無欠な西欧化を絶対的に通過しなければ到達できないものであろうか」という問いかけをおこなっている。

東アジア・東南アジアにおける非封建制社会、あるいは旧植民地従属国、はたまた社会主義国からの資本主義化・市場経済化は、原始共同体社会―古代奴隷制社会―中世封建制社会―近代資本制社会の単線的発展から社会主義への移行を展望した、かつての「世界史の基本法則」[2]の破綻を完膚なきものにしてしまった。またそれは、非西欧地域では日本だけが工業化、高度資本主義化した、その原因を封建制社会の存在に求める日本特殊化論としての近代化論[3]の破綻をも自明のものにした。戦後日本の歴史学に大きな影響を与えた世界史認識は、「世界史の基本法則」なり近代化論を典型に、いずれも再検討を余儀なくされている。

一方では東アジアの成長・発展を説明する鍵として、日本を含む東アジア諸地域の文化的共通性が注目されている。例えば儒教文化圏とか儒教資本主義論、漢字文化圏など、儒教ルネッサンスの背景をなすさまざまな論調が目白押しである。これらは特殊一国的な日本文化論の島国的狭隘性よりははるかに世界史的であって、一定の肯定的性格をもってはいる。しかし、社会経済それ自体の分析を抜きにした、文化による経済発展の説明にはおのずと限界がある。

その相反する事例を二つ紹介したい。一つは、余英時の『中国近世宗教倫理与商人精神』（台湾、聯経出版事業公司、一九八七年）である。その主題は、中国にはヨーロッパ資本主義の精神的基礎をなしたプロテスタントのような宗教倫理が欠如していたと主張するウェーバーの中国論に対する批判である。実証的には唐代の禅から宋学・明学にかけて日常的禁欲倫理、職業倫理が中国にも存在したことを明らかにし、唐以後の宗教、禅宗・儒教の世俗化と一六世紀以後の商業の大発展との密接な関連を指摘している。はっきり書いてはいないが、その目的は、資本主義的倫理精神、あるいは中国における近代的思惟が近世儒学のなかに存在したことを明らかにして、今日の台湾や香港における資本主義隆盛の倫理的精神的基礎を説明しようとするものであろう。

日常的禁欲倫理や職業倫理が中国に存在したことの指摘は、実証的には興味深いものがある。しかし全体の構想自体は、実はウェーバー説の裏返しにすぎない。ウェーバーが中国に否定したものを儒教倫理として蘇生させただけであって、根本的なウェーバーの批判にはなっていない。問題を深めるためには、倫理の同一性の証明だけではなく、ウェーバーがヨーロッパと比較して主張した、例えば都市共同体あるいは市民社会がアジアには欠如しているということなどの再検討をも踏まえて、倫理を支える社会構造自体、あるいは社会と倫理との相互関係の特性について問題にしてゆく必要がある。

いま一つは、先ほどふれたレオン・ヴァンデルメールシュの『アジア文化圏の時代』である。かれは、東アジアの発展の共通基盤として、漢字・中国語文字法の独創性と威力、そしてそれによってもたらされた漢字文化圏諸国の思惟様式の共通性を指摘する。漢字は口語とは異なる別個の一言語であり、自律的な書写的言語体系であって、前二世紀初頭以後各国に導入され、中国・ベトナム語、中国・朝鮮語、中国・日本語の三変異体が成立したと述べている。儒教は旧社会とともに消滅したが、儒教の全精神はこの漢字体系のなかに保存されている。かれによれば、儒教の真髄は、①家族、②儀礼、③高級官僚制度であり、これと照らし合わせることによってヨーロッパに対比された東アジアの今日的行動様式が理解されると考える。

この三つの真髄から帰納される意味について、つぎのようにヴァンデルメールシュは説明している。

……東アジアにおいて今や工業化ないし工業化途上の諸社会の活動範囲と一切の新しい行動は、儒教的遺産と照らし合わせて初めて意味が理解できる、さまざまに屈折した行動様式を示している。

つまり、家族的タイプの諸関係によって構造化された一社会の旧いモデルと照合されることにより、一つの社会的様式の意味が発見されるが、この社会様式は完全に現存しており、「共同体主義的」(communautariste)と呼ばれてよいであろう。儀礼(「礼」)の儒教的概念と照合することにより、今日の漢字文化諸社会を、「儀礼主義」

（「礼治主義」ritualisme）の今なお非常に際立った社会と化している事実の意味が見出されるであろう。最後に、高級官僚国家の旧い体系と照合することにより、一種の「機能主義」（fonctionalisme）と名付けられうるものに幅広く基づいている国家の概念の意味が発見されるであろう。この国家の概念は、国家の「政治的」（politique）概念とは相対的だからである。

これらの照合（références）は不可欠である。なぜなら、この共同体主義、この儀礼主義、そしてこの機能主義に類するものは、これまで絶対的に何一つ西欧の伝統の中に存在したことがなかったからである。（一八五頁）

第一点の家族について、かれは、家族的諸関係によって構造化された社会様式が、反個人意識的な共同体主義と人間関係の道徳的・自然的・人格的決定とをもたらす。これは個人主義の典型的創造物たる法律によって人間関係が構成されると考える西欧的・キリスト教的人道主義との対照的性格を示すものだと展開している。

第二点の儀礼については、西欧では宗教内部の原始的状態においてのみ意味を持ったのに対し、東アジアでは社会化・世俗化して儀礼主義の社会が形成され、諸事物の自然的意味と個人の諸行動との間の形式的適合性が道徳的体系たる儀礼によって確証されると述べている。理解しにくい記述であるが、要するに儀礼が社会化されていて、社会それ自体を表現するということであろう。総じてかれは、東アジアの形態・論理的合理性、および儀礼主義的形式主義が、西洋の目的・論理的合理性、法律的形式主義と対照的性格を示しているると主張するのである。

第三の旧い高級官僚国家についても、かれは、西欧における国家の政治的概念とは対照的であると述べる。中国の伝統では国家装置の機関は宇宙機構の構造を持ち、常に儀礼的に同化される。国家は政治的ではなくて単に機能的であって、純粋に行政的に統治する。それゆえ権力の政治的分立はなく、諸機能の技術的分立のみが存在する。それゆえ皇帝・天子の権力の定義も欠如しており、この意味で天子の権力を絶対化する、と主張する。

家族と社会と国家が儒教の真髄だという点、それらを特に儀礼を媒介にしながら説明しているところは、興味深い論点である。

ヴァンデルメールシュの議論は多岐にわたるが、西洋との同一性にではなく、むしろその対照性において東アジアの発展の基礎をさぐり、家族・社会・国家を包括して論じているところに特色がある。なかでも東アジアにあっては社会を表現するものとして儀礼主義が存在したこと、さらにさまざまな東アジアの旧体制が「常に儀礼主義と法律万能主義とをさまざまな適量に配合し」、全体主義的に統治したことを指摘するのは、比較の基礎という点で、きわめて示唆的である。

ただ漢字を媒介にする限り、かれが言うように社会全体を表現するかどうか、かなり問題がある。漢字を媒介にする限り、それぞれの社会の識字階層の存在形態に制約されざるを得ないし、各民族の固有言語体系にも制約される。また、各民族に社会化された諸儀礼は固有文化を表現する部分もある。したがって、かれの指摘がどの程度東アジア全体に普遍性をもつのか、一括りにして評価することはむつかしい。

儀礼および礼制的秩序が特に問題になるのは、それが自生的に生み出され、『儀礼』『礼記』『周礼』の三礼という形で経典化された中国社会である。三礼の経典化と並行して体系化された律令法と礼制的秩序との相互関係をまず明らかにする必要がある。そしてこの中国での礼と法の相互関係を参照基準として、東アジア各民族の儀礼主義の特質が比較されなければならない。儀礼主義をとってみても、かなりの異質性が予想される。東アジアは文化的共通性だけに注目するのではなく、政治・制度・経済・習俗などの共通基盤と異質性を含んだ複合的認識が必要になる。

言わずもがなであるが、西欧列強からの外圧や植民地化、あるいは資本主義的世界システムへの包摂に対する抵抗のなかでの近代化を余儀なくされたことについては、アジアは共通の課題をもっていたのであるが、岡倉天心が言うように、「アジアは一つ」などと楽天的に括ることはできない。

二　律令的法秩序と礼制的秩序

(1)中華帝国論と「礼—法入り組み構造」

多様なものの統一としての東アジアをとらえる一つの素材として、中華帝国論はある程度意味をもっている。以下にその意義づけを試みることにしよう。私を含めた中国史研究会は、小経営生産様式論を基礎にしたこれまでの共同研究を通じて、ヨーロッパ・日本と中国との国家形態、あるいは社会構成上の違いを明らかにしてきた[4]。その主要な論点の一つは中国封建制論批判である。その中心的な担い手は足立啓二であり、その基本的論点は、「中国封建制論の批判的検討」（初出一九八三年、のち『明清中国の経済構造』汲古書院、二〇一二年）に論述されている。この批判によって、とりわけ宋代以後の地主的土地所有を封建的土地所有とみなし、地主・郷紳による公的支配を封建的支配として認識する、その実証的・理論的根拠は崩壊したといってよい。その結果、今日の日本の中国史研究者にとって中国史のなかに封建制社会（フューダリズム）の存在を証明しようとする中国封建制論はまったく意味をもたなくなった。中国前近代の国家およびその経済体制は、明らかに日本や西欧の封建制社会とは異なるものであって、独自に規定されなければならならない。

社会構成体上の基本的な違いを前提にしながら、朝鮮古代史や日本古代史などに目を向けると、またもう少し共通性を含んだ異質性という問題が出てくる。

いま問題にしている中華帝国論の国制に限っても、特に律令法と儀礼あるいは礼との相互関係、律令法と固有法、あるいはその基礎になっている習俗との関係について、それぞれに共通性と異質性が存在する。そのなかでまず共通の土台として指摘できるのは、七世紀から八世紀の初めにかけて、高宗龍朔三年（六六三）の白村江の戦いを頂点とする諸戦役と乾封元年（六六六）の泰山封禅の際の会盟儀礼による東アジア規模での戦争終結の過程を通じて、「民族国家」が形成されたということである。

それは、隋唐の中国再統一を契機とする中華帝国の再編と、それに対応して日本や新羅を典型とする周辺諸種族が律令法を基礎に国家形成を達成し、それが今日の東アジアの国家領域の基本的枠組みを形成したことである。しかもこの「民族国家」的枠組みは、中国の律令法を受容することによって中華帝国的国制（「東夷の小帝国」）として実現されたのである。ヨーロッパ諸国に比較して、日本・朝鮮の民族的単一性が高いのもこの経験が非常に大きいと思われる。古くからの民族的単一性の高さが、近代化あるいは今日の経済的隆盛に果たした役割を無視することはできない。

この単一性の高さは逆に、我われの国家史研究の視野を国民国家次元にのみ限定してしまう基礎になってしまう。例えば中国の国制を論じるときにも、おのずと国民国家次元で議論をするということになる。しかし問題を律令法の次元から、律令を包括する文明のもう一つの形態、つまり中国における独自の文明の形態としての礼制・儀礼というものを含めてその複合構造を考えてみると、同じ中華帝国的国制をとっていても、かなり異質の面が顕在化してくる。

礼制は、律令法と並行するだけでなく、その規定範囲には共通する領域があり、また衝突する場合もある。例えば、南朝の宋の時代に隣接五家のなかで、だれか庶民の家人が法を犯した場合（同伍犯法）、そこに士人・士大夫が混住していたとき、士人は連座しなければならないかどうか、宮廷で大会議がおこなわれ、会議に参加した官僚たちの作成した議文が残されている（『宋書』巻四二王弘伝）。『礼記』曲礼篇上に「礼は庶人に下らず、刑は大夫に上らず（礼不下庶人、刑不上大夫）」とある。士人は、庶人とは異なって礼の対象であると同時に、大夫とは異なって刑の対象でもある。士人身分が象徴するように、法と礼とは時に衝突することがある。共通する部分があると同時に衝突する部分をもっている。礼と法のこのような構造的特質、「礼―法入り組み構造」を正面から議論していかなければ、前近代中国の中華帝国的国制はとらえにくいのではないか。これまでは法的秩序だけを問題にすることが多かったので、中国伝統社会における秩序形成の理解がかなり一面的になっていたのではないだろうか。

物理的強制を最終的な担保として、それを背景にしながら制度と機構による組織化をめざす法と、先王あるいは聖人が制定した伝統的な規範の体系としての礼治とが相互に入り組んだ構造として中華帝国的国制が具現するのであり、帝国は、礼制を含めて包括的に理解しなければならない。「礼―法入り組み構造」を視野に入れると、中国と比較して日本・朝鮮の中華帝国的国制のなかに異質性というものが現れてくる。そこで、すこし議論の方向をかえて、礼と法という問題に立ち入ることにしよう。

(2) 礼制と法制とについて

秦の始皇帝以来、一九一一年まで、二〇〇〇年余にわたって維持された専制国家あるいは中華帝国と概括される中国前近代の社会秩序・政治秩序は、どのようにして形成され、いかにして維持されてきたのか。この問題は、中国における法的秩序と礼制秩序の両方から考察しなければ、正確に認識することはできない。

前近代中国の政治秩序形成の特質は、軍事力・警察力などの強制力を背景にする律令的法制的秩序だけでなく、礼制あるいは礼楽という前近代中国に固有の秩序によって再生産された点にある。法制による秩序形成を究極的に担保する根拠が軍事力・警察などの物理的強制力にあったのに対し、礼的秩序は、聖人である周公旦や孔子が制定したものとされ、秩序形成の根拠は伝統的権威にある。

礼制的秩序の範囲は、大きく分けて王朝儀礼をともなう国家組織の秩序、君臣関係・父子関係・夫婦関係・長幼関係・朋友関係の五倫に代表される社会秩序、立ち居振る舞いにかかわる日常的秩序の三つの次元からなり、法的秩序よりも社会にたいする規律化の包括範囲は広い。礼的秩序をぬきに前近代中国の専制国家の社会統合、すなわち国制を語ることはできない。前近代中国における秩序形成の問題は、律令法をはじめとする法制の次元から、法制をも包括する礼制を含めて、換言すれば礼楽と律令の複合構造を問題にするとき、はじめて全体的な認識が可能になる。

たとえば、戦国末に儒家の礼楽論を集大成し、礼的秩序に基づく国家論を構築した荀子は、四つの統治形態を比較してつぎのように述べている。

故に人の命は天に在り、国の命は礼に在る。人君たる者、礼を尊び賢者を尊べば、王者となり。法令を重んじ人民を愛せば、覇者となる。利を好み詐りが多ければ、国家を危うくし、権謀・傾覆・幽険であれば、国を亡ぼす。(「故人之命在天、国之命在礼。人君者、隆礼尊賢而王、重法愛民而霸、好利多詐而危、権謀傾覆幽険而亡」強国篇)

ここでは礼による統治を王道、法による統治を覇道ととらえ、法治を礼治につぐ統治形態として一定の評価をおこなっている。荀子にあっては並立させられている法治と礼治は現実には互用された。

漢の元帝が太子であったとき、父宣帝に「陛下は、刑罰を用いられること甚だ深刻です。儒生を任用されますよう」と、さりげなく提案したとき、宣帝が色をなして「漢家にはおのずから制度があり、もとより霸道と王道とを雑えて用いておる。もっぱら徳教・周政だけを用いるものではない。……」(「嘗侍燕従容言、陛下持刑太深、宜用儒生。宣帝作色曰、漢家自有制度、本以霸王道雑之、奈何純任徳教、用周政乎」『漢書』元帝紀序)と応じたことから分かるように、現実的には法と礼による統治がおこなわれた。

また、律令法が整備された隋唐期には、律令の編纂に並行して隋朝儀礼一百巻、大唐儀礼一百巻(貞観一一年)、永徽五礼一百三十巻(顕慶三年)、開元礼一百五十巻が編纂されている。礼制は、律令法と並行するだけでなく、その規定範囲には共通する領域があり、共軛関係にあると同時に矛盾する場合があって、入り組み構造をもつ。物理的強制を背景にし、制度・機構による組織化を基軸とする法治と、先王・聖人が制定した伝統的な規範の体系化としての社会的合意に基づく礼治とが相互に入り組んだ構造として中華帝国の国制が具現するのである。中国における政治秩序形成の問題は、法制のみならず、礼楽制度を含めて包括的に理解しなければ一面的となる。

礼―法構造を視野にいれると、中国と比較して日本・朝鮮の異質性が現れる。日本古代史家吉田孝によれば、古代日本にあって、礼は律令に組み込まれた限りで継受され、礼が表現する中国社会の発展段階とは無関係に、首長制（chiefdom）社会の上に受容された。それゆえ日本の古代国家は、律令国家＝文明と首長制社会＝未開の二重構造をもち、文明の社会への浸透とそれらの相互変化によって平安後期（院政期）に日本の古典文化が形成された、と指摘している[5]。

日本では、江戸時代にいたるまで礼楽は基本的に受容されない。吉田孝はまた、礼の秩序に包摂された中国の皇帝と礼の中国的秩序から超越した日本の天皇との対比をおこなったのち、「日本律令は、支配層と被支配層とが共通に拘束されるところの公的規範をもたない専制的な法であった。中国律令も基本的には専制法であったが、中国律令には社会規範（礼――渡辺）との緊張関係が生々と機能していた」（同書四一頁）と、示唆深い指摘をしている。

吉田孝の指摘以後、礼と律令との対比をつうじて日本古代国家の特質を比較史的に把握しようとする日本古代史研究の一視角が形成されつつある[6]。朝鮮では、吉田孝も指摘するように、新羅にあっては律令の部分的受容にとどまったが、高麗から李氏朝鮮にかけて律令の体系的受容がはかられ、朱子学の受容とともに礼まで受容されるようになる。これらは、一四〜一五世紀以後の日本の封建制社会化と中国・朝鮮の専制主義強化の動向を示す一つの歴史的表現である。つぎに、礼—法構造についての問題のありようをいま少し具体的に探ってみたい。

三　前近代中国の国制と礼制——問題の枠組みをもとめて

(1) 礼と法の起源

唐の開元礼と日本の律令法とを比較するこころみは、戦前期にすでにその例がある[7]。しかし、国制史研究の中で律令法と礼との相互関係をはじめて理論的に問題にしたのは石母田正である。かれは、「中国の専制国家が「礼」と異なって、中国独自の習俗をもつ民族的特殊性を捨象した「法」という新しい抽象的、普遍的形式を創造したことが、律令法をして東アジアにおける「世界法」たらしめた理由であった」と述べ[8]、また「習俗または慣習からの「礼」の分化と発展、「礼」から「法」の分離、倫理や道徳という人倫的、人格的世界から政治の領域への移行、したがって非人格的な制度論と組織論の確立、これら一切は、中国独自の高度な階級闘争のなかで、その支配階級がつくりだした歴史的所産であり、民族的経験の結実である」（同七六頁）と述べている。この習俗から礼へ、礼から法

へと至る論理展開は、みごとではあるが、礼を法から切断し、法を合理的・普遍的なものとして論理でわりきりすぎるきらいがある。通常、法と倫理・道徳とが未分化であるところに中国法の特質がある、と言われる。この指摘が正しいかどうか、それ自体問題ではあるが、石母田の理解はこれと真向から対立する。

礼—法は、すでに言及したように入り組み構造をもち、起源的にも並行する部分がある。春秋期鄭国の子産の刑鼎の鋳造、および戦国魏国の李悝「法経」六篇の編纂から秦漢律の形成にいたる過程と、戦国期から漢初にかけての礼論の形成過程とはほぼ並行する。以下、礼—法構造を問題としてとらえるために、まず礼について概観しておきたい。

礼は、日常の立ち居振る舞いやしつけから国家儀礼にいたるまで、複雑で広い範囲をおおっている。『礼記』曲礼篇上は、その包摂範囲をつぎのように表現している。

道徳仁義は、礼でなければ完成せず。人びとを教諭し社会風俗を正すには、礼でなければ完備せず。紛争を調停するには、礼でなければ解決せず。君臣上下、父子兄弟関係は、礼でなければ定まらず。先生に師事して仕官の道を学ぶには、礼でなければ親しみがない。朝廷に官位をもち軍事を治め、官職に臨んで法を執行するには、礼でなければ威厳がない。祭祀に臨んで鬼神に物を奉げるには、礼でなければ誠実でなく、敬愛がゆきとどかない。こうして君子は、恭敬・撙節・退譲の行為規範によって礼を

明らかにするのである（道徳仁義、非礼不成。教訓正俗、非礼不備。分争辨訟、非礼不決。君臣上下、父子兄弟、非礼不定。宦学事師、非礼不親。班朝治軍、涖官行法、非礼威厳不行。禱祠祭祀、供給鬼神、非礼不誠不荘。是以君子恭敬撙節、退譲以明礼）。

このように礼は、習俗・法とは一応次元を異にし、倫理・風俗・裁判・人倫・身分・行政・軍事・祭祀を円滑に実践するための包括的な規範として規定されている。そうして、その根幹をなすのは、祭祀である。

「禮は履なり。神に事え福を致す所以なり。示に従い豊（行礼の器）に従う（禮、履也。所以事神致福也。从示从豊）」（『説文解字』一篇上）と述べるように、礼は祭祀の実践が本来の字義であり、呪術（シャーマニズム）を源流とし、そこから発展した祭祀儀礼を中核とする。礼の担い手の最下層にはシャーマンが存在し、呪術を排除しない。礼は、習俗・呪術から生まれ、それを排除しながら発達するが、それらを部分的に包摂する[9]。このような礼を不可分の構造として国制に組み込む中国古代国家は、近代国家のように未開を政治秩序から截然と区別しているわけではない。

祭祀を中心に発達した礼は、春秋戦国期の変革過程における小農家族の形成、社会の階層化、国家の形成過程のなかで、祭祀以外の社会的国家的諸実践をも礼の秩序に組み入れて、規範化するようになる。後漢期には周代の官制を記述した『周礼』までが礼経として

尊崇されるにいたる。

(2) 礼的秩序の理論的体系化

戦国から漢代にかけての礼論の体系化には三つの頂点がある。第一は、荀子による礼的秩序としての国家論の構築である。荀子は、戦国末期の諸国家を、国王を頂点とし、官僚制によって編戸百姓を支配する体制であると認識する。荀子は、辨と分の二段階の認識論を用いてこの国家を分析し、まず精神労働(統治)をおこなう官僚層と肉体労働に従事する百姓との間の社会的分業を区別する。かれは、さらにそれらの内部をも分業論の観点から区分し、官僚制内部の君臣上下の区分や百姓内部の士農工商の分業の存在を指摘し、戦国時代の国家と社会が社会的分業の上に成り立っていたと認識する。こうして荀子は、この社会的区分と分業とを統合し、社会の調和を実現する契機として礼制とその最高の実践者である聖人・天子を位置づける[10]。

第二は、『儀礼』一七篇、およびその解説・補遺(のちに『礼記』・『大戴礼記』)としての体系化である。その内容を邵懿辰(しょういしん)『礼経通論』(『皇清経解続編』巻一二七七)および武内義雄「礼の倫理思想」によって表示すれば、つぎのとおりである[11]。

『儀礼』は、荀子以後漢初に制作されたと言われる(武内)。それは、家—郷—邦国—王

表11 『儀礼』の八礼・四倫体系

<table>
<tr><th>篇　第</th><th>八　礼</th><th>四　倫</th><th>四　徳</th><th></th></tr>
<tr><td>士冠礼第一
士昏礼第二
士相見礼第三
士喪礼第四
既夕礼第五
士虞礼第六
特牲饋食礼第七
小牢饋食礼第八
有司第九</td><td>冠・昏
喪・祭</td><td>夫婦の別
父子の親</td><td>智
仁</td><td>家　礼</td></tr>
<tr><td>郷飲酒礼第十
郷射礼第十一
燕礼第十二
大射儀第十三</td><td>射・郷</td><td>長幼の序</td><td>礼</td><td>郷　礼</td></tr>
<tr><td>聘礼第十四
公食大夫礼第十五
覲礼第十六</td><td>朝・聘</td><td>君臣の義</td><td>義</td><td>邦国・王朝礼</td></tr>
<tr><td>喪服第十七</td><td></td><td></td><td></td><td></td></tr>
</table>

表12 『周礼』五礼一覧

<table>
<tr><td>Ⅰ吉礼〔12目〕「事邦国之鬼神示」</td><td>昊天・社禝・宗廟の祭祀</td></tr>
<tr><td>Ⅱ凶礼〔5目〕「哀邦国之憂」</td><td>喪礼をはじめ疫病・災害・戦乱の哀悼</td></tr>
<tr><td>Ⅲ賓礼〔8目〕「親邦国」</td><td>王と諸侯との交通・外交</td></tr>
<tr><td>Ⅳ軍礼〔5目〕「同邦国」</td><td>力役・軍事演習・戦争</td></tr>
<tr><td>Ⅴ嘉礼〔6目〕「親万民」</td><td>飲食・冠昏・饗宴・賀慶</td></tr>
</table>

朝と上昇する国制全体を包括しているが、その標題・編成から分かるように、士の立場から、冠・婚・喪・祭、射・郷、朝・聘という八つの礼をそれぞれ夫婦・父子・長幼・君臣関係の四つの人倫に配合して社会の秩序化を図り、これを基軸に士を中心とする礼義のありかたを体系化したものである。

これに対し、王朝礼を基軸に礼を体系化するのが、第三の『周礼』春官大宗伯の五礼・三六目である。

ここでは、邦国（諸侯）と天子（皇帝）との関係が中心となっており、祭祀・軍事の大事をはじめとする天子（皇帝）の主権の範囲を体系化したものである。しかし、『儀礼』のような理論的基礎はもたず、礼の諸内容の形式分類をおこなったところに特色がある。したがって、なんでもつめこめる便利さがあり、後漢に『周礼』が経典化するとともに、礼の基本的な分類体系として後世に踏襲されるようになった。清末にいたるまで、各正史の礼儀志、『通典』などの政書、『大唐開元礼』など儀礼書の構成は、すべて五礼分類を基準にしている。

この五礼分類の形式主義に対して、『儀礼』の再評価と国制に即した体系化をめざしたのが朱子学による礼の再編である。朱熹と彼の門人の手になる『儀礼経伝通解』の編成プランは、つぎのとおりである。

これは、『儀礼』諸篇を中心とする在来の諸文献を、家—郷—国—王朝と上昇する国制の諸段階に即して体系化したものである。とくに上山春平が、「「家礼」と「郷礼」という小さな習俗的な世界から「邦国礼」と「王朝礼」という大きな政治的な世界の礼への橋渡しの位置にある「学礼」のなかに「事」としての礼と「理」としての礼を統一的にとらえる視点が用意されている」と指摘するように[12]、学礼を媒介として日常行為・しつけなど経験的な事としての礼と先天的な理としての五常（仁義礼智信）の礼とが総合されているところに、朱子学の礼学としての面目がある。

Ⅰ家礼（八篇）
Ⅱ郷礼（七篇）
Ⅲ学礼（一七篇）
Ⅳ邦国礼（九篇）
Ⅴ王朝礼（一八篇）

上山によれば、プランとしてはⅥ喪礼、Ⅶ祭礼があったとされる。またⅤ王朝礼が死後の編纂であることからも分かるように、本来未完の書であり、実際の内容はかなり雑漠然としている。さらに、家—郷—国—王朝は、『儀礼』にもみられるように漢代以来の経書的な伝統的国家観を背景にしており、南宋王朝下の国家機構・社会制度とは相即せず、現実的な礼としてはあまり意味をもたない。むしろ士大夫の実践的な礼として、単独の家礼たる『文公家礼』五巻図一巻が編纂された（偽作が通説、上山は真作説）。家礼は、後漢末の『四民月令』などに濫觴するが、六朝後期以後しだいに数多く著述されるようになった。『文公家礼』はその典型である。

この『文公家礼』は、朱子学の受容とともに朝鮮士大夫・両班層に受け入れられ厳格に実践された。日本でも『文公家礼』は導入され、室鳩巣や浅見安正などが研究したが、体系的ではなく研究対象にとどまった感がある。

宋代以後の中国社会にあっては、漢代以後の五礼—王朝礼と六朝後期以後の家礼とが実践的な礼制を表現するのであり、礼制的秩序は、家とりわけ士大夫の家と国家とが基本的な構成要素をなす。ここには、中間の諸社会団体が流動的・非制度的な中国前近代の国制のありかたが反映している。また、礼制的秩序には庶人が含まれるが、庶人は礼制の客体として包摂されるだけであって、礼の自覚的な実践主体は士大夫以上の支配階級、統治身分である。礼が社会を表現するのは、あくまで国家ないしは士大夫からの視点であって、ここに礼制と律令法とが入り組み構造を形成する接点がある。

(3) 中国伝統社会における身分問題

つぎにこのような法と礼の入り組み構造を示す例として中国専制国家の身分問題にふれておきたい。中国専制国家、あるいは前近代において制度的国家が発達していた社会における身分制、換言すれば主権が皇帝・君主に集中し、社会の法共同体形成が著しく弱い社会における身分は、西ヨーロッパ・日本とは異なる身分問題を構成する。

共同体が諸身分を決定する西ヨーロッパ・日本の経験を絶対化すれば、中国の身分制は問題にならないほど希薄と見える。たしかに、清朝の雍正～乾隆期までには、大常音声人など、唐代以後わずかに残存した隷属身分すら解体する。戦前・戦後の日本の中国史研究は、法に規定された身分と隷属身分のみを身分問題として絶対化してきたので、身分問題を奴婢身分が存在した古代史のみの課題か、法的隷属身分に限定してしまう傾向がある。

しかし、礼制という中国に独自の国制、秩序形成を視野にいれるとき、国家そのものを基準とする身分制の問題が開けてくる。中国専制国家にあっては、身分は、単に法によって規定されるだけでなく、礼によっても規定される礼―法入り組み構造として現れる。ただしそれは、礼と法との両端のなかで、どちらか一方に重心をおいて具現する。

主として法により規定される身分の例として、隋唐期の良人（官人・百姓）―賤人（奴婢・部曲）身分がある。百姓（良人）と賤人を区別する律令的な指標は、州県に戸籍をもつか否かにある。領域によって区分・編成され、家族（戸）を営み、独立した生業（土地）をもち、国家の正税を負担することを法的に義務づけられた人間が百姓であり、官人とともに良を構成する。他人の戸籍に隷属する私奴婢・部曲、国家機構に直接隷属する官奴婢・官戸は、賤人身分を構成する。これと同時に、良―賤（隷属身分）は礼の適用される良人と適用されぬ賤人とに区別された[13]。律令法下の身分は、法と礼との複合規定として理解すべきであろう。

つぎに主として礼によって規定される身分としては、官人身分をあげることができる。礼は五倫（君臣、父子、夫婦、長幼、朋友）に代表される人倫諸関係のなかでそれぞれの分限を定めることにより生理的社会的欲望・欲求の差別的充足をはかり、社会的調和をはかるものである。[14]したがって中（中庸）が尊ばれる。

『白虎通徳論』が「礼は中を尊ぶとは、いかなる意味か。礼は、足りないものを補い、余り有るものを減らし、豊作でも無駄遣いさせず、凶作でもケチらせず、貧富を調和させるからである（礼貴忠、何。礼者盛不足、節有余、使豊年不奢、凶年不倹、富貧不相懸也）」（巻二礼楽）と解説するのは、その例である。貧富の解消をめざすのでなく、貧富が均衡を失わないようにすること、すなわち社会的調和状態としての中（中庸）を尊ぶのである。

社会の差別化と差別の調和化が礼の本質である。王朝、郷村、家など、社会の中にしめる個人の位置により、衣食住の充足、祭祀への参加形態などが差別的に規定される（各正史の輿服志・礼儀志等を見よ）。礼制こそ、人間に人格的な差等を設け、これを身分的に社会化することによって秩序をうちたてようとするのである。

とくに王朝礼では、律令法によって規定される品階・官職とは別に、天子―諸侯―公―卿―大夫―士―庶人の差等と分限が爵位として設定される。そこでは「天子一位、公一位、侯一位、伯一位、子男一位、凡そ五等なり。君一位、卿一位、大夫一位、上士一位、中士一位、下士一位、凡そ六等なり（然而軻也、嘗聞其略也。天子一位、公一位、侯一位、伯一位、子・男同一位、凡五等也。君一位、卿一位、大夫一位、上士一位、中士一位、下士一位、凡六等）」（『孟子』万章下）とあるように、天子・国君も礼的秩序のうちに包摂され、爵制的身分として規定される。

中国の法にあっては、皇帝は法形成の唯一の主体であって、法を超えた存在であり、皇帝権は法によって規定されてはいない。しかし、礼的秩序のなかでは、公・卿・大夫・士とともに爵制上の最上位の一位として位置づけられる。この最上位から士にいたる一位ごとの序列は、「策名委質」と呼ばれる臣従儀礼をつうじて形成される君臣関係を基礎に身分序列化されたものである。律令をはじめ法によって運営される官僚制＝制度国家は、王朝礼の爵制的身分・人格を媒介とする君臣関係によって支えられているのである。法による官僚制機構と礼に基づく人格的君臣関係という礼と法との入り組み構造のなかに中国の専制国家は具現する。

こうした礼―法入り組み構造をつうじて注目しなければならないのは、前近代中国をつうじて一貫して存在した身分としての士大夫（イデオロギー的階級）である[15]。まず、士大夫の呼称自体が礼制的表現であることを指摘しておきたい。かれらは、宋代以後、読書人とも呼ばれるように、広義には古典の素養とそれにもとづく人格の陶冶、礼とくに家礼の自覚的な担い手として礼的秩序の中に位置づけられる。朱子の『儀礼経伝通解』のなかで、学礼が要の位置づけを与えられているのもこのことと関連する。

士大夫の範囲は、天子の位同様、解放的・周流的であるが、それはその広義の資格が経学の習得と礼の実践という礼制的認定を前提にしているからである。「聖人学んで至るべし」である。[16] この広義の礼制的認定の上に、国家機構のなかで品階・官職をもつ官人と宋以後にあっては科挙の各級合格者が法的に認定される。身分としての士大夫は、礼―法構造をつうじて、専制国家の統治に直接たずさわるか、その予備軍としてそのすそ野を構成する人びと、およびその家族から構成される。彼らには徭役免除特権・刑罰猶予特権があり、統治を専門とするものとして肉体労働からの解放が約束されている。「礼は庶人に下らず、刑は大夫に上らず」（曲礼篇上）と言われるが、漢代に庶民が爵位をもち、唐代に礼の適用されるものが良人であったように、礼は現実には庶人にまで適用された。しかし、自覚的な担い手として期待されたのは士大夫層であり、刑は士に対して基本的には適用されなかったのである。

法的秩序に礼の問題を組み込んでみたとき、中国専制国家を認識するのにどのような問題を生ずるのか、ややまわりくどい議論をしてきた。物理的強制を最終的担保とする法的秩序、とりわけ刑罰中心で私法領域が発達せず、規定の大部分が国家の行政機構と官僚の職務規定をなす律令法秩序だけでは、中国専制国家の政治的秩序（国制）をとらえきることができないことは自明である。

律令をも包摂する礼の秩序を組み込んだとき、皇帝・天子をも構成要素にふくんだ、伝統を媒介にする社会的秩序の形成や人倫関係を媒介とする身分秩序形成が国制を構成する問題として顕在化するであろう。ただし、法と礼の秩序構造は、その基軸をなした王朝礼はいうにおよばず、家礼をも含めて、士大夫層を担い手とする秩序であって、それが社会内部に事実的に生成消滅する民間秩序、すなわち習俗・風俗とどのようにかかわるのか、なお検討を要する問題を残している。ヴァンデルメールシュは儀礼が中国の社会を表現するといったが、これは相当限定して、むしろ国制の次元から見た社会の表現だというようにとらえておいたほうがよいだろう。

最初の問題である中華帝国論にもどろう。吉田孝は、中国の律令法は蕃夷の諸種族支配を前提とするある種の帝国法だといっている[17]。ただ、西嶋定生の「冊封体制論」が指摘するように[18]、中華と夷狄の差別化と冊封による君臣関係の定立によって、すなわち礼的秩序によって帝国的秩序が実現される。換言すれば、法が礼を媒介、あるいは基礎にして実現されるということである。

中華帝国論は、礼―法秩序構造によってその全体が把握される。この中国の礼―法的秩序構造をその全体性において具現しているのは、元旦未明を中心に執行された元会儀礼である。それは、皇帝を中心に、中央官僚および地方州郡からの使節団、ならびに蕃国や夷狄からの使節団と地方州郡や蕃国・夷狄からもたらされる貢納物とによってくり広げられた。それは、単なる儀礼と礼制的秩序の確認だけではなく、社会構成全体にわたる諸要素を一堂に会して執行される儀礼であった。元会儀礼の考察をつうじて、中国古代国家の礼―法的秩序構造の一端を叙述することにしよう。

注

(1) 東アジア論、中華帝国論について、思いつくままに挙げてみると、つぎのものがある。西嶋定生『邪馬台国と倭国――古代日本と東アジア』(吉川弘文館、一九九四年)、堀敏一

『中国と古代東アジア世界――中華的世界と諸民族』（岩波書店、一九九三年）、西村成雄「帝国と国民国家をめぐって」（『リベルス』第一五号、一九九四年）、黒田明伸『中華帝国の構造と世界経済』（名古屋大学出版会、一九九四年）。「アジアのなかの日本史」「アジアから考える」はともに東京大学出版会刊。

なお、ここに述べた研究状況および下文の中国の現状に対する言及は、附論の基礎となる報告をおこなった一九九四年八月時点でのものである。九七年のアジア通貨危機、二〇〇八年のリーマンショック以後の金融危機をのりこえた中国の経済発展と社会がかかえる問題は、現在に到るもなお基本的に継続しているように思う。

（2）『世界史の基本法則――歴史学研究会一九四九年度大会報告』（岩波書店、一九四九年）、およびその具体化としての『国家権力の諸段階――歴史学研究会一九五〇年度大会報告』（岩波書店、一九五〇年）がある。

（3）典型的なものとしては、E・O・ライシャワー『日本近代の新しい見方』（講談社、一九六五年）。

（4）中国史研究会編『中国史像の再構成――国家と農民』（文理閣、一九八三年）、同『中国専制国家と社会統合――中国史像の再構成Ⅱ』（文理閣、一九九〇年）、および中村哲編『東アジア専制国家と社会・経済』（青木書店、一九九三年）参照。

（5）吉田孝『律令国家と古代の社会』（岩波書店、一九八三年）。

（6）池田温編『中国礼法と日本律令制』（東方書店、一九九二年）、池田温編『古代を考える唐と日本』（吉川弘文館、一九九二年）。ただし対象は、隋唐期中国と日本の古代律令国家に限定されている。

（7）滝川政次郎「唐礼と日本令」『律令の研究』第二編第二章（刀江書院、一九三一年）。

（8）石母田正「官僚制国家と人民」『日本古代国家論第一部』Ⅱ（岩波書店、一九七三年、七六〜七八頁）。

（9）この点については、加藤常賢『礼の起源とその発達』（中文館書店、一九四三年）、および拙稿「古代中国の礼楽と巫覡――漢代礼容の儒学をてがかりに」（初出一九九四年、『中国古代の楽制と国家』第一章、文理閣、二〇一三年）参照。

（10）拙稿「荀子の国家論」『中国古代国家の思想構造』第一章（校倉書房、一九九四年）。

（11）『武内義雄全集』第三巻所収（筑摩書房、一九七九年）。

（12）上山春平「朱子の『家礼』と『儀礼経伝通解』」（『東方学報』第五四冊、一九八二年）。

（13）西嶋定生「中国古代奴婢制の再考察」（一九六三年初出、のち西嶋定生東アジア史論集第五巻『歴史学と東洋史学』岩波書店、二〇〇二年）。

（14）前掲注（10）拙稿「荀子の国家論」。

（15）中国における支配階級としてのイデオロギー的階級概念については、拙稿「中国古代専制国家と官人階級」（初出一九九三年、『中国古代国家論』第五章、汲古書院、二〇二三年）参照。

（16）『近思録』巻二に「伊川先生曰、学以至聖人之道也。聖人可学而至。曰然」とある。これに近い考えは、すでに『荀子』勧学篇第一に見える（「学悪乎始、悪乎終。……其義則始乎為士。終乎為聖人」）。

（17）前掲注（5）吉田『律令国家と古代の社会』、三〇頁。

（18）前掲注（1）西嶋「冊封体制と東アジア」『邪馬台国と倭国――古代日本と東アジア』、二六四、二六七頁。

最後に元会儀礼にかかわる話題を一つ、紹介しておきたい。

柳公権、字は誠懸といえば、唐代有数の書家である。ただちに「玄祕塔碑銘」を想起したむきもあろう。元和二年（八〇七）の進士登第（状元）をふりだしに、八八歳の咸通六年（八六五）に太子少師で死ぬまで、その官歴は六〇年近くにおよんだ。その間、「二品・三品の官位にあること三〇年」（『旧唐書』巻一六五本伝）であったから、位は人臣を極め、天寿をもまっとうしたといえる。その彼にも、晩年には失態があった。

大中一二年（八五八）の元旦、宣宗皇帝は、大明宮含元殿に出御して朝賀を受けた。太子少師柳公権は、この日八〇歳をむかえた。歯序・官職ともに百官の首座にあった彼は、上公として皇帝に賀詞を奏上し、加えて尊号を奉呈する栄誉に浴したのである。彼は、楽懸（オーケストラ）の南に設けられた殿庭の班位を離れると、薄明のなかを含元殿の玉座に向かって歩き出した。

含元殿は、高低差十数メートルの龍首原を利用し、その台上に建造された宮殿である。両翼には、原上に張り出す形で東に翔鸞閣、西に棲鳳閣が配置され、その間は一五〇メートルに及んだ。殿庭からは、遥かにこのリヴァイアサンを見上げる格好になる。楽懸からこの殿上に向かうには、高低差十数メートル、長さ九五メートルの龍尾道を登りきらなければならない。

殿下に辿りついたとき、すでに息があがり、老人は困憊していた。賀詞を陳べたあとは予定どおり宣宗に、「聖敬文思和武光孝皇帝」なる尊号を上呈しなければならない。ところが老人は、誤って「光武和孝」と読みあげてしまったのである。儀礼進行の監察を担当する御史が、ただちに出動して老人を会場の外に拉致し、結局、一季三箇月分の俸給停止となった。

この挿話を伝える『東観奏記』の作者裴庭裕は、「七〇歳で致仕（退職）することは、旧典（『礼記』曲礼篇上）に記されたしきたりである。公権は、この典礼を遵守することができず、老いて辱めを受けることになった。多くの人びとが惜しんだことである」と、しめくくっている。

小著の主題は、元会儀礼の変遷をたどることを中軸に、皇帝をめぐる政治的意志決定の過程、それを根柢から支える君臣関係の特質と地方政府に対する政治的支配、従属関係のありかた、およびそれらに周辺諸種族をも加えた帝国構造の仕組みを、換言すれば、リヴァイアサン目皇帝専制科に属する海獣を解剖することであった。日本古代史との比較、地方諸官府における政治的意志形成の実態や元会儀礼のありかた、あるいは地方から見た中央の存在などについても、なお語るべきことは多い。しかしここでは、意識的にとりあげなかった。主題の骨格と中枢神経だけを腑分けすることにつとめたつもりである。

小著が対象とした漢代から隋唐期にいたる古代国家についていえば、その特質は、国家の組織性がかなりゆるやかであって、対外的対内的に幾層もの部分からなりたち、強固な集権的性格を欠いている点にある。第一章でみたように国家の政治的意志決定は、さまざまな場で開かれた数多くの会議の重層をへたのち、皇帝によって最終的な決裁がなされた。しかし、諸会議には組織的な審級制度はなく、どの会議のどの議文（意見）に従って意志決定するのか、その権限は皇帝にのみ存した。また、第二章でみたように国家の実体をなす君臣関係も、皇帝―命官が構成する単一の第一次的君臣関係と中央・地方諸官府の官長―属吏層が形成する千数百に及ぶ第二次的君臣関係の重層として存在した。元会儀礼は、これら複合重層的な君臣関係・政治的支配―従属関係を毎年更新し、皇帝を中心とする帝国的世界の秩序化を図るものであった。さらに第三章でみたように、その帝国構造は、唐代についていえば三〇〇余りの諸州、八〇〇余りの羈縻州、朝貢諸外国・諸種族の三層からなり、西周・春秋期以来の伝統をもつ貢献物の貢納による政治的従属関係の形成によって実現されるものであった。ある程度の統一性はあるものの、上層から下層、中心から周辺へと向かう、あるいはその逆方向へと向かう整然とした組織的統一性を欠いているのが中国古代国家の特質である。

中国古代の専制国家は、往々にして強力な支配力をもつ中央集権国家と見なされ、不当に誤解されている。後漢以後の尚書台、あるいは唐代の三省六部制度、戸籍制度とそれに基づく税役収取・人民支配など、皇帝権力とそれを支える組織・制度のハードコアは存在するが、国家の全体的な組織は粗構造を特質としている。それは、国家がその上に立つ社会内部における家父長制の粗構造、中間諸団体・村落の粗構造に対応している。

はしがきにも述べたとおり、国家は与件ではない。国家は社会が生み出したものである以上、その存立根拠は、たえず社会のなかから解明されなければならない。これは正当な問いかけである。しかし注意しなければならないのは、それが国家の歴史的な形成あるいは論理的な生成の解明であって、現に存立する国家そのものの具体的な解明とは異なる次元に属することである。秦漢時代以来、帝国として存続しつづけた中国諸王朝は、何時の時代にもすでにあるものとして存在した。それ自体別に、何であるかが問われなければならない。

専制国家もしくは中華帝国と呼ばれる中国前近代国家の具体的な歴史的特質を、国家の実態をなす人間の組織・社会関係、国家の諸装置・支配機構、支配の諸機能などの分析をつうじて明らかにしようとするとき、ヨーロッパ史や日本史の経験は、かなり抽象化された次元をのぞけば、ほとんど問題にならない。殷周期以来の国家生成期を含めて、ほぼ四千年の一貫した歴史をもつ皇帝─官僚制国家は、南欧古典古代のポリスやローマ帝国とは異なり、領主制を基礎とする西欧中世国家とも明白に異なっている。日本古代の律令制国家は、隋唐期に成立した律令を継受したものであり、比較史研究の好材料とはなるが、六朝期以前の二五〇〇年におよぶ歴史の諸層と断絶する側面をかなりもっている。西周・春秋期以来の貢納制度を媒介にする政治的支配─従属関係は、秦漢統一国家の成立によって革命的に破壊されたのではなく、むしろ新たに成立した直接的な人民支配に重層し、それをも含んでより広汎な帝国的秩序の構成原理として息づいていた。この点だけをとりあげても、中国前近代史のあゆみは、南欧・西欧へとつぎつぎに中核地域を変えながら発展していったヨーロッパ史の展開とは異なる様相を示すことが分かる。継起的に形成される新しい歴史の層が古層に重層してゆくと同時に、古層は化石化するだけでなく、新たな変成をとげて独自の社会構成を産み出してゆくのが中国の歴史である。ここでは中国前近代国家をその実態に即して歴史的・構成的に理解することが要請される。必要なことは、国家の存在根拠を社会のなかから生成するものとして解明すると同時に、その存在や構成そのものを具体的に認識することである。本書は、後者からのアプローチを意識して、皇帝権力の中枢に光りをあててみたものである。

小著が龍尾道をどこまで辿りえたか、はるか天空の彼方の玉座にある皇帝専制の実態にどこまで近づきえたのか。それは、御史たるべき読者の監察に待つほかない。認識に多少の誤りがあることを恐れてはいない。あえぎながらも龍尾道を登りつめることができたとすれば、三箇月の給料支給停止ぐらいは甘んじることにしよう。

渡辺信一郎

一九九六年七月二〇日

増補版あとがき

本書は、一九九六年九月に柏書房から刊行した『天空の玉座――中国古代帝国の朝政と儀礼』の増補文庫版である。旧版は、さいわいにも多くの読者をえて、数年で品切れになった。二〇〇二年には、文貞熹・任大熙等訳で韓国語版（ソウル・新書園）が出版され、二〇〇六年には、溝口雄三・小島毅主編、孫歌等訳『中国的思惟世界』（江蘇人民出版社）のなかに本書第二章が「元会的建構――中国古代帝国的朝政与礼儀」として収載され、海外にも読者をえた。

国内では、品切れ後もときに重版の刊行を勧められることがあった。気にはなっていたが、本書からの展開で、天下秩序、古典国制、楽制史研究にとりくんでいるうちに、特別な理由もないまま、荏苒時を過ごし、四半世紀をへてしまった。

その間、二〇一七年の年末に中国の友人から中文版出版の打診があった。良い機会だと思い、旧版に補訂をくわえた原稿を作りなおし、あわせて関連する論文をくわえた増補版の計画をたてた。

今年二月、長年の課題になっていた「中国古代国家論」に一区切りつけることができた。そこで思い切って、本書の増補版を法藏館編集部の今西智久さんに打診してみたところ、ありがたいことに快諾を得た。これが増補文庫版刊行の経緯である。新型コロナ禍をはさんで頓挫していた中文版も、あらためて増補版で出す計画が進んでいる。

増補の内容について記しておきたい。基礎となる旧版部分については、文章・論旨に大きな変更はない。ただ、本文の誤字や句読をなおし、一部表現をあらため、図版・表をより適切なものにとりかえたところがある。また本書刊行後、まちがいに気づいたり、誤りを指摘していただいたりして、変更した部分がいくつかある。変更箇所には、補筆や補注をつけて説明をほどこした。

今回増補したのは、旧版の内容と関係の深い二篇の論文である。それらは、つぎのとおり。
(1)「中華帝国・律令法・礼的秩序」(『歴史学と現在』柏書房、一九九五年一二月)
(2)「六朝隋唐期の太極殿とその構造」(『都城制研究集(2) 宮中枢部の形成と展開——大極殿の成立をめぐって』古代日本形成の特質解明の研究拠点『奈良女子大学二一世紀COEプログラム報告集』第二三巻、二〇〇九年一月)

このうち⑵「六朝隋唐期の太極殿とその構造」は、第一章・第二章の内容に関連するので、第一章のあとに附論一として収録した。

附論二として末尾に収録した⑴「中華帝国・律令法・礼的秩序」については、旧版執筆の経緯にかかわるので、ここでいささか説明しておきたい。

筆者が本格的に国制史研究にとりくみはじめたのは、一九九〇年を前後する時期だった。鈴木正幸さん、小路田泰直さんが中心になり、水林彪さんと私がくわわり、さらに西洋中世史、法制史、哲学史の研究者が参加して、比較国制史研究会が幾度か開かれた。それは『比較国制史研究序説』(柏書房、一九九二年)に結実した。経済的土台に還元されがちであった戦後歴史学の国家論にあきたらず、国家のしくみやその基盤となるイデオロギー、あるいは世界観をふくめて、国家そのもののなりたちを考えてみようというのが趣旨であった。

この研究会を土台に、四人のほかに川北稔さんをくわえて呼びかけ人となり、熊野聡・大江泰一郎・西村成雄・足立啓二・伊藤正直・奥村弘の各氏の参加をえて、準備の研究会をへたのち、一九九四年八月九日・一〇日の両日、シンポジウム「歴史学と現在」が開催された。その内容をまとめたのが川北稔・鈴木正幸編『シンポジウム　歴史学と現在』(柏書房、一九九五年一二月)である。

このときの筆者の報告が「中華帝国・律令法・礼的秩序」であり、旧版『天空の玉座』を書きおろすきっかけとなった。その現状認識は、いまや旧聞に属するが、執筆当時の筆者の問題意識のありかを示している。また伝統中国の国制上の特質として「礼―法入り組み構造」、すなわち礼と法との相互補完関係を問題提起し、また『荀子』以後の中国における礼的秩序の理論化の諸段階を概括的に示しておいた。附論二は、旧版を理解するための序文に相当するといってよい。増補文庫版では、口頭報告の「ですます」体を旧版にあわせて「である」体にあらため、文章表現もいくらか補訂したところがある。

増補文庫版刊行の相談をはじめ、編集・校正・索引作成、中国語版刊行の調整にいたるまで、法藏館編集部とりわけ今西智久さんには、ひとかたならぬご尽力をいただいた。末筆になってしまったが、ひとえにお礼申し上げる。

二〇二三年一〇月二二日

渡辺信一郎

法蔵館文庫既刊より

価格税別

も-1-1
梁の武帝 仏教王朝の悲劇　森三樹三郎著

皇帝菩薩と呼ばれた武帝の餓死、王朝の滅亡は、仏教溺信が招いた悲劇だったのか。類い稀な皇帝のドラマチックな生涯とその時代の精神を描出した不朽の傑作。解説＝船山　徹

1000円

よ-1-1
劉裕 江南の英雄　宋の武帝　吉川忠夫著

劉裕は微賤な武人に生まれながらも、卓越した行動力と徹底した現実主義によって皇帝となった。だが、即位後その生彩に翳りが――。南朝の権力機構の本質を明らかにする好著。

1000円

と-1-1
文物に現れた北朝隋唐の仏教　礪波護著

隋唐時代、政治・社会は仏教に対していかに関わり、仏教はどのように変容したのか。文物を含む多彩な史料を用いスリリングに展開される諸論は隋唐時代のイメージを刷新する。

1200円

か-4-1
死と運命 中国古代の思索　金谷治著

「このっぴきならない生命とはいったい何なのか」。孔孟、老荘、荀子等の言葉をてがかりに、中国古代における死、運命、欲望に関する思索を討尋する。解説＝中嶋隆藏

1100円

み-3-1
風水講義　三浦國雄著

龍穴を探し当て、その上に墓、家、村、都市を営むと都市や村落は繁栄し、墓主の子孫、家の住人に幸運が訪れる――。原典を通して「風水」の思想と原理を解明する案内書。

1200円

渡辺信一郎（わたなべ　しんいちろう）

1949年生まれ。京都大学大学院文学研究科博士課程単位取得退学。京都府立大学名誉教授。専門は中国古代史。

著書に、『中国古代社会論』（青木書店、1986年）、『中国古代国家の思想構造――専制国家とイデオロギー』（校倉書房、1994年）、『中国古代の王権と天下秩序――日中比較史の視点から』（校倉書房、2003年）、『中國古代の財政と國家』（汲古書院、2010年）、『中国古代の楽制と国家――日本雅楽の源流』（文理閣、2013年）、『中華の成立　シリーズ中国の歴史１　唐代まで』（岩波新書、2019年）、『中國古代國家論』（汲古書院、2023年）、講座：わたしたちの歴史総合１『さまざまな歴史世界　17世紀以前の世界史１』（かもがわ出版、2023年）がある。

増補　天空の玉座（てんくうのぎょくざ）
中国古代帝国の朝政と儀礼

二〇二四年三月一五日　初版第一刷発行

著　者　渡辺信一郎
発行者　西村明高
発行所　株式会社法藏館
京都市下京区正面通烏丸東入
郵便番号　六〇〇-八一五三
電話　〇七五-三四三-〇〇三〇（編集）
〇七五-三四三-五六五六（営業）

装幀者　熊谷博人
印刷・製本　中村印刷株式会社

ISBN 978-4-8318-2663-3　C1122